U0038996
978 9575470135

文學叢刊之三十二

秋風乍起

張　放著

文史哲出版社印行

文學叢刊 ㉜

秋風乍起

著者：張放
出版者：文史哲出版社
登記證字號：行政院新聞局局版臺業字〇七五五號
發行所：文史哲出版社
印刷者：文史哲出版社
台北市羅斯福路一段七十二巷四號
郵撥〇五一二八八一二彭正雄帳戶
電話：三五一一〇二八
實價新台幣四八〇元
中華民國七十九年十二月初版

ISBN 957-547-013-3

第一章

客廳裏的那座古老的壁鐘，不停地擺動着，發出機械的「廸答廸答」地惱人的響音，這聲音傳到吳純青的耳朶裏，更使她感到燥熱難熬。她睜開了疲倦的眼睛，向壁鐘瞅了一眼，她似乎覺得那座壁鐘的鐘擺就像散熱機，它散發出一股的熱浪，使這間客廳的溫度更高了！

這是晌午時分，大雜院的幾戶人家正睡午覺。不知鄰居誰家的樹上的蟬兒，拉長了喉嚨，嗚叫出一片「嘶——嘶——」地催人入睡的叫聲。她索性一骨碌兒從竹籐椅上爬起來，拿着蒲扇，到後面去洗了一把臉。然後，她走到書桌前，繼續去批改「作文簿」。

縣立中學放了暑假，不知是哪一位老師提的建議，要辦什麼「暑期進修班」，爲的是提高學生的程度，以便於下學期的教學進度；這只是冠冕堂皇的話，事實上學生的家長送孩子進「暑期進修班」，也不過爲了讓老師多管教兩天，免得孩子們去河裏游泳，上街遊玩打架，而作老師的也可以藉這個機會，賺取一點生活費用，以應付那艱難的歲月。吳純青在暑假中參加了「青年劇藝社」，演出話劇，所以她沒有回故鄉去。學校當局央求她爲「暑期進修班」擔任兩班國文，她便勉爲其難地答應下來。

吳純青雖然是國文教員，可是她對於教學並無興趣。就拿作文來說，校方規定：初中生的作文題目，文言文應佔三分之二。她每逢在「作文課」時，寫下「學貴有恒說」或是「學然後知不足論」的題目，總覺得臉紅心跳！似乎自己做了虧心事似的。昨天，她在「暑期進修班」初三班的「作文課」中，出了一個最通俗的作文題，「難忘的一件事」。

吳純青昨天晚上看了十幾本，都寫得索然無味，有的甚至還有白字。現在她又看了兩本，覺得有一篇寫得文筆流暢，結構嚴謹，看來這個學生還很有文學的修養。但是她仔細思索了一番，忽然想起不久以前，她在「大阪每日」華文版雜誌上，看到張資平的一篇小說，這個學生寫的一段見聞，却和張資平的作品一模一樣。於是，她怒氣冲冲地丢下了毛筆，有一種被欺騙、愚弄的羞憤的感覺，她憤恨地說：

「這一代的青年是沒有希望了！」

她轉過頭去，凝望着牆上的那一幅中國地圖，她一眼便看到了山東半島，過去幾十年來，帝國主義像蒼蠅似的，一直叮着這塊肉不放。當抗戰開始不久，韓復榘把軍隊撤出了濟南，從此魯西南一帶的縣城便陸續陷落，這座僻靜的縣城也掛起了太陽旗。吳純青痛苦地閉上了眼睛，心裏在想：「我儘想這些作什麼？中國是四萬萬五千萬同胞的中國，我又算什麼！國家事，管他娘！天塌下來，有大個子頂着。……」

想到這裏，吳純青的心便逐漸靜下來。拿起一本作文簿，她又繼續看起來了。看着，看着，她的眼睛不禁亮了，而且心臟也禁不住加速了跳動。這個女學生在文章中敍述她在上星期天，和母親到縣城公園去玩，發現一位體弱有病的婦女，背着小孩兒，手上還領着兩個大的。她們路過公園的石橋，其中一個孩子叫肚子疼，想解大便。那個婦女向四週瞅了一眼，就悄悄地對孩子說：「大毛！你到樹底下去拉，媽在這兒等你。」

誰知道那孩子剛蹲下拉屎，迎面走過來一對日本夫婦，男的穿着棗黃色的日軍軍裝，女的穿著白底紅花的女式和服。那日本軍人一眼看見孩子，立刻從腰間抽出明晃晃的軍刀，怒氣沖沖地喊道：「八卡牙魯！那古路造！」

那個孩子以為日本人要劈他，嚇得像隻灰老鼠，提起褲子就跑！日軍就在後面追，追到石橋旁邊，那孩子的母親一面護着孩子，怕日軍抓他，一面不停地向日軍講好話。但那個日軍却依然怒氣沖沖地吼叫。這時看熱鬧的人越圍越多，大家都敢怒而不敢言，忽然從人羣中走出一位青年，向圍觀的人羣演說道：「鄉親們！這個日本鬼子要這孩子把屎吃掉，他才罷休！」他接着轉身和那位日軍，哇啦講了半天，便繼續對那婦人說：「我給他說，孩子解的大便，我們馬上鏟到廁所去，可是這傢伙不同意，他硬要你們帶着孩子，捧着大便，到日軍營部去作化驗，他懷疑孩子的糞便中有虎列拉細菌，您說他這不是胡說八道嗎！」

這時人羣中發出一片騷動怒罵聲音。

忽然——

「八卡牙魯！」日軍揮起軍刀，怒沖沖地指着那個青年的鼻尖，一面用日語喝道：「跟我去日本憲兵隊！」

那位中國青年冷笑了一下，然後向那位苦難的婦女點了點頭，又對四週看熱鬧的人們說：「鄉親們！你們放心，殺人不過頭點地，咱們中國人決不能受鬼子的悶氣，我丁天銘也活得不耐煩了……」說罷，那個青年邁着豪壯的步伐走了。

這個初三的女同學最後用激動的語句寫道：

「這是使我難忘的一件事。我聯想起古人有句話：人必自侮，然後人侮之。如果我們中國同胞講衞生、愛運動，團結一條心，我們怎麼能落到這步田地呢！我不忍心再說了。總之，這件事一直像石頭一樣，壓在我的心坎上。」

吳純青看完了這篇作文，心噗噗地跳個不停。她既擔心那位丁天銘的生命安全，又替那個疲弱而內向型的女學生的前途感到焦慮，如果她的這篇作文被日僞特務發現，那是多麼危險啊！她決定明天上午上課時，偷偷地約見這個名叫王蓉的女孩子。

她一口氣看完了作文簿，便去浴室冲了個涼水澡，覺得暑氣頓消，她走進臥房，躺在床上想睡一會兒，但是一想到丁天銘，她就有些懷疑，莫非他是丁天鈞的胞兄？她記得半個月前，他和丁天鈞在縣立圖書館談天時，天鈞曾談自己的家庭情況，他有一個患心臟病的母親，還有一個熱情而衝動的哥哥，他似乎對於他哥哥十分不滿。

「你哥哥叫什麽？」

「丁天銘。」

「他結婚了？」

「誰會嫁給他，神經病！」丁天鈞哈哈笑了。

吳純青和丁天鈞都是「青年劇藝社」的社員。這個縣城的業餘青年藝術團體成立了一年多，曾經演出過丁西林的短劇「一隻馬蜂」、田漢的「蘇州夜話」，最近剛排練演出了曹禺的「原野」，吳純青飾演金子，丁天鈞飾演她的情人仇虎，他們由於在一起演戲而相識，才漸漸建立了友情；但是她始終覺得丁天鈞有些偏激，不僅不滿現實、不滿死去的地主的父親，甚至連他的胞兄丁天銘也表示不滿，這是使吳純青感到困惑不解的地方。「他眞是一個怪人啊！」她常在暗自思量：「爲什麽他這麽偏激呢？難道他過去受過什麽刺激麽？」

窗外的蟬鳴，「嘶——嘶」地擾人難以入睡。她用蒲扇搧了一會兒，剛打了一個盹兒，却又被對面的孩子的哭聲驚醒。揉了一下眼，索性又朦朧地睡了。不知什麽時候，她被一陣敲門聲喊醒，原來是初三班的女生王蓉，催她到日本憲兵隊去談話。

吳純青騎着自行車，趕到了那座戒備森嚴的機關。她走進辦公廳，發現兩旁站滿了持槍的日軍，坐在中間沙發上的是一位中年胖子，留着仁丹鬍兒，穿着日本和服，嘴裏叼着一根雪茄菸。

「妳是吳老師嗎？」胖子用中國話問她。

「是的。」她理直氣壯地問：「你們叫我來有什麼事？」

「哈哈！」日本特務笑道：「丁天銘是重慶份子，妳是他弟弟的朋友，妳一定有嫌疑！我警告妳：爲了建設東亞新秩序，日華親善、共存共榮，這是任何力量也阻擋不了的潮流！吳小姐，妳趕快招供吧！……」

吳純青痛苦地闔上眼睛，她充耳不聞地站在那裏。忽然，一把明晃晃的軍刀，刺疼了她的眼睛，她睜開了眼，說時遲，那時快，她猛然奪過來那把軍刀，插進了日本胖子的胸膛！於是她看見一堆腸子，從敵人肚中淌出來，她還發現一顆心，黑色的心，她禁不住咯咯地笑起來：「人的心都是紅的，爲什麼這傢伙的心是黑的呢？」這時她聽見門外傳來一片槍聲，她丟了日本軍刀，便飛奔出去，她一口氣跑出了縣城，剛走到運河口，忽然發現一個孩子在地上號啕大哭，旁邊的年邁而憔悴的老婆婆，正在哼着有節奏的兒歌。這一幅慈祥和平的畫面，使她受了極大的感動，她停下脚步，傾聽着那位老太婆吟唱的兒歌：

牡丹花，大如盤，
俺在老娘家住一年，
老娘喜的直拍手，
妗子見了把頭扭。

妗子妗子您別扭，
石榴花開俺就走。
石榴花，開的早，
五月的粽子嫌棗少。
妗子說俺不知道好，
老娘慌的往屋裏跑。
捲了一匹布，
灌了一瓶醋，
捆了兩把線，
裝了一布袋麵。
牽個驢子送送俺。
妗子看見紅了臉。
俺有老娘護着俺。
老娘都疼外甥孫。
是花都有連心的根。

吳純青不知什麼時候醒來的。天氣燠熱，她的枕頭被汗水浸濕了，睡意惺忪中，她正隱約地聽見對面李大娘哼着兒歌，哄勸孫兒午睡。如今，她回憶着剛才的夢。越想越爲丁天銘擔心起來。「他難道眞的是重慶份子？」她繼而聯想起天鈞過去的談話，天鈞熱愛文學，他崇拜魯迅、蕭軍、胡風、田漢等左翼作家；在一次雨後的晚上，丁天鈞竟然說出他要去延安的打算，當時吳純青嚇了一跳！弟弟思想左傾，哥哥却心在重慶，這種背道而馳的政治理想，豈不是大時代的悲劇嗎！正當她心亂如麻的時候，聽得門外有個女人在喚她：

「吳老師在家嗎？」

這個聲音聽起來太熟了。吳純青迅速地下了床，走出了臥房，隔着窗戶，她看見徐婉華提着一個竹籃兒，站在門外。她打開房門，把她的同事請了進來。

徐婉華約莫二十四、五歲，北方人，她來縣中已經一年多，一直擔任音樂課。聽說她在華北一座著名的音樂專科學校時，便是享名的女高音，後來由於她愛上了一位文學教授，遭受家庭的强烈反對，她才來到這座寧靜的小城作音樂教員。徐婉華的性情溫和，在學校中和吳純青相處很好，後來縣裏成立「青年劇藝社」，徐婉華擔任化粧工作，每次演戲，徐婉華總是替吳純青化粧，倆人有說有笑的，像一對親姐妹一樣。

正由於她們這麼親密，因此有人散佈謠言，說她們倆「同性戀」。當吳純青最初聽到這個謠言，氣得哭了一場。徐婉華聽到她哭的消息，馬上跑到她的宿舍看望，安慰着她：「小吳！有什麼値得生氣的？眞金不怕火煉，隨他們男人怎麼編弄去吧。妳越生氣，他們越高興，快出去散散心吧！」

這個無聊的謠言發生不久，吳純青便賭氣搬出了縣中的教員宿舍，她獨自搬進這個僻靜的四合院，每月房租雖然不多，但是在生活艱難的歲月裏，她的日子確實越來越緊張了。徐婉華走進客廳，來回巡視了一遍，便從籃子裏取出小半口袋小米、兩筒煉乳，還掏出來一條風乾的鯽魚，她把這些東西擺在桌上。吳純青又感激、又生氣，她忙不迭地說：「妳這是幹啥？妳發財了是不是？大家生活都不怎樣寬裕，妳怎麼老是送我東西？妳叫我怎麼忍心嚥進肚裏去！……」

「好了，好了，別囉嗦了。」徐婉華皺着眉頭說。

「妳不讓我囉嗦怎麼行？」吳純青白了對方一眼：「人家給咱們造謠沒有錯，誰叫妳對我這麼親熱？」

徐婉華忍不住咯咯地笑了起來。接着，吳純青也笑得直拿手帕擦眼淚。

「妳不提這件事，我幾乎忘了。妳猜這個謠言是誰散佈的？」徐婉華喝了一口茶，猛然想起這件事來。

「韓蘭根，對不對？」

「妳怎麼知道的？」

「我一猜就是他！」吳純青充滿自信地說。

「韓蘭根走了，妳知道吧？」

「他上哪兒去了？」

「濟南。他參加了新民會。」

「什麼？」吳純青驀然從竹籐椅上跳起來、她幾乎不相信自己的耳朵，像韓南崗這樣的角色，竟然去了濟南，參加了新民會，當了漢奸。

韓蘭根的原來名字叫韓南崗，因爲他長得瘦皮猴相，而且名字也和滑稽電影演員韓蘭根相近，所以縣中的一些頑皮的男生叫他韓蘭根，這樣一傳十、十傳百，後來連老師們也跟着叫他韓蘭根了。韓南崗是本縣人，他從小就不愛讀書，後來在省城混了高中畢業，又在北平做了兩年買賣，不知是誰的介紹，竟然進了縣中當了體育教員。這位韓南崗雖然到過省城，還在北平蹲了兩年，但是鄉音却非常濃重，他喊口令時，一伸脖子，好像公雞在打鳴前的姿式，接着吼叫一聲：

「立——偶！」

韓南崗把「立正」口令喊成「立偶」，這是全縣父老兄弟人所共知的趣事。他平常穿的衣服，不管春夏秋冬，總是西服上身，下着運動員式的長褲，脚上是一雙不繫帶的舊翻毛皮鞋。不知是哪一班的學生，集體創作了一首「打油詩」，把他的形象速寫下來了：

一雙皮鞋穿一生，
西服上身無秋冬；
問君肚內何所有，
伸着脖子喊立偶（正）。

別看韓南崗其貌不揚，但却最愛追漂亮小姐，縣中的未婚女教職員，都曾被他追逐過。他的化粧品只有兩種：夏天將花露水洒在襯衣領上；冬天則將雪花膏搽在臉頰與脖頸上；只要他走近了你，那你一定可以嗅到一股既香又騷的氣息。

「你有狐臭啊！」韓南崗最初追求吳純青，便受到了吳老師的坦率的批評，當時他紅了臉，皮笑肉不笑地說：「有狐臭的人有福。」

「什麼福？——豆腐！」吳純青毫不客氣地說。

「哈哈，」韓南崗的臉越紅越像猴兒了：「密斯吳，妳沒聽說有的人專愛吃雞屁股麼？哈哈，還眞有不少人喜歡聞這種狐臭味哩。妳不信……」

「對不起，我要去上課了！」吳純青挾起書本，匆匆地走了。

吳純青這種冰冷無情的態度，連她自己回憶起來也覺得過分，但却減少了不少麻煩；果然，韓南崗第二天就改變了追求目標，向着比她年紀大兩歲的音樂教員徐婉華展開了攻勢。

正由於韓南崗追不上吳純青和徐婉華，所以他散佈謠言，說她倆搞「同性戀」。當然，縣中的老師都不相信這個謠言，只是聽了哈哈一笑！有的還激動地說：「這怎麼叫男女平等呢？男人拖到四五十歲不結婚，誰也不敢招惹他；但是女人到了二十四五還沒對象，那些無聊的男人就編弄出五顏六色的新聞來蹧蹋人家！哼，眞是無聊透頂！」

徐婉華談了一些有關韓蘭根的笑話。接着，她告訴吳純青，今天晚上七時，「青年劇藝社」

全體社員，在公園噴水池前開會，檢討這次演出「原野」，並且討論排練另一齣新戲。

「這是丁天鈞叫我通知妳的。」徐婉華補充着說：「他說他最近家裏出了事情，騰不出時間親自來告訴妳。」

「他家裏出了什麼事情？」

「我沒來得及問他，他就慌慌張張走了。」

吳純青心裏有些懷疑，難道他的胞兄丁天銘眞的被捕了？若是眞的，那豈不是飛蛾撲火、自投羅網嗎？

「純青，我看晚上我就不要去了吧。我不比你們。你們是重要演員，我呢，擔任化妝工作。少了我照樣可以演戲，妳說是不是？」

「不是。」吳純青爽朗地說：「小徐，妳可別要賴，當初要不是妳勸我參加，我是不會自動參加的。妳想：這是什麼時代？外國人騎在咱們的頭上，咱們還得爲人家跳加官、喊萬歲，這齣戲怎麼演下去呢！就拿丁天銘被捕的事情——」

「丁天銘？」

「就是小丁的哥哥。」吳純青說着返身走進臥房，把王蓉的作文簿找出來，遞給了徐婉華：「妳看，這就是他被捕的原因。」

徐婉華看罷了王蓉的那篇作文，臉上罩上了一片憂慮的神情，她沉痛地說：「亞細亞是亞細亞人的亞細亞，這個口號喊得多麼動聽！為什麼日本人在中國土地上耀武揚威，中國人却只能到東京去朝拜天皇?!這是什麼兄弟之邦?!」

憂國的沉痛心情，使她們再也談不下去了。徐婉華走了，她把學生的作文簿放進小提包內，準備明天上午去學校發還學生。她接着洗衣服、做飯，等到她走出家門時，已經六點三刻了。吳純青本來留她在家吃飯，但是她堅持要回宿舍去。

在西方的藍空上，一片雲彩被落日燒得通紅。街上的行人不多，從幾家飯舘裏飄揚出一陣陣的菜香，而且不時傳出一陣陣猜拳的吼聲：

「六啊，六啊！全福壽！」

「哥倆好哇，三星照你！」

「……」

吳純青非常討厭男人划拳的吼叫，她認為這是中國最壞的習慣之一。她的父親對於飲酒非常講究，屋裏終年散發着酒香。但是她那位落魄的父親，却從來不與人划拳，只是默默地淺酌獨飲，數十年如一日。特別是從他的愛妻過世之後，他的書房更顯得清幽而寧靜了，彷彿他是一個幽靈，飄蕩在那座濱山的地主的宅院裏。正由於這個緣故，吳純青一直不願意回家。那座家充滿了寂寞，家對於她彷彿是一座迢遙而茫漠的夢中的世界……

路過縣城大街，迎面駛過來一輛貨車，上面堆滿了裝米的蔴袋。忽然，從馬路兩旁竄上去七八個飢民，他們像瘋子似地用刀子割開蔴袋，然後掏出自己帶的麵袋搶米，……吳純青停立在路旁發愣，她想：「讓這些沒飯吃的同胞搶一點糧食吧。衣食足而後知禮義——即使孔夫子見到的話，他也會原諒他們啊！」

汽車刹那間駛遠了。留下來一片路人的笑聲。吳純青繼續往前走，剛走到吉露茶莊門口，前面駛來一輛軍車，上面站滿了荷槍的日本兵。她每當在街上碰到日軍，總像出門不當心踩着狗屎一樣感到晦氣。她低沉着臉，故意靠邊上走，當軍車駛過她的身旁時，從駕駛座窗內傳出了嬉笑聲音：

「母斯買——開來衣哪！」

於是，滿車的放蕩的笑浪，像旋風似地捲遠了。

「該死的！」吳純青狠狠地罵了一句，一面加速了脚步。她唯恐吉露茶莊的伙計發現了她。因爲她時常來這個店裏買茶葉，只要她一進門，任何一個伙計都會笑瞇瞇地迎上來：「吳老師，您還是秤四兩上等的龍井嗎？」她的喝茶習慣是來自父親。父親的那隻烏黑的瓦罐壺，是他心愛的寶貝。每天清晨，他起來第一件事，就是燒水、沏茶，任何人替他燒水沏茶他都不放心，必須由他自己親身去做，那樣喝起茶來才覺得清香、舒服。

吳老先生最喜歡喝西湖龍井，他是縣城吉露茶莊的老主顧。每隔兩三個月，他就打發家人專程去縣城買茶葉，後來他的女兒進了縣立中學教書，這個任務便自然地落到純青的身上。每逢假日，吳純青回家，她剛走進庭院，父親便迎了出來，微笑着說：「小青，妳回來了——茶葉呢？」

吳純青她並不像父親那般講究。她平常在學校時，總是用自備的茶葉沖着喝，却從來不喝公家的大鐵壺的茶水。

剛走到公園門口，聽得後面有人喊她：

「小吳！」

吳純青回過頭去，只見丁天鈞連蹦帶跳地趕到她的面前，帶着喘吁聲說：「小吳，咱們的……話劇……演不成啦！……這一定是……韓蘭根搞的鬼……」

「你怎麼知道？」她吃了一驚。

「我大哥告訴我的。」丁天鈞嘆了一口氣：「妳知道麼？半個月前，我大哥被押進了日本憲兵隊，他的腿幾乎被打斷了，……活該，這是他自作自受，誰叫他愛管閒事？」

吳純青聽了有些不滿，她問他大哥為了什麼被捕？丁天鈞便將天銘在公園內看到日軍欺侮中國婦女，因而仗義執言，結果被押進日本憲兵隊的經過講了一遍。

「他出來了沒有？」吳純青關切地問。

「昨天放出來了，化了三萬準備票。」丁天鈞有點氣憤：「小吳，妳知道我們家的生活情況，一年到頭勒緊褲帶過日子，偏偏又發生這種事兒！妳想，我怎麼不生氣？我這位寶貝大哥，哼，我打心底兒瞧不起他！」

「你不能這麼說，」吳純青却不以爲然，「他的愛國行動，固然有點衝動，可是到了那個地步，也許我也會跟日本人吵一架呢！說眞的，我也待不下去了，我眞想馬上離開這個鬼地方……」

「小吳！」突然，丁天鈞熱情地握住了她的雙手，她不由地渾身打了一個冷顫。她羞慚地抬起了頭，發現對方那一對明亮的眼睛正散發出熱烈的光，彷彿要把她熔化似的。半晌，他激動地說：「小吳！跟我走，咱們一塊逃出淪陷區，到自由的抗戰大後方去。」

吳純青沒有作聲，她的心却被對方的那兩隻火熱的眼睛熔化了。去年，在一個秋天的晚上，他們演過了話劇，卸了妝走出來，丁天鈞堅持送她回宿舍去，她搖搖頭笑道：「戲散場了，還是各走各的吧。」丁天鈞却幽默地說：「這場話劇演的很過癮，我眞想和妳繼續演下去。」他們一路談笑着走過公園的涼亭旁，丁天鈞坐在石凳上，央求着說：

「坐下，一塊兒繼續演戲吧？」

「沒有觀衆，我恐怕演不下去啊。」她停住脚步，向寧靜的四週掃了一眼，公園內的亭臺樹木在水銀般地月光下，更顯得恬靜而美麗了。

「小吳，」忽然，他拉住了她的手。

「小心，」她微笑着縮回了那一隻柔纖細美的手，風趣地說：「導演沒指定你這麼做啊。」

「哈哈，」丁天鈞暢快地笑了：「妳眞聽話。」

這一段風趣的往事每逢回憶起來，吳純青總會湧出一股甜蜜的滋味。儘管如此，她依然對他存在着一種說不出來的隔膜與距離。她總認爲他們只能在舞臺上談情說愛，但是在實際生活中却不能共同生活。有一次，她曾經將這種秘密的感受告訴父親，父親却鼓勵她說：「妳別那麼固執，也許妳和他相處久了，有了感情，什麼隔膜也不會存在了。不要猶豫，二十三啦，妳應該考慮自己的大事了。」

正當吳純青和丁天鈞在公園門口談話時，徐婉華騎着自行車來了，她煞住車子，向他們笑道：

「快開演了，我得給女主角化粧啦！」

他們一面笑，一面走進了公園。

第二章

他們三個人走到噴水池前面的草坪，草坪上已經坐滿了人，那都是「青年劇藝社」的社員。那片草坪非常乾淨，四周種滿了垂柳，每當夏天的傍晚，許多男女坐在樹下草坪上，促膝談心，到處洋溢着一片歡笑的氣氛。現在，這三十多位青年男女社員，正靜靜地圍坐在一起，傾聽着「青年劇藝社」社長兼導演夏明的講話。

「當初我們組織這個劇藝社，爲的是聯絡感情，通過演戲的活動，提高我們縣城青年朋友的藝術水準。」夏明吸了一口香煙，低下了頭：「兩年以來，我們演出了六個劇本，一共演出了五十七場，現在不僅省城知道咱們『青年劇藝社』，甚至連華北也曉得了……」

「你怎麼知道的？」有人挿嘴問他。

「北平、天津的報紙，登過咱們演出『原野』的新聞。」夏明高興地說。

草坪上的青年都活躍起來。

「人怕有名豬怕肥。」夏明的嘴角發出一片苦笑，「他們不登報還好，這麼一來，痲煩緊跟着來了！縣公署教育局來了公事，叫我們在半個月內寫出一齣宣傳中日親善、和平建國的話劇，你們看怎麼辦？這就是我邀請各位來開會研究的原因……」

草坪上的男女青年捲入了騷動不安的情緒裏。有的在詛咒，發牢騷；有的埋怨縣公署的有關部門，昏庸無能；有的激動地站起來，兩手一攤，向大伙兒說：「既然上邊找麻煩，咱們何苦自找沒趣呢？依我的意見，只有一個辦法：關門大吉！」

這時丁天鈞忍不住跳了起來，他說：

「我反對這種辦法，這是懦弱的表現。我認爲『青年劇藝社』既然出了名，我們應當鼓起勇氣，轟轟烈烈地幹一場！」

「怎麼轟轟烈烈？哈哈，」剛才發言的那位縣立圖書舘職員，在話劇中擔任「舞臺監督」的尹壽亭，冷笑着說：「現在我們只有兩條路：一是替日本人宣傳，演『和平建國戲』；另一條路還是那句老話，關門大吉！我反對天鈞的意見，要轟轟烈烈地幹一場！哈哈，」他忍住了笑聲，繼續向大家巡視了一圈：「我眞弄不清他要怎麼幹？爲什麼去幹？說句不客氣的話，今天不是喊口號的時代了！」

尹壽亭的這番話，引起了羣衆的共鳴，連吳純青也默聲地點着頭，她覺得剛才丁天鈞的話，既空洞而又不合邏輯。

夏明吸着紙菸，尋思擺在眼前的困難問題，如果解散這個藝術團體，那是非常遺憾的一件事；但是要讓這個社團維持下去，必須和日僞機關充分合作，演出一些所謂「和平建國戲」和日本戲劇，這豈不作了敵人的宣傳工具？

「這八成是韓蘭根搞的鬼！」吳純青氣咻咻地說。

「哼，一定是他。」徐婉華附和着說。

正在大家議論紛紛的時候，丁天鈞慢慢地站起來，開始發表他的見解，他輕聲地說：

「我認爲擺在咱們面前的只有一條路，就是跟日僞機關合作，繼續維持這個業餘藝術團體。你們聽我說下去——他們限定咱們寫『和平建國戲』，咱們寫嘛，筆桿子握在咱們手裏，爲什麼不能寫出反效果的劇本？你記得蘇武牧羊嗎？蘇武在北海放羊是一種被侮辱、被損害的勞動，可是蘇武的心却在祖國，這不是最適當的題材麼？……」

驀然，草坪上響起了一陣激烈的掌聲。大家的眼睛都集中在丁天鈞的臉上。吳純青的心，噗噗地跳，她從來沒有像現在這樣愛慕而敬重他。

「我們要寫的劇本，應當含有『人在曹營心在漢』的主題意識。其次，我們寫一些工人、農民的苦痛生活，喚醒知識份子以及小市民的覺醒，讓他們對現實感到不滿意；就如同魯迅所說的，我們要大聲疾呼，他們被關在鐵屋子中，沒有空氣，馬上就發生窒息的悲劇。……」

掌聲掩沒了丁天鈞的講話，每一個青年都受了感動，而且狠命地鼓掌，代表了他們內心的衝擊和回響；吳純青激動地淌下了熱淚，她一直抬頭凝望着他的面孔，他的面孔在月光與燈光的映照下，更顯得英氣煥發，他恨不得走上前去，挽住他的胳臂，熱情地喊着：「帶我走吧！天鈞，即使流浪天涯，吃苦受罪，我也不在乎！」

夏明等到掌聲停止後，他對這件事作了結論：「我們就按照天鈞的意見去做，天鈞是縣立師範的國文老師，也是一位青年作家，我們推請他執筆寫第一個劇本，另外再推選兩個人協助他找資料，謄寫劇本，大家贊成不贊成？」

「贊成！」草坪上又響起了一片掌聲。

經過大家的提名和表決，最後推出吳純青、徐婉華作助手，限定在兩週之內寫完，然後再送到縣教育局去審查。

散會以後，丁天鈞和吳純青沿着公園的石道漫步，他們談着怎樣去編寫這個劇本？丁天鈞寫作的習慣，他首先必須找出一個題目來，然後才能寫下去，如今，他接受了這項任務，馬上面臨着尋找題目的難題。

「依妳看，取個什麼劇名才好呢？」他走到一座假山旁，停了下來，轉頭問她：「我計劃這個劇本以這座小城作背景，寫出城市人民的貪婪、狡猾，以及鄉村農民的質樸可愛，在形式上是表現商人欺侮農民，但實質上却反映出在日本敵人的鐵蹄下，中華民族過的是水深火熱的生活。……」他停了一下，仰頭瞅望那茫茫的夜空，「小吳，這個話劇定名爲茫茫夜行不行？」

「茫茫夜？」吳純青坐在石凳上，抬起了頭，凝望柳梢上那一彎新月：「不太好。茫茫夜，有點像小說題目，我記得好像最近看了一篇小說，茫茫夜……」她思索了一下，轉頭對天鈞說：「你看，長夜這個題目行不行？」

「不行。長夜，那我們的民族過得太悲慘了！妳怎麼忍心用這個題目？」丁天鈞說着笑了起來：「從一百多年前，鴉片戰爭起，帝國主義開始進犯中國，妳怎麼還能用長夜這個題目？哈哈！那我們的同胞什麼時候才重見天日呢！」

「茫茫夜還不是一樣？」她不以爲然的說。

「至少要比長夜好一點。」丁天鈞用右手整理了一下晚風吹亂的頭髮：「這樣好了，妳回去幫我想一想，如果想出適合的話劇劇名，妳馬上告訴我。」

他們走到公園的門口，就分手了。

吳純青在回宿舍的路上，感到非常失望。她覺得丁天鈞這個人實在迂腐，不懂人情世故，在討論創作的時候，他可以找她幫忙，但等到事過境遷，他却丟棄她而遠去了。就以今天晚上來說，丁天鈞應該說送她回去才對，天色已晚，況且年景混亂，萬一在路上碰見歹徒怎麼辦？她越想越生氣，等她回到宿舍，洗了個冷水澡，就匆匆地睡了。

半夜的時候，她被一陣激烈的槍砲聲驚醒。披衣下了床，她隔着窗戶發現對門李大娘的屋裏，燈光輝煌，幾個從鄉下來的男人正在咳嗽談話。過了不久，槍聲，砲聲停了，對門的那個愛哭的小男孩又扯起喉嚨哭了。

吳純青臥在床上，心裏非常難過。她覺得自己不能再拖延下去，應該趕快設法離開這座危難的小城。前些日子她便聽到一支抗日的游擊部隊，開到了距縣城三十里外的林家嶺，準備向縣城作示威性的進襲，日軍最近開來了不少坦克車，而且城門上也架起了機關槍，更增加了一片緊張的氣氛。

「乒——乒！」突然，遠方的天際傳來了兩聲槍響，把吳純青吓了一跳！「這一定是游擊隊攻縣城了。」她既緊張而又害怕。她聯想起今年春天，丁天鈞曾經偸偸地告訴她，他有個表舅住在皖北阜陽，那裏是自由地區，老百姓吃的穿的不犯愁，而且從那裏可以轉移到四川大後方去。丁天鈞還說皖北目前有十幾所中學，專門收容淪陷區的流亡學生，他談着自己的理想：「這個年頭，走一步、算一步，走總比蹲在這裏强。如果到了皖北，當個中學教員決無問題，政府對於淪陷區出來的都會照顧，我眞不願再當亡國奴了。……」吳純青當時還向他表白了自己的願望，她也想逃出淪陷區，到那飄揚着青天白日滿地紅國旗的後方去。

她聽見街上傳來了一片汽車聲，彷佛有十幾輛汽車陸續地行駛過去。接着，外面寧靜下來，好似這座小城變成了空城，那寧靜的空氣使她感到窒息。停了大約一刻鐘光景，城外又響起一陣激烈地槍聲，像過年點爆竹似地，聲音幾乎連成一團了……

不知誰家的狗，汪汪地吼叫幾聲，將對面的愛哭的小孩吵醒了。……

吳純青摸索着下了床，不敢打開電燈，她趿拉着鞋走到厨房，舀了一盆水，洗了一把臉，擦了一下臂上的汗，然後摸黑走回了臥房。這時她聽得遠方的槍聲已停，不過對門的孩子還在哭，那位有耐心的李大娘又哼起了兒歌：

小大姐，小二姐，
你拉風箱我打鐵，
掙了錢，給咱爹。
咱爹戴上紅纓帽，
咱娘穿上咯噔鞋。
咯噔咯噔上樓去，
咯噔咯噔下樓來；
樓底下，一窩猴，
咬你娘的媽媽頭。

李大娘剛唱完，她那個寶貝孫子又哼唧起來：「我不要猴子，猴子咬的奶奶……我不要嘛！」

「好、好、乖、乖、咱打猴子！快睡啊……奶奶再換一個……」李大娘哄勸了孫兒半天，又唱了起來，不過她的聲音越來越低了：

小老鼠兒，上穀穗，
掉下來，沒了氣兒。
大老鼠哭，
小老鼠兒叫。
蛤蟆蛙子來弔孝，
給牠個孝帽牠不要，
頓打頓打又跑了。……

吳純靑倒在床上，傾聽李大娘的兒歌，心裏不由地對她湧出了無限的敬意，她覺得這位年逾六十的老太太，爲了撫養孫兒，一天到晚付出多少的心血啊。她的兒媳留在鄉下幫助丈夫種地，因爲鄉下時常發生拉鋸戰，他們不得已才骨肉分離的。李大娘的孫兒非常愛哭，左鄰右舍都不喜歡他，可是又有什麼辦法？去年冬天，不知哪位鄰居給李大娘出了一個主意，勸她請人寫一首「詩」，貼在街頭公共廁所牆上，只要過了七七四十九天，這個愛哭的孫兒就會變乖了。

李大娘聽了鄰居的勸告，便來請吳純靑抄那首「詩」。她從懷裏掏出一張折疊的紙，遞給了吳純靑，臉上堆滿了謙恭的笑容：「吳大小姐！求妳幫幫忙，幫俺使毛筆把它寫下來，俺再託個男爺們把它貼到街口茅厠裏去。唉！妳說有啥辦法？……要是好年好月的，咱們住在鄉下多好哇，這都是年月不濟啊……」

「沒問題。」吳純青接過那張紙，看着上面抄的歪七扭八的鉛筆字，她想笑却笑不出來，便回答李老太太說：「沒問題，李大娘，我馬上就寫……您先回去，我寫好了給您送過去。」

「那怎麼敢當呢。吳大小姐！」李老太太站起來往外走：「妳寫好了，隔着窗戶喊一聲，俺就過來拿。咱們就這麼說定啦。」

那天，吳純青一面抄寫着那首「詩」，一面悄悄地笑。那首「詩」是這樣的：

天皇皇，地皇皇，
我家有個夜哭郎。
行路君子念三遍，
一覺睡到大天亮。

她明知道張貼這種玩意兒，並不能根治「夜哭郎」的毛病，不然爲什麼那孩子還是那麼愛哭呢？

熬到下半夜時，吳純青實在太疲乏了，便迷迷糊糊地睡去，那時她再也聽不到槍聲、汽車聲、孩子的哭聲以及李大娘的兒歌了……彷佛現實社會的一切都被風沙吹遠，她如今已經暫時獲得了身心的解脫。直到第二天清晨，門外傳來小販的一聲喊叫，才把她驚醒。

「包子哩——熱饅頭！」

「唉呀，快七點啦。」她知道那個賣包子饅頭的小販，每當清早七時左右，路過家門口的。

若在平時，她已經梳洗完畢，吃過早點準備出門了。現在她匆忙地洗了把臉，刷了牙，換上一件陰丹士林短衫，便提着裝作文簿、課本的小提包，走出房門。

正當她鎖好門要走，李大娘提着一個小毛籃，笑盈盈地走近了她，悄悄地說：「吳大小姐！昨兒晚上，俺家老三、老四還有俺的侄兒都來啦。俺聽鄉下這兩天開了火，游擊隊把日本鬼打死了好幾千千千……呢。妳別嫌少，這是俺的心意，俺家老三打鄉下捎來了三十個鷄子兒（蛋），咱們二一添作五，嘿嘿！我給妳十五個，留着早上沖着吃……」

她向着李大娘笑，李大娘那胖糊糊的肉臉上，瞇起了兩隻小眼睛，看起來是那麼慈祥而富泰，她馬上把籃子接過來，誠懇地說：「妳們家人多，給我十個就行啦。」

「不行，不行。」李大娘板起臉來說。

「好，我聽您的。」

吳純青放下毛籃兒，打開了門，匆忙地走進屋去，待了一會兒，她就返身走出來，把昨天徐婉華送給她的那一條風乾鯽魚、兩筒煉乳轉送給李大娘。李大娘有點生氣：「你這是幹啥？你這不是給俺難看嗎？」

「您聽我說，」吳純青把毛籃遞給了她，返身上了鎖，「我不喜歡吃魚，皮膚過敏，您不收下我也送別人。李大娘，我得趕快上課去啦……」她一面說，一面走；李大娘纏着小脚，怎麼能追得上她？只是在那裏皺眉、嘆氣。

吳純青趕到學校，已經敲上課鐘了。她急忙走進敎室，發現班上每一個學生，都老老實實坐在那裏，臉上帶着憂慮沉重的神情，那往日的歡樂而頑皮的笑影消失了，敎室內充滿了凝重的空氣。

孩子們爲什麼這樣呢？吳純青站在講臺上，向大家看了一眼，然後把作文簿從小提包中掏出來：「誰是値日生，把它發下去。」

那個瘦弱的、輕易不愛講話的女生王蓉，走上前來，她向吳純青鞠了躬，就拿走了全班的作文簿，按照名字分發下去。

「老師，」忽然，有個男學生站起來，臉上帶着惶恐不安的表情，他說：「昨天晚上，我們縣城附近發生戰爭，這件事使我們同學害怕、關心！老師，您過去講過，明朝的東林黨領袖顧憲成，說什麼『家事、國事、天下事，事事關心』我的意思，能不能請您給我們講一講戰爭的新聞？我們雖然年紀小，可是我們也是——」

「也是什麼？」吳純青笑着問。

「也是……中國人啊！」

全班的同學都哈哈地笑了！

「昨天晚上，我在半夜裏也聽到了槍聲，大概是日軍跟游擊隊作戰，到底雙方打得怎麼樣，我和你們一樣，也是丈二和尙——摸不着頭腦。不過打總比不打好，對不對？至少可以刺激你們努力上進啊！」

這時班上的學生又嘿嘿地笑起來。

「同學們！你們讀過都德的『最後一課』嗎？它描寫一個小學生，平常非常懶惰貪玩，有一天早晨路過街頭，發現很多市民在看報，因爲他們的國家被列強搶走了兩個州，大家非常難過。等他到了學校，他發現同學們都拚命地用功了，爲什麼呢？因爲那是最後的一課……」吳純青講到這裏，她發現班上的學生都凝神貫注地聽着，有的竟然流出了眼淚。她激動地說：「過去，我對於你們的印象——不，應該說是我對於青少年的印象，非常不好！我看見的中學生，走路吃零食，放了學不是逛街就是看電影，他們腦子裏裝的不是愛廸生、方聲洞，只有鄔麗珠、上官雲珠、韓蘭根！我不只一次地跟朋友們發牢騷：『中國青年沒有希望了！』同學們！我跟你們一樣地愛中國，爲什麼我說出這種不愛國的話，因爲我覺得失望！」吳純青講到此處，猛然感覺到自己的失言，在日僞淪陷區，任何人都必須隨時提高警覺，否則那會招致危險的後果。於是，她繼續地說：「剛才這位同學關心時局，這是愛國的表現。但是要愛國，應該擺在心裏，就像寫文章一樣，含蓄更美！你們明白我的意思嗎？假使我們一天到晚喊口號，喊得嗓子啞了也沒用處！……好了，我現在講『喜雨亭記』，同學們翻開課本，把心收一收，我們的暑期進修班快二十天了，還有二十多天，我們就準備開學了……」

班上的孩子們，怎有心情聽課呢？有的瞪着眼，朝着天花板出神；有的在傳閱小紙條，偷偷地笑；有的依然沉浸在昨晚的槍聲裏……吳純青講的蘇軾的「喜雨亭」。她將這篇古文的題旨講了一下，便開始唸了原文：

「亭以雨名，志喜也。……」她抬起頭來，向下面的學生掃了一眼，只見大家個個心不在焉，好像都有一肚子心事似的。她特別向王蓉瞅了一眼，發現王蓉兩手托腮，正在發愁，一個十六七歲的女孩子，怎麽一點也不活潑？她不由地感到難過了。

「你們大家也許覺得索然無味，可是你們認眞想一想，現在山東到處缺雨水，鄉下餓死了人，有的去逃荒當苦力，爲了混一碗飯吃，抛兒別女、家破人亡。如果下一場雨，那豈不救活了千千萬萬的鄉親嗎?!」

吳純青講到這裏，她發覺下面的孩子們眼珠亮了，一個個鼓動着黑眼珠，凝望着她，一面傾聽着八百年前，陝西省一帶發生的旱災，以及那位宋朝的作家描寫修建「喜雨亭」的感想……

她下了課，走出了「初三班」敎室，後面有個女孩子在喊她：「老師！」

她停住脚步，定睛一看，原來是王蓉，她親切地將一隻手搭在王蓉的肩膀上，「妳找我有事麽？」

「老師，您忘了？」王蓉幽秘地笑起來，露出兩排潔白的牙齒，那兩隻小虎牙特別惹人矚目。「您在我的作文後面批了兩行字，叫我下課後找您談話。」

吳純青頓時想起了那篇作文，曾使她感到觸目驚心，她在王蓉的作文後面，用紅色毛筆寫了

「文筆極佳，希在課餘找我一談」。她一面慢慢朝前走，一面轉頭對王蓉說：「妳認識那個丁天銘嗎？」

「認識。他是我小學的老師。」

「現在他作什麼？」

「聽說他做小生意，跑單幫。我聽鄰居講的。」

「王蓉，」吳純青機警地向四週望了一眼。這時操場上鬧哄哄的，學生來往追逐，誰也聽不見她的談話。「妳這篇作文寫得很好，我看了很感動。但是，我希望妳以後不要再寫這樣的事情。妳馬上升高中，已經是大孩子了，妳知道這篇作文……若是萬一……被壞人看到……那是很危險的。妳明白不？」

「明白。」王蓉點著頭。

「我不是故意吓唬妳。」她親熱地位住王蓉的手，低聲地說：「把那篇作文撕掉它，免得惹麻煩。記住我的話，我們愛國要記在心坎上，別掛在嘴皮上。」

「謝謝老師！我一定記住您的話。」王蓉的眼睛裏迸射出感激的光芒。當她們分手的時候，吳純青輕聲地告訴王蓉：那位丁天銘已經被日本憲兵隊釋放了。

「暑期進修班」的上課時間，每天上午只有四小時，因爲一到中午氣候便非常燠熱，整個縣城都是靜悄悄的，偶爾從街上傳來賣冰小孩的叫賣聲：「賣凍凍咧！拔涼解渴的凍凍咧！」但是這聲音逐漸消失，彷彿也被溶化在那炎熱的空氣中。吳純青下了課，沒有回宿舍，她和徐婉華在學校附近的小飯舘，每人吃了一碗大滷麵，便走回學校的單身宿舍，徐婉華把床讓給純青睡，自己睡在沙發上。正當中午時分，陽光曝晒着小城，熱得人們無法睡午覺，熱得蟬兒不停地「嘶——嘶」鳴叫。

吳純青迷迷糊糊地打了個盹兒，便再也睡不着。那倒在沙發上的婉華，聽到她的翻身聲，這才悄悄地坐起來，揮動着扇子說：「妳看，游擊隊會不會攻進來？」

「不敢說。」吳純青也搖動起扇子，思索着說：「即使戰爭打不起來，這兒也不會平靜下來的。」

「啊！這算什麼年月啊。」婉華長嘆了一口氣。

「物價一天比一天的高漲，鄉下的莊稼沒收成，難民越來越多，日本鬼兒的統治越來越緊，……妳想，以後怎麼有好日子過？」

「唉！」徐婉華皺起眉頭，憤憤地說：「我們在這種環境裏生活，跟關在黑屋子裏有啥不同？寫劇本、演話劇、搞這種不疼不癢的抗日宣傳玩意兒，妳說有什麼意思！」她一骨碌從沙發上爬起來，走近了吳純青的床前，激昂地說：「就算這個劇本寫出來，七審八審，演出的時候還怕這、怕那，這有啥意思？妳說！」

吳純青聽了，也感到灰心失望，她坐了起來，凝望着徐婉華那兩隻美麗的大眼睛，幽默地說：「我看咱們倆就甭去了，讓丁天鈞一個人去編劇吧。」

「那怎麼行？」婉華認眞地說：「他打電話約我們下午兩點鐘見面，我們要是不去，他一定會氣死！」

「墳裏埋了那麼多死人，沒有一個是氣死的。讓他生氣去吧！」

「妳算了吧！」婉華撇嘴一笑：「妳捨得讓他生氣呀？別在我面前演話劇了。妳呀，拿不起放不下，哈……」

吳純青頓時臉紅了。是啊，徐婉華這個鬼靈精，眞是太瞭解她了。自從他們在一起演戲以後，吳純青就認識了丁天鈞，那個使她又愛又怕的男人，一直和她保持着若即若離的關係。她曾不只一次向婉華談著他，婉華也幫她分析過對方的性格與特點，她們最後得到的同一結論，就是讓雙方的感情去自然發展吧。

他們兩人還是按照約會的時間，到了縣立圖書舘。這座圖書舘在縣城東門附近，那是一個兩層樓的建築物，樓下有會議室、禮堂，凡是縣裏的文化團體擧辦演講會、宣傳會，在樓下的禮堂擧行。樓上是圖書舘，那兒有藏書兩萬多册，由於今年春天日本特務帶了翻譯，來圖書舘淸查了一週，把舘內的有關抗日的書籍刋物搜出了一千多册，然後用軍車載走，所以翻得亂七八糟，直到最近還沒有完全整理完竣。過去，吳純青時常來圖書舘看書，舘內的文學作品不少，她在這裏讀完了巴爾札克的「人間喜劇」、屠格湼夫全集，同時也看了不少近代日本文學作品。因爲她是這裏的常客，所以圖書部主任尹壽亭認識她，她參加「青年劇藝社」就是尹壽亭介紹的。

尹壽亭是一個熱愛戲劇的青年，他的家庭清苦，高中畢業以後，就來圖書館作管理員，由於他負責認眞，工作勤奮，如今已經升到了圖書部主任。他的家就住在東門外，家裏只有一位老母親，平日替火柴工廠糊火柴盒，再加上尹壽亭每月的薪水，母子倆的生活還過得不錯。母親唯一的心事就是巴望兒子早日結婚，但是尹壽亭的性格有點古怪，條件比較好的他追不上，條件差的他看不上眼，這樣蹉跎下去，他到了將近三十歲還是個光桿兒。

這位有些孤獨的尹壽亭，每天生活宛如鋃鼠一樣，從家門走到圖書館，從不走一條彎路；他的辦公桌、椅子、卷宗、近視眼鏡，永遠保持着固定的位置，甚至他每天講的話、看的報紙，也幾乎是差不多的。尹壽亭從來不和女同事開玩笑，甚至連點頭講話也很少。他的身材不怎麼高，從五年前便開始發胖起來，他的皮膚很白，所以肉糊糊的還不算醜。他沒有什麼嗜好，只是愛吸香菸，吸的是普通的華一牌香菸。他的文學素養還不錯，只是不能創作，他對於戲劇有濃厚的興趣，可是他的口音却是標準的山東腔，連一句北平話也不會說，因此他根本不能上臺演戲。「青年劇藝社」的全體社員爲了尊重他，所以請他作舞臺監督。

尹壽亭當舞臺監督確實非常認眞，每次排戲，他一定最早到場，他掃地、燒開水、沏茶、擺道具、兼任提示及效果工作；他一天到晚爲了演戲忙個不停，好像永遠也不知道勞累似的。

吳純青和徐婉華到了圖書館，發現尹壽亭正在忙著整理圖書卡片，她們走近了他，喊了一聲：「尹主任！我們來啦！」

「啊？」他摘下了眼鏡，露出了笑容，兩隻細小的眼睛變成兩個「一」字：「請坐！請坐！我給妳們倒茶去！」說着他走了。

辦公室只有兩張桌子，桌上堆滿了新到的雜誌和書籍，有的是訂閱的，有的是從南京、濟南的文化機關贈送的。圖書部只有兩位職員，除了尹壽亭以外，另外一位職員就是「青年劇藝社」社長兼導演夏明。最近夏明的妻子分娩，所以他很少來辦公，反正尹壽亭是個老好人，他幾乎從早到晚守在這間圖書室裏，吸菸、看書、看報、整理圖書卡片，並且照應來此看書的人們。

也許目前正值三伏六月天，氣候炎熱，每天來圖書館的人很少，所以尹壽亭非常清閒，若不是他有耐性，那是很難蹲得住的。

吳純青坐在椅子上翻看電影畫報，這時尹壽亭端來了兩杯剛沏的熱茶，放到她們坐着的茶几上：「妳們坐一會兒，丁天鈞馬上就會到。怎麼，昨天夜裏聽到槍聲沒有？聽說這是國軍五十一軍的一個連，昨天夜裏攻佔了石塢鎮，打死了三十多名日軍。……。」

尹壽亭的這些話，使她們聽得如醉如癡，吳純青心裏格外高興，她想：這不僅是攻佔一座小鎮的喜事；這是一聲春雷，給予淪陷區民衆最大的精神鼓舞啊！

「這是咱們演話劇的大好時機，」吳純青的臉上帶着信心的微笑；「等一會兒老丁來了，咱們提議這個話劇叫『春雷』——春天裏聽到第一聲雷鳴，你們覺得怎麼樣？」

「好！我贊成。」尹壽亭說。

「妳呢？」吳純青瞟了徐婉華一眼。

「我贊成。春雷這個劇名很響亮。」徐婉華思索了一下說：「不過，咱們不能把這場戰鬥扯上去——」

「那怎麼行？這場攻佔石塢鎮的戰鬥，給咱們全縣人民帶來了春雷般的希望啊！如果不把這麼好的素材加進去，那太可惜了！……」

正當吳純青說到這裏，忽然門外走進來一個青年，他激昂而略帶衝動地說：「不行，我反對妳的意見！即使日本新民會通過，我也不寫它！」

他們都愣住了。這時，丁天鈞低垂着頭，一步一步走近了他們。

第二章

自從國軍突襲石塢鎮的戰鬥過後，又接二連三發生了幾場戰爭，小城的空氣頓時緊張起來，街頭巷尾，築起了防禦性的堡壘，縣城通往鄉村的重要路口，都佈滿了拒馬或鐵絲網，日軍配合了汪僞軍隊，站在關卡的崗哨前，嚴格地檢查進出的人民與車輛。謠言，宛如秋天的落葉飄散在每一個院子裏。

李大娘最近更顯得憔悴了些，她那兩隻充血的眼睛，好像兩盞暗淡的燭光，兩個太陽穴貼着膏藥。她白天便在房簷底下補舊蔴袋，藉此貼補一家人的生活。這天下午，吳純青在院子裏晒衣裳，她們倆聊起了家常話。

「大小姐，妳聽到了嗎？濟公活佛降世啦。」李大娘帶着虔敬而驚惶的神情，向吳純青說：「他們說，濟公活佛昨兒晚上，雞不叫狗不咬的時辰，他拿着一把破蒲扇，大搖大擺地進了城，那些站崗的日本鬼兒，哈哈，一個個像吃了迷魂藥，眼睜睜地讓他老人家進來了，你說多有意思哪！」

吳純青也陪着對方笑了起來。

「聽說前些日子，觀音大士差了仙家，化妝成做小買賣的，在咱們縣城南大街逛街，他挑着兩個小籮筐，一邊兒擺的是棗子，一邊兒放的是鮮桃，人家一邊走一邊喊：『棗兒——桃啊！』喊了大半天，沒有一個人理他。你說奇怪不奇怪？他快走到日本崗哨的地方，一蹤脚連人帶桃子全沒影了。……」

「他上哪兒去了？」吳純青捂住嘴，强忍着笑聲。

「咳，大小姐！上了天了！——人家是仙嘛。」李大娘說着皺起眉頭，無言地凝望那深藍色的天空：「唉！觀世音菩薩指示咱們『早逃』；俺說大小姐，這年頭兒朝哪兒逃？從東到西、從南到北，到處都在打仗，到處都鬧飢荒，……唉，俺早想開啦，這年頭兒在刼難逃……」

吳純青默默地凝望着那位可憐的李大娘，她繼續低下頭去縫補蔴袋，看她那沈靜的神色，好像流淚的樣子，吳純青這才想起爲什麼她的眼睛那麼紅腫。於是，她走近李大娘的身邊，輕聲地安慰她說：

「李大娘！您別想得那麼多，這年月有腦筋的人最倒楣！您何必自己跟自己過不去，您說是不是？就拿咱們縣的三十多萬老百姓來說，比咱們有錢的、有身分的人太多了，咱們發什麼愁？說句不好聽的話：天塌下來有大個子頂着，咱們有啥怕的？……」

李大娘定睛看看她，彷彿聽到了從觀音大士那兒帶來的福音，使她頓時耳聰目明，心胸也頓時開朗起來。吳純青高興地拍了一下她的肩，站起來走了。當她走到自己門前時，聽得李大娘嘮叨着說：「俺小孫子不大哭啦，多虧妳寫了那張告示；誰敢說是迷信哪？它還眞靈驗呢……」

快掌燈的時候，王蓉神色驚慌地跑來，告訴吳純青一個消息：「丁天鈞昨天被日本人抓走了！」

她當時聽了一愣，似乎不相信這個消息；等王蓉走後，她左思右想，胡亂吃了大半碗麵，也沒有洗刷碗筷，便換了一件白色短衫出了門。

街上的電燈光線很弱，由於近來時局不穩，發電廠爲了防止襲擊，因此每天供電只有五小時，所以整個縣城更顯得黯淡凄涼，彷彿世界的末日即將來臨一般。

吳純青走到縣中宿舍，去找徐婉華，却意外地撲了個空，她感到非常失望，便孤獨地折返回來。經過「吉露茶莊」的門前，她聽見裏面有人喊着：

「吳大小姐！進來坐吧。」

她走進店門，那位胖糊糊的掌櫃笑盈盈地走近說：「大小姐！前天吳村來人說，老太爺捎信請您回去一趟。」

「我父親還說什麼了？」她關心地問。

「請您順便帶回去兩斤茶葉。」

「好吧，麻煩你先把茶葉秤好，我過兩天就來拿。錢隨後一起結算。」

吳純青回到宿舍，眞是心亂如麻：她掛念着吳村的父親，不知家裏出了什麼事，也不知道父親的健康情況怎麼樣？她想起「吉露茶莊」的掌櫃的告訴她，父親叫她捎回兩斤茶葉去，心裏就踏實了些，於是她又掛念着被敵人拘捕的丁天鈞，到底他犯了什麼罪？她繼而聯想起天鈞被捕時，帶了衣服和劇本沒有？因爲他們準備在月底就要公演。

「哼，人都被關起來了，還演什麼戲？」

想起丁天鈞寫的「日月光華」三幕劇，她心裏就冒火！這齣戲簡直丟盡了中國人民的臉！它描寫山東西部的一個農村，幾十年來兵災旱災，村民一直過着缺衣少食的苦難生活。自從日軍到達山東以後，那兒的農民過起豐衣足食的日子，年輕人也進了學校。其中有一個伍大明的青年，參觀了扶桑三島的旖旎風光，以及近代化的工業建設，回到故鄉大肆宣揚「中日親善」、「共存共榮」，最後伍大明和村女秀梅結婚，結束了這齣肉麻當有趣的喜劇。話劇的劇名「日月光華」，原取自中國的古詩「卿雲歌」，但是用在這齣話劇中，「日」代表日本、「月」則代表中國；所謂「日月光華」也者，就是表示只有中日親善、共同建設「東亞新秩序」，那兩國人民才能享受到和平幸福的生活。

爲了編寫排練這齣話劇，「青年劇藝社」形成了兩派：夏明、吳純青反對演它，他們的理由很簡單，這是甘心作亡國奴的具體表現！丁天鈞、徐婉華贊成演出，他們的看法是「留得青山在，不愁沒柴燒」，只要日僞機關允許「青年劇藝社」活動，將來遇到適合的時機，再突擊演出一些抗日愛國的話劇。

那天，他們爭執得面紅耳赤，吳純青做夢也沒想到她最親近的朋友，竟然站在反對她的一邊講話。你想，她怎麼不感到孤獨而難過呢！結果，丁天鈞還是編寫了「日月光華」，徐婉華協助他找材料、謄寫劇本，但是吳純青却抱着不聞不問的態度，表示無言的抗議；後來劇本印出來，導演夏明分配角色時，吳純青在會中說：「我最近身體不好，不適合演戲，請你派我作職員吧。」雖然大家都一致勸她出來演戲，可是她一直堅持到底，最後夏明把村女秀梅的角色，派給徐婉華飾演，請吳純青擔任化妝兼音樂效果。

由於「日月光華」引起的分歧意見，造成了吳純青和丁天鈞情感上的破裂。排戲的時候，職員可以自由參加，吳純青始終沒有到場。她準備參加明天晚上的彩排，但是做夢也未料到男主角被捕了！這件事使吳純青感到震驚，難道高呼「大日本帝國萬歲」，還會犯罪？這豈不是拍馬拍到馬腿上，倒挨了一蹄子嗎！

吳純青心裏非常煩躁，她輾轉反側不能入睡。半夜時分，她朦朧中聽到城外稀疏的槍聲，對門小孩的哭聲，以及李大娘哼的兒歌……次日清晨，她收拾了一下，就去「吉露茶莊」秤了兩斤龍井，又到附近的「相宜軒糕餅店」買了兩斤她父親喜歡吃的綠豆糕，便搭乘四輪馬車到吳村去。剛走到車行，發現丁天鈞也坐在板凳上等車，她吓了一跳！「這個人不是被捕了，怎麼坐在這兒呢？」她放下手中的提包，又偷偷向那人瞄了一眼，這才看出那個青年比天鈞稍微黑一點，性情似乎比較含蓄些，不過兩人的相貌眞是太像了。

車行的旅客絡繹不絕，可能是戰亂年景的緣故，人們的臉上都呈現着飢餓的菜色，而且不大愛講話。兩旁汚灰的牆壁上，貼滿了五花八門的廣告或標語，那幾張褪色的紅紙條上，寫着「莫談國事」四個字，最惹人矚目，吳純青暗想：「中國創立了快三十年，到如今還貼這種玩意兒，不准老百姓過問國家大事，這不是天大的笑話嘛！」她越想越氣，正在這時，只見門前套上了一輛篷車，一位車夫吆喝着：「去吳村、石塢的鄉親上車啦！」

這種四輪馬車可以坐十幾個旅客，但是平常總不會坐滿，除非到了逢年過節，才會出現擁擠的現象。吳純青上了車猛一抬頭，那個長得活像丁天鈞的恰巧坐在對面，她心裏有點發慌，也感覺好笑。等到旅客上完，車夫淸點了一下人數，便揚舞起鞭子，在空中繞了一圈兒，接着發出「ㄆㄧㄚ」的脆響，那隻棗紅色的老馬便開始向前狂奔了。

出縣城時，日軍命令停車檢查，特別檢驗了吳純青的「良民證」，而且還翻開她的提包，仔細看了一遍。然後，那個日軍又賊頭賊腦地向吳純青打量了一眼，齜着着兩隻金牙笑道：「要老西！花姑娘，哈哈！」

出了縣城，那匹馬好像也感到渾身舒坦自在，便飛快地沿着荒涼的公路奔跑起來。坐在膠輪馬車上的旅客，有的𨻶鬆地吸着紙菸，聊着莊稼或市面的糧米行情；有的把帽子遮住半邊臉，爲了遮擋陽光；有的眯着眼睛，默默地進入夢鄉……吳純青坐在馬車的後座，她一直斜着身子，遠眺那蒼茫的原野。剛才臨出縣城崗哨，那個獐頭鼠目的日本鬼兒，惡作劇地檢查她的證件、行李，仍舊使她感到怒火中燒。「我不能再在淪陷區待下去了。即使跑出去餓死、病死，也比當亡國奴的滋味好受！」

不知什麼時候，從前面被野風捲過來一片戇壯的歌聲，吳純青轉過頭，有興趣地聽下去——

石榴開花胭脂兒紅哪，
二十歲的青年去當兵啊，
刀拉刀來來，米索米來來，
二十歲青年去當兵。
第一杯茶呀，敬俺的爸哪，
兒去當兵莫牽掛呀！
……………………
第六杯茶呀，敬我的妻哪，
俺去當兵莫啼哭呀。
少搽胭脂少戴花，
別在門前打哈哈哪……

那車夫的豪壯歌聲，給這輛馬車的鄉民帶來了歡騰的情緒。有的人也情不自禁地哼唱起來。那匹拖車的老馬彷彿也嚐到了快活的氣氛，牠四蹄如飛向那迢遙的天際奔去……

旅途寂寞。坐在對面的那位青年，忍不住向吳純青搭訕道：「吳老師回家嗎？」

「啊！」她吃驚地一笑：「學校的『暑期進修班』結束了，我想趁這個機會回家看看。」

「您可能不認識我了。」那個青年很有禮貌地說：「去年，我看過您演的話劇，天鈞常提起您。」

「您是天鈞的哥哥？」她有趣地問。

「我們是雙胞胎，我是哥哥。我叫丁天銘。」

「哈哈，怪不得你們倆長得一模一樣。」吳純青接着向旁邊的人瞄了一眼，壓低聲音說：「天鈞的事，昨天晚上我才知道，王蓉跑來告訴我的。沒什麼關係吧？」

「我去石塢籌措些錢，也許繳了錢，就大事化小啦。唉，這眞是想不到的……直到現在，這件事還瞞着我母親，老人家高血壓、心臟病，她是經不住打擊的。」

吳純青發現丁天銘講話不溫不火，比天鈞成熟得多。她聯想起不久以前，丁天銘爲了不滿日軍欺侮中國婦女，竟然挺胸而出，自己坐了半個月監獄，白化了三萬準備票，而且腿還被人打傷了。丁天銘這種義俠愛國的精神，使吳純青非常欽佩。於是，她將王蓉寫在作文簿上的事情，連湯帶水地端了出來，丁天銘聽了直笑，也又向吳純青講了一些王蓉家庭的狀況，兩人越談越起勁兒，若不是吳村已在眼前，他們還會繼續聊下去呢。臨分手時，吳純青叮囑他回縣城後，務必將營救天鈞的結果告訴她，丁天銘一直點頭道謝，吳純青懷着依戀的情緒下了車，沿着羊腸石徑，向村裏走去。

吳村是一座擁有三百多戶人家的大村莊，它在縣城西南三十里，是通往石塢、道郎的要道。吳村的街道只有五十多米長，兩旁蓋的盡是客棧、飯店，供給往來的貨商住宿打尖。但是吳村的百姓住家却在山坡下的羣山窪裏，你站在山坡向下望去，但見遠處的山勢猶如波濤起伏，連綿不斷，那條青龍河從重巒疊嶂中蜿蜒地穿了出來，河水流過吳村的東面，再繞過一片樹林，然後暢快地向東方淌下去了，明晃晃的，簡直像一疋布帛一樣。走下山坡不久，吳純青便聽見一陣陣用木棒搥打衣服的聲音，混合着女人的笑聲，那是吳村的女人們結伴來河邊洗衣服。她記得河水轉彎處，常有不少男人們躲在樹林叢內脫褲子，再跳到清澈見底的河水中游泳。今年春天離開吳村時，青龍河床仍舊被冰雪封凍着，河灘上還橫亂擺着不少伐倒的樹木，有些刨了皮，有的還留着樹枝和殘葉，那是吳村的老百姓被迫修築碉樓，準備供給日軍作防禦工事。

啊，若是日軍不侵略我們，這兒是何等恬靜而幸福的山鄉啊！

吳純青默默地穿過寬大的木橋，走向那青石褐瓦的村莊。她的家就在村東頭，門樓正對着青龍河，那座朱紅色的門上，貼着一副對聯，雖然紙已褪色，但仍能辨出那吳老先生蒼勁的書法：

宅臨龍河多居士

吳純青看到了家門，眼睛便亮了，她連蹦帶跳地投入了家的懷抱。

「誰呀？」從門樓旁的一間屋內，走出來一位跛脚的老人，他一見吳純青，就忍不住笑了！「妳怎麼回來這麼快？小青，妳在城裏聽到槍聲了嗎？前幾天國軍到了石塢，眼看就要攻下吳村呢。……」

「王叔叔，我爸爸不在家？」她朝着北屋瞅了一眼，空蕩蕩的，門前掛的兩隻鳥籠，發出啾啾的啼叫。

「五爺家下棋去了。」

她一面提着東西往南屋裏走，一面對身後的老佣人說：「最近縣城的日本鬼兒非常緊張，調來了不少坦克車，進出縣城檢查很嚴，聽說最近還要打仗……城裏的謠言很多，濟公活佛還降世了呢！」她站在門口，回頭向那位滿臉是皺紋和麻子的僕人笑道：「王叔叔，你怕不怕？」

「俺怕啥？哈哈。」他發出了裂帛般地笑聲：「要不是俺這條腿，哼，俺早就拉游擊隊去了！」

老王的臉上長的不是麻子，過去很多人以爲他小時候生天花，不忌嘴，偷偷抓掉瘡翟子，落下了麻子；其實不然，他小時候跟別人去山上打獵，一隻受傷的狼竄進樹叢去舐血，聽見別人喊他快「開槍」，他擧起槍，把槍托抵在肩窩上，閉左眼，瞪右眼，也許那隻野狼欺侮他年輕膽小，剛瞄準的刹那，那隻狼猛然朝他身上撲過來，他猛一扣扳機，不料槍筒裏藥硝塞得過緊，嗤地一聲，火藥把他的鼻子、眼睛灼得一片烏黑。老王被鄰居架回村子，搽了一個月的火瘡藥，好歹才睜開了眼，不過白眼球留下了硝砂，遇到颳風天氣，他總是覺得酸疼澀脹。如今，老王年過六十，他的臉上還帶着一些烏青的點子，乍看起來就像痲子一樣。

從孩子時代，吳純青就崇拜這位風趣而能幹的老王，他會做風箏、會游泳、會做莊稼活兒，會摸痲雀，還會殺狗。有一年冬天，吳村遇到糧荒，家家戶戶都靠糠菜、豆餅果腹，甚至連吳純青家裏也兩稀一乾，吃頓摻糠的小米煎餅，已經是不錯的了！那年冬天，村裏的人都來請老王殺狗，他親手宰了三十多隻狗，有的是用木棍打死的，有的用鐵絲套住狗脖子勒死的。他站在村裏土地廟前的老槐樹底下，先把狗吊在樹上，他親手剝狗皮、割狗肉，四週圍滿了一羣飢餓的鄰居們。老王替人家殺狗的報酬是狗肉二斤、小米二斤，有的慷慨的人家多送他一斤小米，不管多少，他總是笑呵呵的，擺着一副商人的「和氣生財」的樣子。

老王燉狗肉最有耐心，他把狗肉切成塊粒，不大不小，非常勻稱，好像機器切的一樣。先將狗肉洗淨，放在大砂鍋裏，然後放上花椒、大料、大蒜、橘子皮、生薑、高粱酒、胡椒粉，狗肉砂鍋的火候不強不弱，要恰到好處。每次家裏燉狗肉，都是老王親自下手，等到狗肉端到飯桌前，吳純青看見父親喝酒嚼狗肉的幸福情景，內心眞有說不盡的歡喜啊！

「來，乾杯！」吳老先生舉起酒杯，向老王敬酒。

三杯下肚，老王的臉上有些醉意，講起話來更加風趣盎然：「可這種畜生通人性。您知道不？俺晚上走黑路，狗聞到俺就會上來咬，恨不得把俺咬死，爲牠們的同胞報仇，他娘的……」

「爲什麼會聞到你呢？」吳純青轉過頭去，不解地問。

「俺身上有狗血味呀。」

笑聲，洋溢在這座寧靜的宅院裏。

吳老平常不大講話，他做了三十年中學教師，桃李遍山東。他性格孤獨，不善交際應酬，眼看別人作了校長、局長或廳長，而他自己却依然兩袖清風，剩下的只有滿書房的幾千册中外圖書資料；若不是祖先遺留下幾十畝地，如今別說吃狗肉了，恐怕他連螞蚱也撈不着吃哩。

「小青！妳應該向王叔叔學習。」當時，吳老先生也帶有幾分酒意，他誠懇地說：「妳王叔叔的豐富經驗閱歷，連我也佩服，別說妳這個孩子啦。」

老王是個順毛驢兒，你說他胖，他一定喘；剛才吳老先生這樣讚揚他，他一面吃着狗肉，竟然海闊天空地講起來：

「過去俺吃糧當兵，碰到不少菜龍、菜虎、菜大王！一到開飯，他娘的，眞氣煞人！你不搶菜，人家可不客氣，那可怎麼辦？你說……」

「你怎麼辦呢？」純青着急地問。

「妳別急，聽俺說。」老王乾盡了杯中酒，用筷子挾了一片葱白，塡到嘴裏。「後來，俺跟有學問的人學了一首詩，唸會了那首詩，什麼菜龍、菜虎、菜大王，都被俺打敗了！哈哈！」

吳純青瞪大了眼睛，興致勃勃地追問道：「趕快唸那首詩！王叔叔！」

「妳還眞想聽呀？」老王傻糊糊地問。

「當然想聽啦，快說呀！」純青催促着說。

老王不慌不忙，向飯桌的人一個個望了一眼，好像替別人「看相」似的，然後清理一下喉嚨，唸出他的那首打油詩：

菜來四面望，
手穩心不慌；
人多別啃骨，
菜完先倒湯。

是啊，吳老說的沒錯兒，老王的肚裏眞是裝滿了人生的珍貴知識與經驗啊！

離家不到半年，吳純青感覺到父親、王叔叔都蒼老了些，而且老屋充滿了寂寞與荒涼。當天晚上，吳純青懷着試探的口吻，向父親提出她計劃去大後方的事，父親的臉上頓時浮起了無限的哀傷。

「唉！一個人最不幸的是少年喪母、中年喪妻、老年喪子；妳看，這人生的三大不幸我已經佔了兩項啦，如今妳還想離開我，那我這一輩子可眞算苦命了！」他說着發出了蒼涼的笑聲，笑得淒然。

「爸爸！」

「我並不是反對妳走，」父親是個深明大義的人，他何嘗不感到作亡國奴的痛苦？「唉，這叫我怎麼說呢？我身體並不怎麼健康，再說咱們家人丁單薄，妳不在家，只剩下我和老王兩個老頭子，守着這個衰敗的家。唉，如果妳母親活着的話——」

「爸爸！」純青感動得流下了熱淚：「我不走！您放心，我一定陪伴您……」

「陪着我？」吳老忍不住笑起來：「我不要妳陪伴我，妳還年輕，妳還有漫長的人生道路要走；我呢？實話告訴妳；我活了六十年，海鹹河淡，人間的生別死離，我經歷的多，也看的比較透澈；姑且說句倚老賣老的話，我對什麼都看的淡了，對於一切也不抱什麼希望啦，哈哈！」

吳純青凝聽着父親的笑聲，感到非常驚異而反感，眼前的四萬萬中華同胞，正遭受日本帝國主義的武裝侵略，到處是斷垣殘壁，到處是哀號哭泣，爲什麼父親却躲在象牙之塔裏作這種無病呻吟呢？她昂步走近父親的面前，激動地說：「爸爸，您不能灰心！咱們充滿了希望，咱們的抗日戰爭一定得到勝利！」

「勝利？」老人不禁怒目而起，把純青嚇得向後縮退了兩步。「中國怎麼能勝利？我讀了五十年書，難道還不比妳看得清楚？日本鬼兒佔了華北、攻下武漢，眼看就要拿下長沙了，但是咱們還是不覺悟，國共還是摩擦，明爭暗鬥，自己削弱自己的力量。妳說，咱們的抗日戰爭有啥希望？勝利？哈哈，天上能掉下牛肉餡餅？……」

吳純青回到屋裏，面對一盞殘燈，凝聽窗外的蟲聲、風聲，以及從父親房內傳來的咳嗽聲。她懊悔剛才不應該頂撞父親，離開了老人家，她時常掛念着父親，可是當他們父女相聚一起時，却經常爲了許多無謂的爭執而鬧得面紅耳赤。她越想越懊悔，捻熄了燈，她倒在床上便啜泣起來。

從童年的時代，她記憶中的父親是一張皺着眉頭的苦臉，一年三百六十五天，他似乎沒有一天暢快的日子。純青記得祖父不喜歡他，時常罵他沒出息；祖母時常偷偷的流淚、嘆息。這到底爲了什麼緣故？純青小時候始終不懂得老年人的心事。

有一天，祖母摟着她嘆了一口氣說：「妳爸爸不聽話，惹爺爺生氣。小青長大了可別學妳爸爸，小青要乖！」

「爸爸怎麼哪？」

「爺爺給他訂了親事，他不幹！妳想想，這種不聽老人的話的人，怎麼不讓老人家生氣？」

「爸爸爲什麼不聽話？」

「他喝了洋墨水，非要戀愛嗎！哼，拖到快四十了，才娶了個癆病鬼，她要是多添兩個孫子，咱們吳家也有面子，妳爺爺也不會生氣。」祖母說著惱怒地白了小青一眼：「妳媽就生下妳這麼一個丫頭，連屁都不放啦！」

小青聽不懂祖母的話，却以爲那是責駡她的意思，她當時哇地一聲哭了！誰哄她也沒用，最後她哭累了，躺在母親的懷抱中睡熟了……

不知什麼時候，窗外下起了雨。吳純青一覺醒來，傾聽那雨打蕉葉聲音，倍感寂寞。她想起過去的歲月裏，祖父的喝斥聲、祖母親切的召喚聲、母親的低沉悅耳的歌聲，如今已成爲夢中的幻境；她恍然想起外國一位女作家說的話：「歡樂原極短暫，而人生的道路正長。」思前想後，無法入夢，她索性披衣下床，點着了煤油燈，隨手在書架上摸了一册「紅樓夢」。她怎有心情看得進去？胡亂翻了兩頁，便又把書閤上，這時她彷彿聽到父親的聲音：「我比賈政還痛苦。賈政一年到頭囚禁在大觀園，看書、寫字、澆花、餵鳥，悶得慌了陪賈母摸兩把骨牌，或是混到女人堆裏，講一個喝老婆洗脚水的笑話；而我呢，沒有一個人陪伴我、瞭解我，連我的親生女兒也跟我疏遠，唉！難道我也像賈政一樣，混吃、悶睡、等死嗎！……」

吳純青最不願聽父親的牢騷話。他每次講起來，總像村外的那條青龍河水那樣長。有時候，母親聽得不耐煩時，也會頂撞他兩句：「你發牢騷有什麼用？我聽够了，連女兒也聽够了。我問你，你能不能換一點新鮮的題材？別老是抱着一本紅樓夢唸到底啊！」

純青捂着嘴笑了。是啊，每當母親發作一次脾氣，父親總會沉靜四、五天的，那宛如黃梅陰雨季，驟然撥雲見到艷陽天，她是多麼快活啊！

自從她的母親過世以後，父親的牢騷話好似也隨着一起埋葬了。這種性情上的轉變，却給純青帶來了深重的悲哀。她曾經躊躇良久，準備走到父親面前，懇求他還是如同往昔一樣，該生氣的生氣，該發牢騷的發牢騷，一個人不能把喜怒哀樂壓在心坎中，那會憋出毛病來的啊！可是，吳純青却一直沒有和父親懇談過，她始終覺得在他們父女之間有一座看不見、摸不着的鴻溝，使他們無法溝通彼此的思想與願望；然而，吳純青却深深地愛着父親、關心父親，她曾不止一次地從夢中哭醒，那是當她夢到父親的時候。

門外的雨越下越緊了。雨驅走了燠熱的空氣。吳純青覺得有些睡意，便起身吹熄了油燈，重倒在床上去。睡意矇矓，隱約地他還聽到父親的咳嗽聲……

第四章

東方泛出了魚肚白，吳純青被庭院的鳥雀聲吵醒。她披衣下床，打開窗簾，但見那一株棗樹受到昨夜一場驟雨的冲洗，那纍纍的棗子更顯得青翠可愛了。抬頭看一眼天空，湛藍色的海一般的晴空，幾粒晶瑩的星星正在向她眨眼睛。她想：這寧靜的鄉居生活是何等讓人陶醉！難怪陶淵明寧肯辭退了彭澤縣令，却甘心回到自己的故鄉，過起那詩意的田園生活。

當吳純青梳洗完畢，走出房門，便發現她父親正在花圃前打太極拳。她記得父親在中年時代，根本不愛運動，他時常獨自關在書房裏，連窗簾也拉得緊緊的，似乎他在屋內做些見不得人的事，生怕別人窺探到他的秘密一樣。那時她時常埋怨父親不帶她上山抓麻雀，下河撈泥鰍，代替他的就是老王，因此，她一直敬愛那位憨厚而風趣的王叔叔。

吳老在前年患了一場嚴重的支氣管炎，後來病癒以後，呼吸依然不怎麼順暢。他聽信了鄰居吳五爺的勸告，每天清早打太極拳，這樣風雨無阻的苦練了兩年，他的衰弱的身體倒眞的健壯了些，而且瘦削的面頰現出了血色，看起來似乎比過去英俊了些。不過，純青這次回來，却覺得父親變得蒼老了，這是她引爲難過的地方。

她靜立在走廊上，看着父親打完了拳，便走近了他的身前問道：「您昨天晚上怎麼咳嗽呢？家裏不是有川貝鎭咳丸嗎？」

「藥吃多了並不好。」他向女兒解釋：「氣候一變，我的喉嚨就發癢，所以咳嗽，這大概是支氣管炎的後遺症吧。」

「爸爸，您還是得吃藥，光打拳怎麼行？」

吳老聽了女兒的話，禁不住嗤嗤地笑了！「妳這個孩子，跟妳媽一樣，喜歡嘮叨！」他走上了臺階，轉頭親暱地瞅望女兒說：「今天晚上五爺請吃壽酒，他請了不少客人，妳跟我一塊去，順便也向他請安。這兩年五爺對咱們照顧很多，本來日本鬼子要抓老王去修碉堡，後來五爺出來講了一句話就免了！要是老王被弄走，我連飯也吃不着啦。」

吳純靑只見過吳五爺兩三次，但是有關這位人物的身世，她却非常熟悉。吳五爺年輕時代東渡扶桑，娶了一位如花似玉的日本太太，他回國以後，便在靑島開設洋行，賺了不少的財產。後來，他投靠北洋政府作了官。北伐以後，這位見風轉舵的親日派便棄政從商，在濟南經營一座頗具規模的東洋食品行。

就在那一段歲月裏，五爺的那位年近四十的日本老婆，却意外地被一個日本洋行經理拐走了。於是吳五爺懷着破碎的心情，回到了故鄉，購屋置田，過起了恬靜的莊主生活。

過去，吳純青是看不起五爺的。不僅是她，村裏的年輕孩子路過他的門前，都用輕蔑的目光向那座紅磚青石的樓房盯一眼，接着咕嚕着說：

小日本，

賣涼粉；

打了罐子，

賠了本兒！

吳五爺比吳純青的父親小五歲。他對於飲食非常講究，僅以吃餃子來說，五爺愛吃嫩韮菜拌牛肉餡，吃餃子必需具備濼口香醋、芝蔴香油、青蒜苗、鎮江醬油；五爺喝茶的名堂也不少，他喝的是專人到深山裏挑來的澗水，用泥爐炭火煮沸，再沏到一隻小瓷壺內，那是他一個人專用的小壺，他喝茶要佐以葵花子、乾龍眼、醬油瓜子、綠豆甜糕；吳五爺的家裏雇了一個廚師，一年到頭擺弄着吃，什麼涮羊肉、掛爐鴨、炸三角、螞蟻上樹、燴鴨條、醬羊肉、爛肉麵、炒疙瘩，還有什麼炸蝦、天佛羅之類的東洋菜，因此，吳五爺吃得肚皮鼓鼓的，好像塞了一個籃球，他的那個戴眼鏡的在濟南續弦的太太，也是矮胖子，甚至連一對兒女也是小胖子。

雖然吳純青心裏討厭吳五爺，但是她不敢啓口。她吃了早餐，便獨自到後村逛了一圈，然後沿着青石小路，向前村漫步。這吳村分作「前村」、「後村」，它的形狀恰像一個「呂」字，前村小、後村大。那條蜿蜒曲折的青龍河，從迢遙的崇山羣嶺中流過來，繞過前村的關帝廟，然後挨着後村向東方流去。正是農忙季節，麥子即將收割，穀苗剛冒出地面，需要挖去野草，因此村裏的農民多半在田間勞動，有的婦女們在街道的公共碾盤上推碾，有的牽着牲口出村拾糞，不懂事的孩子們在陽光下追逐、嬉戲，不時發出一陣歡樂的笑浪。……

吳村附近多山，因此村裏的圍牆多半以青石壘砌，但也有不少的石灰牆，如今牆上貼滿了橫七豎八的標語，吳純青一面踱步，一面觀望那牆上張貼的刺眼標語：

「建設東亞新秩序」。

「中日提携，共存共榮」。

「强化治安，保鄉保國」。

「建設和平繁榮的新山東」。

牆上還貼了許多宣傳防火、防止霍亂的漫畫品。吳純青凝望着過往的婦女和兒童，每一張臉上都呈現着飢餓的病容，她激憤地想：「這就是我們的鄉親同胞嗎？如果中國人民再不清醒，團結起來打倒日本侵略者，那我們怎麼對得起祖先？對得起自己的同胞?!」

吳純青剛走到前村的路口，忽然聽見河岸傳來一位婦女的泣聲，她順着哭聲走下了河灘，只見河岸上圍了一羣人，還有跑去看熱鬧的孩子。她走近時，發現一位三十出頭的女人，頭繫白繩，脚穿白鞋，正坐在河灘上哀泣：「我的夫喲，您可怎麼閃得俺這麼慘啊！俺那苦命的狗子他爹呀，你拋下俺娘們可怎麼活哪……」她那哀怨絕望的泣聲，撼動着吳純青的心靈，她兀自站在人羣中，默聲地流着淚。

「別哭了，狗子他娘！」這時，有一位中年婦女，握住了她的胳臂，勸慰着說：「哭有啥用？既然他狠心拋下妳，妳何必還哭他？再說這個兵荒馬亂的年月，早走了的還算有福氣哪！妳說是不是？……」

四週的人們都一起唸叨着：「是啊。」

吳純青悄悄問身旁一個婦女：「大嫂，怎麼啦？她丈夫病故啦？」

「不是呀。」那個婦女機警地向那哭泣的女人溜了一眼，壓低嗓門說：「她丈夫替日本鬼子修碉堡，炸石頭，誰知道藥包出了紕漏，連人帶石頭炸光了！連隻手也沒剩下，可眞慘哪！」

「日本人不賠償嗎？」

「哼，誰敢去要呢？……連個蔴袋片兒也不給。反正中國人不值錢，死一個人跟死一隻鷄差不多！」

吳純青噙着淚花，向那滾蕩的河水上游眺望，昨夜的一場山雨，把深山羣谷中的沙泥和碎草冲流下來，河水變成了混濁的顏色。她驀然想起前些天石塢的戰事，有一支勇敢的國軍部隊，曾經打死了不少的日軍。她閉上眼睛，心中默禱着：「趕快打過來吧，爲咱們的同胞報仇！」

那天晚上，吳純青跟着父親前往吳五爺家裏吃壽酒。天剛摸黑，吳家的門樓已經點起了燈籠，跨進前院，便聽到後面花廳傳來一片歡笑的聲音，兩廂的房內燈火輝煌，有的在談天，有的嗑瓜子，有的擲骰子，有的打麻將，有的在隨着胡琴淸唱京戲。吳老轉頭向女兒笑道：「小青，妳看五爺家多熱鬧？」

吳純青哼了一聲，心裏暗自罵道：「在國破家亡的今天，這些人還在這裏醉生夢死，不知道覺悟，這眞是中華民族的悲哀呀！」

壽堂設置在後院的花廳，廳內燈火通明，香烟繚繞，供桌前擺着各色菓品，牆上掛着八仙獻壽圖。吳老先生帶着女兒，走近供桌前，肅立鞠躬，自然有人在旁答禮。正當他們父女施完了禮，吳五爺及時趕來，握住客人的手，滿臉堆着微笑：「哈哈，不敢當，不敢當！啊，這是小青嘛？幾年不見，她可越長越漂亮啦！哈哈！裏面坐，裏面坐。」

吳純青看到五爺的那副尊容，不禁聯想起電影滑稽演員殷秀岑，他們胖得像兄弟一樣。她跟隨父親走進書房，坐了來下，但見室內佈置非常雅致，牆上掛着兩幅字畫，都是出自名家手筆；在他的書橱旁有一幅條屏，字跡淸麗可喜，那是周作人親題的「自壽詩」，送贈吳五爺的。

「前世出家今在家，不將袍子換袈裟；街頭終日聽談鬼，窗下通年學畫蛇。老去無端玩骨董，閒來隨分種胡麻；旁人若問其中意，且到寒齋吃苦茶。」

吳純青默聲地欣賞着周作人的行書與詩句，在她腦海中浮現出那位五十開外的戴眼鏡的附逆作家，他在「九一八」事變時期，華北面臨危亡，竟然寫了這首逃避現實的七言詩，作爲五十生日的紀念。她想：「吳五爺大概也和周作人氣味相投吧！」

「怎麼樣！小青，聽說妳很喜歡文學？我這裏還有一些現代文學書刊，哈哈！如果妳想看的話，隨時來拿，不過妳可別像孔乙已一樣啊，哈哈哈哈！」吳五爺捧着肚皮，仰頭大笑起來。

「即使小青偷了五爺的書，五爺也不會打小青的。」父親在旁幽默地說。

「當然！」五爺點上了一枝香菸，吸了一口：「妳知道我爲什麼特別邀請妳過來吃酒？我要給妳介紹一個喜歡文學的男朋友，說不定妳也認識他，他是我的外甥……哈哈！」

「啊?!」吳純青的心噗噗直跳。

「小青，妳看五爺對妳有多關心！」

她對於父親的帶着諂媚的話感到不滿，但是她仍然强作笑容，低下了頭。這時，她覺得有人走進了書房，抬起了頭，她發現那是韓蘭根！

「小吳！」韓南崗把手中的香菸，擱在烟灰缸上，轉頭對吳純青笑道：「妳想不到是我吧！」

吳五爺似乎覺得外甥過分冒失，有點反感，便說：「這是吳大爺，咱們縣的教育界前輩。」他轉頭向吳老說：「他叫韓南崗，最近他將派到縣中去當校長，他跟小青又要在一起共事了。哈哈！」

吳純青吃了一驚，暗想：「這小子爬得還眞快呀！上學期還是體育教員，怎麼一下子跳成校長了？」

吳老和韓南崗握了手，談了幾句家常話。那韓南崗像猴兒燒屁股一樣，坐也不是，站也不是，猛吸了兩口香煙，眼睛一直盯在吳純青的臉上：「咱們到外邊聊聊怎麼樣？聽說你們最近排演一齣新戲『日月光華』，縣教育局很滿意，……妳什麼時候回家的？……」

吳純青聽了他的聲音，就彷彿聞到他身上的狐臭味一樣，感到作嘔。她正在躊躇時，父親催促着說：「小青！妳和韓校長到外面轉轉去吧！」

他們走出書房，穿過花廳，韓南崗便熱心地說：「咱們去押牌九好不好？我懂，玩小牌九乾脆俐落，……金四銀五小板凳，越細越來勁兒……天地跨虎頭，越粗越風流，哈哈！」

吳純青停住脚步，狠狠地瞪了他一眼：「你在胡說什麼？」

「咳，我講的是牌經，妳別多心啊！」韓南崗從煙盒內摸出一支香煙，擦着火柴，貪婪地吸了兩口。猴兒臉的青筋宛如蚯蚓在蠕動，他皮笑肉不笑地說：「妳不喜歡玩小牌九，咱們去看人家打麻將好不好？」

吳純青冷笑兩聲，心中想到：「像這種毫無品格的男人，日本人偏派他當縣中校長，淪陷區的教育前途可想而知了。」她向對方瞅了一眼，冷冷地問：「閣下什麼時候到差呀？」

「咳，妳怎麼對我這麼客氣呢？」他吸了兩口煙，露出一副諂媚的神情：「雖然我當了校長，可是咱們的關係不同，說不定……嘿嘿……將來縣中的教職員一定大聲叫喊……哈哈！」

「大聲叫喊？——叫喊什麼？」

「Wonderful！」韓南崗來了一句洋文，繼而向對方解釋着說：「誰能想到咱們倆會結婚呢？他們怎麼不驚奇！妳說對不對？」

「結婚？」她的臉立刻變了，她恨不得舉起手狠狠地摑韓蘭根兩巴掌！她激動地問：「誰跟你談過結婚的事了？」

韓蘭根也楞住了。「妳不知道？吳大爺跟我五舅早就談妥這件事，這次是他們特地邀妳同吳村的。」

吳純青聽了非常生氣，但却耐住性情，充滿理智地說：「我們都是受過現代教育的人，婚姻大事，一切都由自己作主，父母並不能包辦我們的婚姻。也許你知道我父親的開明作風，他老人家決不會干涉我的事情。」她說完就向外走，後面韓蘭根窮追不捨，一面解說着：「妳怎麼這樣呢？……這叫人家知道了多笑話？……小吳！咱們是老同事，我是跟妳開玩笑的。」

吳純青停住脚步，依然氣咻咻地說：「你這個玩笑開得未免太大了吧！」

「對不起，吳老師，sorry！」韓蘭根眞是厚臉皮，他向吳純青敬了個禮。吳純青只得硬着頭皮往回走，好容易捱到吃飯時間，她在一片鬧酒猜拳聲中，腦袋脹得疼痛萬分，當主菜剛端上桌，她便悄悄地拖着父親溜走了，好在人多聲沸，誰也沒發現他們父女退席。到了家，吳純青就嘰着嘴埋怨父親不該帶她去五爺家吃酒，吳老皺着眉頭說：「人家好心請咱們，咱們怎麼好意思拒絕？」純青發起脾氣，批評父親不應當替她物色對象；起初，吳老忍耐着不吭氣，後來他也生了氣，厲聲地說：「妳長大了，翅膀硬了是不是？還早呢，哼，你別以為我願意管妳，我才沒有那份閒情管妳的事！妳願意上東，妳往東，妳願意上西，妳往西，反正妳會賺錢養活自己啦。妳趕快走吧！妳在家裏有什麼用？剛囘來不到兩天，妳就惹我生氣，要是妳在家住上十天半月，我一定被妳氣死！……」

吳純青沒等父親的話說完，她就賭氣跑囘自己的屋。她噙着淚花，收拾東西，準備明天一大早就走。她想起小時候挨過父親的責駡，甚至她讀中學時還挨打；她曾在日記裏埋怨父親、怨恨父親：「為什麼人家的父親那麼慈祥可親，而我卻終年看不到父親有一絲笑容？」後來，她的這段日記被吳老發現，吳老嚴厲地告訴她：「我這一輩子不會演戲，在任何人面前，我都是不苟言笑，難道我還在妳這個臭東西面前齜牙咧嘴、裝腔作勢？」

是的，她知道父親鍾愛她，把她看成眼珠子，把她看成寶貝疙瘩；她曾為了懊悔不應該和父親爭執而流淚！當他們父女分離時，她會思念父親；但當他們相聚一起時，卻時常為了芝蔴小事引起無謂的爭論與煩惱。吳純青越想越傷心，最後她躺在床上啜泣起來！……

「小青！」

她停止了哭泣，聽見一個熟悉的喚聲。誰呢？她仰起頭來，被一個年輕健壯的胳臂抱住。啊，天鈞！他不是被日本特務抓去了嗎？

「妳想不到吧？」他那一對漂亮的眼睛，向她閃耀着詭秘的微笑。

「你打算怎麼辦？教書、還是另外找工作？」吳純青關心地問他。

「走吧，」他熱情地拉着她的手，慫恿着說：「跟我一塊到後方去。」

「家怎麼辦？拋下我父親怎麼行？」

「家？父親？哈哈！」丁天鈞撒開了她的手，冷笑地說：「小青，把妳腦子裏裝的封建意識統統扔掉吧！我一走進妳的家門，我就感覺空氣汚濁，瞧妳們大門的對聯，什麼宅臨龍河多居士，家住山東近聖人。呸！孔家老店早就被中國進步的青年砸爛了，妳們還好意思把它掛起來？我問妳：那副對聯是誰寫的？說！」

「我父親寫的。」她有些驚慌地說。

「好大的膽子，我要親手打倒封建……」丁天鈞突然從懷裏掏出一把明晃晃的鐮刀，唰地一聲，竄了出去，向吳老的臥房直奔。吳純青嚇得追了出去，她拚命地喊着：「爸爸！趕快逃……這是個瘋子……趕快……」說時遲，那時快，丁天鈞一個鷂子翻身，忽然轉回來抓住她的頭髮，厲聲地喝斥道：「好大膽的女人，妳竟敢通風報信，背叛了我？」

吳純青忍住髮痛，她摸起一根木棍子，狠命地向丁天鈞頭上打去，只聽得「通」地一聲，那丁天鈞像一隻癩蛤蟆般地四脚朝天癱倒在地上了！他手上的那把賊亮的鐮刀，像個月牙兒，掛在脖子上，滿地都是鮮紅的血……

驀然問吹起了一陣茫茫的風沙，她覺得天昏地暗，迷失了方向。吳純青如今站在階前，驚慌地喊着「爸爸！」那是她在人間最親摯的人；她狠命地呼喚着：「爸爸！爸爸……」

當吳純青驚醒時，老王恰巧推門進來，他提着一隻瓦罐子，手中還拿着一個瓷碗。他見純青坐了起來，便高興地說：「妳醒來得正巧，小青！妳看妳爸爸多麼疼妳，他怕妳口渴，叫俺替妳煮了半鍋綠豆湯，快起來喝了它！還放了白糖哩！」

「王叔叔，你擱到桌上吧，待會兒我喝。」她揉着眼睛，一面對老王說。

老王把瓦罐子、瓷碗放在桌上，無意間發現純青收拾好的東西，他驚訝地問：「妳收拾東西幹啥？」

「我打算明天囘城裏去。」

「怎麼？」老王瞪大了眼睛，露出了惱怒的神情：「妳爸爸白天想、晚上盼，好容易熬到妳進了家門；那妳只在家待一兩天，就拔腿要走嗎？……」

「學校快開學了。」

「開學？俺才不相信呢！人家五爺的外甥剛派了校長，校長還沒進城，妳這個教員慌什麼？妳別糊弄俺這個不認字兒的瞎子了！」老王說着嘿嘿笑了起來。

吳純青想發脾氣，但是面對着這位淳樸善良的老佣人，她實在燃不着心頭的怒火。「你坐下，咱們談談。」她說：「王叔叔！實話告訴你，我今天晚上跟我爸爸嘔氣，不爲別的，就是爲了那個當了校長的韓蘭根！」

「啊？」老王坐在椅子上，剛點着了旱菸袋，他一聽純青的話，忍不住嗤地一聲笑了！「妳說那個韓什麼根就是他？這小子爲啥不在上海演電影，跑回縣裏當校長，這不是胡鬧嗎！」

吳純青想笑，却笑不出來。她舀了一碗綠豆湯，一口氣喝了大半碗，然後對老王說：「你想一想，這個姓韓的長得像猴三兒，見了女人就追，這還不說，他只上過高中，靠着他五舅的人事關係，一天到晚跟日本鬼兒混在一起，這叫我怎麼瞧得起他？我爸爸還答應叫我跟那小子交朋友，你說這不是胡鬧嗎？王叔叔，你說氣人不？」

「胡鬧，這簡直是瞎胡鬧！」老王突然氣得兩眼冒火，拔腿就往外走：「俺給妳爸爸說去！他還在看書哩。」

「王叔叔！」純青拉住了他，央求說：「你別去說了，我爸爸聽了一定更生氣。」

「管他生不生氣，這種事兒不說怎麼行？俺不能眼看着把妳推到火坑裏去啊！」老王理直氣壯地說。

正在他們拉扯時，吳老竟然步下了臺階，一步一步走過來，他的脚音終於停在女兒的房前：

「老王，怎麼啦？」

「沒什麼。」老王故作鎭靜地說：「俺給小青送綠豆湯來了。」

「啊，」吳老嗯了一聲，向女兒的背影瞅了一眼，便說：「妳王叔叔勞累了一天，還給妳熬綠豆湯喝，妳不是小孩子了，這種事還不能自己動手嗎？」

「剛才我……我睡着了。」純青支吾著說。

「這是俺的……不是，這是您的意思！您怕小青吃過酒席，口渴……哈哈，夏天喝綠豆湯是解暑去火的。」老王又轉過臉來，望着純青說：「小青回來住幾天，俺給她熬點綠豆湯喝，還累什麼？俺身體壯得很哩！要不是這條倒楣的腿，俺早就去參加游擊隊啦。」

「老王，」吳老低聲提醒他：「小聲點！最近局勢不好，漢奸自衛隊夜間經常來巡邏，你這話要是被他們聽見的話，那是非常麻煩的。」

「是啊。」老王急忙抓腦袋，向吳老道歉：「您知道俺這個老粗脾氣，該死！您放心，俺以後絕對小心講話，決不說溜了嘴。哈哈！」

「趕快回去休息吧。」吳老拍拍老王的肩膀，關心地說：「明天你還有工作哩。」

老王走後，吳老走進女兒的房間，他一眼發現整理好的東西，臉色立刻凝重下來：「妳這是幹什麼？想明天回縣城？」

吳純青的心噗噗直跳，但却沒有回答。吳老坐下來，皺着眉頭，凝望着映在牆壁上的女兒的燈影，心中默想：「這孩子的性格，是多麼像她死去的媽呀！」他一想起亡妻，內心便湧出了酸楚的滋味，同時他把所有的愛情，都迅速地轉移到小青的身上了。他用着哽咽的聲音，慢慢地說：「我不願意再責備妳了。妳應該知道，我年紀老了，身體也不好，我和妳能再相聚幾年呢？……」

純青背過臉去，眼淚一串串地淌下來。

「小青！妳還記得不，妳小時候，我常常駡妳；後來妳長大以後，還是時常惹我生氣，甚至妳上了中學，我還狠狠地打過妳，妳氣得我幾乎吐血……這到底爲了什麼？……」

「爲了您不瞭解我。」她掉回頭來，大聲地說。

「我不瞭解妳？」父親的聲音依然像那窗外平靜的青龍河，默默地淌着：「照妳這麼說，過去的一切都是我的錯誤？」

她不作聲。兩隻美麗的眸子，無告地向窗外眺望。吳老看着女兒的側影，禁不住熱淚盈眶：

「妳沒有一點錯嗎？小青！」

「我的錯就是我不該頂撞您，」她轉過頭來，激動地說：「可是，爸爸！這是我的倔强脾氣，我改不了啊！您是我世界上最親近的人，爸爸！您爲什麼不原諒我呢？……」她說着嗚嗚地哭起來了！

吳老哽咽着站起來，走近女兒的身邊，他親暱地把手搭在小青的背上，輕輕拍着，這好像在她幼小時哄她入睡一樣：「爸爸錯了，兒呀！爸爸以後不會再駡你了。今天晚上，我知道妳生氣，爸爸也生氣呀！妳想一想，像韓南崗那樣的醜八怪、小漢奸，即使妳願意嫁給他，爸爸也不答應！妳怎麼把爸爸看成了傻瓜？哈哈！」

小青抬起頭來，感激地望着父親，她接着又嗚嗚地哭了！

第五章

吳純青返回縣城的第二天，就接到「青年劇藝社」的通知，要她在週末下午去師範學校聚會，籌備公演「日月光華」的話劇。她既高興而又煩惱，高興的是丁天鈞可能出了監獄，若不然決不能演出這齣話劇；煩惱的是她在回鄉的旅途上，看到了許多同胞缺衣少糧，飽受敵人的蹂躪與迫害，如果再親身演出這種親日媚外的戲，豈不違背自己的良心？

她躊躇了一兩天，到了週末下午，她仍舊提早離了家，爲的是會見那離別將近一個月的丁天鈞。師範學校在縣城西北，濱臨運河。她坐了一段黃包車，在運河口下了車，然後穿過一段河堤馬路，那是縣城著名的平民市場，河堤兩岸儘是攤販、商場，還有唱小戲兒的、賣江湖野藥的、算卦的、拉洋片的、套圈兒的，以及出售鍋餅煎包、花生蠶豆等零食小販，眞是熱鬧。這天恰是週末，所以越顯得人潮擁擠。吳純青看看手錶，距離聚會的時間還有一個多鐘頭，便索性沿着河堤邊看邊走，慢慢欣賞一下那些跑江湖的表演。

她走到一個空場前，只見人羣早已圍滿，伸頭向場子裏一看，但見一位五十開外的漢子，赤膊，穿着一件粗布黑長褲，腰間繫了一根紅色腰帶。這漢子將手中握的一只鐵球，吞進肚裏，眼中噙着熱淚，嘴角也淌下來一串黏黏的涎水，看起來讓人感到渾身起鷄皮疙瘩。這位跑江湖的漢子兩手抱拳，向那四週看熱鬧的人們打拱作揖；有的觀衆交頭接耳，似乎猜疑那只鐵球到底「藏」在何處？有的皺着眉頭，露出慘不忍睹的神色……吳純青向人羣打量了半天，發現有的已經開始走散了。

「各位鄉親父老，您慢點走！有錢幫個錢場，沒錢幫個人場。沒有君子養不活藝人，……讓俺爺兒倆侍候您一套八卦拳！」

那漢子的聲音粗濁無力，似乎證明那只球確已咽進肚裏。站在他身旁的十六、七歲的黑妞兒，短紅衫，燈籠藍褲，梳着大辮子。她長得十分俊俏，那一對水汪汪的大眼睛，不時地掃視着四週的人羣，嘴中不停地接着他父親的話尾：「不錯，您哪！」「是的！」或是「不錯！」然而這女孩子的嗓門再甜、再脆，却也留不住離去的人羣。只有幾個角幣，從人堆中扔過來，有的掉在地上，有一個竟然打在那吞鐵球漢子佝僂的赤背上，引起幾個孩子的笑聲。

吳純青看到這幅情景，心裏非常難受。她感覺那位跑江湖的漢子就像她的父親，站在她身旁的黑妞就像她自己；如今見到人家父女情深、相依爲命，而她却和父親之間有着隔膜，她怎麼不黯然神傷！

那漢子低下頭去，彷彿朝着觀衆施禮。不，他的面色突然泛紅，猶如冬天吃多了狗肉，解大便困難，瞥得他臉上青筋暴起，漲得通紅。正凝神中，吳純青看到那漢子慢慢在把鐵球從口中吐出來，混合着唾液與血絲，噹地一聲掉在地上！

四週報以疏落的掌聲。好像這樣眞實的賣命表演，並不能引起人們的興趣。人們都愛看年輕俊俏的姑娘賣唱，誰肯老站在這兒欣賞糟老頭子吞鐵球呢？那個黑妞兒把散落在地上的角幣一個個拾起來，裝進一個小黑袋裏。

「姑娘！」吳純青這才想起掏錢，她將二十元準備票，塞到那位黑妞兒的手掌中，她朝黑妞兒笑了笑，便立刻走了。那個跑江湖的姑娘仍站在那裏發怔。

吳純青慢慢地向前邊看邊走，走到運河碼頭附近，聽得後面有人喊她，回頭一看，原來是夏明。自從分手以後，她一直沒有和這些演戲的朋友接觸，因此吳純青非常高興。夏明告訴她：丁天鈞是上週被釋放的，當然是由於送了錢，日僞機關才把他放了出來。他還說天鈞出獄以後，好像脫胎換骨變了另一個人，講話也慢吞吞的，一面思索一面講話，好似面對新聞記者發表重要言論，讓人感到討厭。

「他瘦了嗎？」吳純青關心地問。

「瘦了一點。我看他好像並沒有受什麼刑罰，不過精神面貌完全變了。」夏明尋思着說。

「是不是受了刺激？」

「這很難說，」夏明露出了不滿的態度：「天鈞現在一點抗日思想都沒有了。張口不是『中日親善』，就是『建設東亞共榮圈』，簡直跟韓蘭根差不多啦。」

「你聽到韓蘭根的消息沒有？」她不願聽別人背後批評丁天鈞的話，所以故意岔開了話題。

「韓蘭根連升三級，他現在騎在你們頭上，當了你們縣中校長了！」

其實吳純青早已聽到這個消息，她故作驚異的表情回答說：「這眞是讓人想不到的事情。」

他們邊談邊走。夏明告訴她，這次日僞當局派任韓南崗當縣中校長，乃是利用他來剷除縣中教職員的抗日思想，他勸導吳純青要留意自己的言行，不可掉以輕心，否則那一定會吃到苦頭。

當他們走到師範學校門口，吳純青看見一羣難民，坐在牆邊陰涼地方，有的啃豆餅，有的打盹兒，有的仰望天空；這些衣衫襤褸、面帶菜色的飢民，都是從鄉間逃來縣城的，他們白天在街頭乞討，晚上便投宿在城隍廟內，有些年輕力壯的便在運河岸上，用泥巴和着麥稭搭起窩篷住宿。吳純青走近一位中年婦女，見對方身旁躺着兩個小女孩，她懷裏還有一個嬰兒在吃奶。

「這小的多大了？」她問人家。

「才兩歲。」

「孩子他爸爸呢？」

「被日本人抓去修碉堡了。」

「什麼時候走的？」

「一年多了。」

「現在在哪裏？」

「誰知道呢？」那婦女鼓著一對充血的眼睛，無告地說：

「有的說去了關外，還有的說去了河南；俺孩子他爹又不認得字，他不會寫信啊！」

吳純青聽了這番話，喉嚨宛如塞了一只棗子，難受極了。她忍住眼淚，從衣袋內掏出了三十元準備票，遞給了那位鄉下婦女：「留給孩子買兩斤煎餅吃吧！」

「謝謝您啦！」那位婦女感動地流下了熱淚，連忙向吳純青作揖、哈腰。

他們走進師範學校的大門，夏明用和藹的語氣批評她：「妳這種慈悲心腸，對於抗日救國毫無用處。目前中國有千千萬萬的難民需要救濟，妳能解決這個困難嗎？」吳純青聽了很不高興，她反駁道：「依照你的意思，怎麼樣才能解決難民問題？」

「團結起來，打倒日本帝國主義！」夏明激昂地說。吳純青笑了！她想：「這也是一個口號專家。」

他們剛走進禮堂，便被許多「青年劇藝社」的朋友包圍起來，大家爭先恐後跟吳純青握手、擁抱。她發現徐婉華比以前清瘦了些，好似最近她在忙碌些什麼；她看見出獄的丁天鈞，氣色紅潤，神采依然，心裏非常高興；她還從尹壽亭手中接過一杯冰鎮酸梅湯，一口氣喝了大半杯，她發現尹壽亭比以前胖了些，還是戴着那個近視眼鏡，永遠那麼勤勤懇懇地爲別人服務。

大家坐定以後，夏明便講起公演「日月光華」的事。他說演出「日月光華」是教育局的命令，換句話說，任何人也不能阻止它的演出。據說這個消息不但傳遍了華北，甚至連日本軍部也知道了。

「教育局找我談話，我當時表達了各位朋友的意見，我說演出『日月光華』，是為了宣傳『中日親善』，但是我們也要公演『逼上梁山』才行！」

「『逼上梁山』是什麼戲？」吳純青插嘴問他。

「妳聽我說呀。」夏明繼續剛才的話茬說：「教育局承辦人說：橋歸橋，路歸路，你們先演完了『日月光華』，再談演出下一齣話劇的事。何況演新戲還得重新申請審查，必須經過省公署、新民會批准才行。……我一聽他的話，馬上翻了臉，我對他說：咱們小葱拌豆腐，一清二白！要是不准演出『逼上梁山』，我們連『日月光華』也不演！……」

「好！」大家鼓起掌來，吳純青最為激動，站起來喊「好！」坐在她身旁的徐婉華，微笑著拉了她衣角一下。

「那小子說，不演怎麼行？我說我們這個劇藝社，既無薪水，也沒有公費，完全是業餘性質，大家可以集合演戲，也可以自由解散！別說是縣公署管不着，連日本天皇也不能管！你們說對不對？」

「對！」大伙兒齊聲回答。

「那小子跟他的上司研究了一下，就批准了我的請求：首先公演『日月光華』七場，在本縣巡迴演出，然後再上演『逼上梁山』；不過他們堅持一個原則，公演『日月光華』，公家發給補助金，可是演『逼上梁山』却一毛不拔！他們說這個戲跟『中日親善』毫無關係。」

沒等夏明把話說完，大家哈哈大笑了！

「現在我們討論一下，選出一位朋友來改編『逼上梁山』劇本，原來它是一個京戲劇本，現在我們把它改成話劇劇本。」夏明說着從皮包裏掏出一捲油印品，交給吳純青：「你們推選一位改編劇本的，好不好？」

這時，徐婉華舉起手來：「我提議請小吳改編這個劇本！」

「同意！」大家像起閧一樣喊叫起來。

吳純青有些爲難，她緊攥着那個油印的京戲劇本，向四週的人巡視了一圈兒，最後停在丁天鈞的臉上，他正以不滿意的眼光向她示意「不要答應做這件事」；於是，吳純青說：「我的文學素養不行，還是請別人改編劇本吧。」

「妳別推辭啦。」徐婉華推了她一下，鼓舞着說。吳純青有些惱怒，她想：「怎麼小徐老是拖我下水呢？」想到這裏，她終於改變了主意，直接向徐婉華進攻：「我願意接受這個任務；不過『日月光華』的角色秀梅，我提議請婉華來演，我不能身兼兩職啊！」

經過大家的討論，最後決定請吳純青改編「逼上梁山」，至於她擔任的角色秀梅，改派徐婉華飾演。會中還決定了從明天起在師範學校排演「日月光華」，一週後正式演出。

散會以後，丁天鈞陪着吳純青走出學校，沿着運河岸漫步。丁天鈞講了些他在監獄中受的苦情，以及他在獄中的見聞。他說一個眞正愛國的人，不應該空談理想、空喊口號；而是要隱藏自己，進而發揮最大的力量。他舉了一個例子說：「我爲什麼反對妳改編『逼上梁山』京劇，因爲那是從延安流傳過來的，將來妳改編它，日本特務一定找妳的麻煩。所以我不希望妳接受這個任務。」

「哼，」吳純青冷笑了一聲。她想起夏明曾經說過，天鈞出獄以後，連一點抗日的思想都沒有了。果然，他現在說出了這種懦弱的話。他怕這怕那，連改編一個劇本也怕日本特務找麻煩。這怎麼不使她感到失望！丁天鈞見她不作聲，便改變話題說：「小吳！妳不要性急，等到秋天，我就帶妳到抗日的大後方去，咱們先到阜陽，我已經託人給我表舅帶信去了。」

「啊，」吳純青應了一聲。雖然他已經說了好幾次，但是她仍然喜歡聽它。這件渺茫的希望，宛如沙漠中的一片綠洲，讓她既看不着也摸不到，但那畢竟是她最渴望的景物。於是，她問了一句：「有希望嗎？」

「有希望。」丁天鈞肯定地說：「最近又有不少人去了阜陽，聽說政府在皖北一帶成立了臨時中學，專門收容淪陷區的青年，管吃、管住，一切都是公費。咱們到了那裏，做教員是沒問題的。」

吳純青聽了感到索然，這句話她聽了不止十遍了，彷彿這是「紙上談兵」，它和現實生活相距甚遠，根本是不著邊際的夢想而已。走了一段路，她驀然想起丁天銘，她問：「你哥哥最近幹什麼？」

「還是跑生意。昨天剛從石塢鎮回來。」丁天青說：「上次他在路上碰見過妳，他說你們同坐一輛馬車。」

吳純青嗯了一聲，這時路旁有黃包車，她和丁天鈞揮手道別，便上了車，趕回宿舍。

她走回大雜院，便看見李大娘坐在房門前搓麻線，她那個愛哭的孫兒，正在地上玩彈珠兒。李大娘摘下老花眼鏡，招呼吳純青說：「妳可回來了！吳大小姐！」她說着從衣袋裏掏出一封信。「妳看看！大小姐，這是俺家裏捎來的信，請妳幫我看看。唉，俺不認字，就跟睜着眼的瞎子一樣啊！」

吳純青坐在小板凳上，拆開信封，取出信來一看，但見上面寫着：

「母親大人膝前叩稟者，玆因四弟最近參加戰鬥，不幸被日軍俘虜後，以身殉國。國軍昨日派人送來撫䘏金五千元，全家接款後無不痛哭失聲！四弟投身軍旅，乃係他的志願，決非我等意見，他臨行前不敢稟明，乃恐母親難過也。如今四弟只當兵一月，即光榮殉難，我等思慮良久，才決定寫信向大人稟明此事，望大人務必節哀，專此叩請……」

吳純青的心沉下去了！她抬起了頭，向那位臉上堆滿皺紋的李大娘凝望，半晌，李大娘焦灼地問：「吳大小姐！怎麼啦？……是不是俺的小孫女出疹子？……還是家裏的糧食不够納稅呢？」

「李大娘，」她勉強地現出微笑說：「這是您的大兒子傳祥寫的信。他告訴您，您的兒子想去當兵，請您拿個主意。……」她停了一下，向李大娘低聲說：「老四想參加國軍，打日本鬼子，這是好事啊！」

「老四從小就聽話，不管做啥事兒，他都要給俺說。好鐵不打釘，好男不當兵，這話不對呀！要是人人都不當兵，誰去打鬼子呢？吳大小姐，妳說對不對？」

吳純青凝望着李大娘那張憨直而蒼白的臉，內心感到無比的沉痛，她不停地點頭回答：「對，對！」驀然李大娘伸出了手，抓住她的胳臂，懇摯地說：「俺再麻煩您給俺回封信，就說老四當兵作娘的願意，俺給老四做了一雙布鞋，等月底托人捎回去……」李大娘的聲音哽咽着，眼眶噙着淚珠：「您就這麼寫吧。您可別說俺掉眼淚，光說俺心裏非常高興……」

當吳純青走回自己的房屋，隔着窗簾，她還看到李大娘在用衣角擦眼淚。

這天晚上，她坐在燈前百感交集，手握鋼筆，思緒非常混亂。她想起丁天鈞談起將要帶她去皖北阜陽的事，她想：我們逃出淪陷區，到自由的後方去工作，爲的是呼吸自由的空氣，享受祖國的溫馨生活，說起來這也是自私的行爲。我們怎麼忍心擺脫李大娘這些可憐無告的同胞？她擱下了鋼筆，繼而聯想起「青年劇藝社」的朋友，他們也僅是演了兩齣話劇，便在那兒高談闊論，有時竟然還以「愛國者」自居；他們正如同屠格涅甫創造的羅亭一樣，講起話來頭頭是道，可是做起事來一事無成，這些知識分子怎能比得上李大娘家的老四呢！

吳純青思前想後，禁不住熱淚盈眶，她重拾起了鋼筆，開始爲對門的李大娘寫信。「我應該怎麼寫呢？」她有些泛愁起來。若是繼續掩蓋這件事，將來讓李大娘知道以後她是多麼悲痛啊！但是如果把事實揭穿，她又怎麼忍心使李大娘傷心呢？她正在躊躇，聽得李大娘的孫兒又哭又鬧了。不久，從對面傳來了李大娘唱的兒歌：

小二傻，
騎着驢子牽着馬，
東莊就是他丈人家。
大舅子看見他往家讓，
二舅子看見他往家拉，
三舅子看見搬把椅子你坐下，
四舅子看見先斟酒、慢沏茶。
小二傻，上馬棚裏拴馬去，
窗戶櫺裏瞧見她！
沙白的臉，官粉搽，
漆黑的頭髮紅綢紮。

絲綢子衫大襬襠，

綠絲帶一搭拉。

紅綾子小鞋拉線花，

看個日子娶打了吧。

吳純青靜默地傾聽着，她的心沉浸在那舊時代的農業社會的歡情裏。「我決不能把這個悲劇告訴李大娘！」她握着鋼筆，凝望着牆上掛的月曆，那月曆上畫的一幅油彩畫，背景是富士山，山麓上有不少穿和服的日本民衆，滿懷着歡樂的心情向前走着。「媽的！你們把自己的幸福，建築在別人的苦難土地上。滾你媽的，帝國主義！」她不禁罵了起來！

直到夜闌人靜時，吳純青才替李大娘寫完了家信，信是這樣寫的：

傳祥先生：

我是住在令堂對門的吳純青，今天下午讀到你寫給母親的信，得悉令弟為國捐軀，我一方面感到悲痛，同時也分享了你們的光榮！

為了不讓你的母親過度悲傷，我並沒有把這件不幸的消息告訴她，我只是說：「老四想參加國軍去打日本鬼子，您是否同意？」當您母親聽了這個消息，躊躇了一下，便對我說：「妳寫信告訴傳祥，我同意四兒去當兵。」她老人家還說：「過幾天托人把她給老四做的新鞋，捎回故鄉去。」你的母親這麼慈祥，所以她才有那麼忠貞愛國的兒子！

傳祥先生：我建議你把令弟殉國的事，暫時不必告訴母親，免得她悲痛失望；等到抗日戰爭勝利時，你再鄭重地向她禀告此事，不知意下如何？匆此即頌

安好

吳純青上

吳純青把這封信疊好，裝進一個中式信封套內，上面還寫上「煩交李傳祥先生」字樣。她準備明天早晨交給李大娘，然後再托他們的鄉親捎回故鄉去，否則被日偽機關檢查出來會惹麻煩的。

夜裏，吳純青聽得遠方傳來一陣陣的槍聲，她的心也馳騁在那硝烟瀰漫的戰場上。她聽到槍聲像炒豆子似地，「巴巴」作響，偶爾夾雜着一聲巨大的砲聲，像一隻潛伏在山窩中的恐龍怪獸，牠的吼聲震撼着蒼茫的大地。

「乒……乓……」

她站在黑暗的原野。子彈的流光相互交碰着，襲擊着。她看見穿着灰色軍服的中國士兵，如同掙脫樊籠的老虎，向着插着太陽旗的日軍陣地，彎着腰向前奔跑；彷彿他們的理智都被砲聲轟走了，如今只有復仇的怒火佔據着每個人的心。

吳純青也隨着戰士們向前奔跑……

「吳大小姐！」忽然，她聽見後面有人喊叫。她回頭一看，一位年輕的戰士扛着一枝步槍，喘吁吁地跑近了她，一併雙腿，向她敬了一個軍禮。他大聲說：

「我叫李傳家，您寫給我大哥的信，我已經收到了！」

「什麼？」吳純青驚訝地問：「你沒有死？」

「哈哈，」那個小戰士不禁仰頭大笑：「敵人還沒有消滅，我怎麼能死？您一定是聽了漢奸造的謠言。哈哈！」接着，李傳家向她講着這附近的地形地物，哪兒埋了地雷，哪兒佈置了碉堡，他都像數家珍般地講了出來。他還說日本特務最會造謠，把附近老百姓搞得暈頭轉向，他們聽到的只是某某地方淪陷，某某城市遭了轟炸，日軍如何勇敢，一個日本軍曹專門要切孕婦的肚子，像切西瓜一樣……

吳純青繼續向前跑，她走進一個鄉村裏，到處聽到劈利啪拉的鞭砲聲。一羣青年農民，高擧着火把，嘴裏唱着變調的日文「愛馬進行曲」：

「日本狗，開路了，少拉開獃；七個橘子八個狗，少了我管換……」

她彷彿走到了縣城運河堤上，看見往來的人們川流不息。路旁有賣大力丸的、耍狗熊的、擺棋式的、打烟槍的、拉洋片的、賣狗皮膏藥的、唱平劇的、賭紅黑寶的……各樣各類的民間娛樂，招攬着四面八方的遊客，造成一片歡樂的昇平氣象。

「吳大小姐！」有一位老太太拉住了她。

「啊，李大娘！」吳純青轉頭發現是老鄰居，不禁大聲說：「您知道了嗎？您家老四早已陣亡了。他的死是爲了國家，爲了抗日，這是光榮的啊！」

李大娘從衣袋內掏出手帕，擦了一下眼淚，竟然在人羣前唱起「羅漢調」來：「……又祇見千門萬戶虛實也難辨，天將天兵來往其間不等閒，王靈官手執金剛鞭鞭光四射，李天王高擎寶塔相貌威嚴。二郎神金面生嗔舞三尖刀，哮天犬在身旁亂吠，三太子八臂槎枒擺火尖槍，風火輪在足下盤旋。……」忽然，從人堆中擠進來一個小孩子，哇哇地哭着找奶奶！吳純青定睛看時，原來他是那個最愛哭的孩子！

「走！」李大娘狠狠地搧了小孫子一巴掌，她又繼續唱起來：「哼哈二將白霧黃烟使魂飛魄散，二十八宿奇形怪狀令人胆落又心寒。……」

正在這時，吳純青發現那個嚎啕大哭的孩子，衝出人羣，一面哭着，一面跳向那運河的波濤中！她「呀」地一聲驚叫，原來是一個夢……

夜仍是那麼寧靜。窗外的月光，洒滿了窗紗。她聽到對面李家的小孩又哇哇地哭了起來……「別哭了，乖孫子！」是李大娘的聲音：「你聽見了沒有？白眼狼在外邊叫啞！牠吃愛哭的小孩！」

果然，孩子被嚇唬住，暫時停止了哭聲。

長夜漫漫，吳純青剛打了個盹兒，却又被李家的小孩哭醒了。她索性披衣下床，打開枱燈，翻看那個油印的「逼上梁山」京劇本。原來它描寫的是以林冲的故事作背景，從誤入「白虎堂」，被高俅刺了雙頰，押往滄州道。由於東京開封府的高俅決心害死林冲，乃指使心腹火燒草料場，林冲有家難奔，有國難投，他親手殺死了高俅派來的特務，然後冒着漫天的風雪，逕自投奔梁山水泊去了……這段取材自「水滸傳」的故事，情節生動感人，竟使吳純青非常激動。於是，她拿出稿紙，趁着靈感泉湧，感情眞摯，她迅捷地完成了「逼上梁山」的話劇大綱。接着，她又修改了一遍，覺得非常滿意。她準備明天把這個改編話劇的大綱送給夏明審查一遍，然後再動筆寫劇本。

次日清晨，吳純青出門以前，先將昨夜寫好的信交給李大娘。然後她到了縣立圖書館，把改編「逼上梁山」的劇本大綱，送給夏明過目。夏明仔細看完以後，便直爽地說：「大致不錯。不過妳沒有把現實意義加進去；妳應該明白，咱們不是爲林冲寫歷史劇，而是爲了千千萬萬的知識青年而寫這齣戲。」

「你叫我加上什麼現實意義呢？」吳純靑誠懇地問。

「小吳，哪裏是梁山，妳知道麼？」夏明劃着了火柴，燃着了一枝香菸。

「我不知道。」她有些被侮辱的感覺。不過，她還是忍耐地坐在椅子上，和氣地說：「梁山水泊在東平縣附近，距離這兒兩百多華里，對不對？」

「哈哈！」夏明爽快地笑了，他說：「那是歷史上的梁山位置。咱們不是爲歷史而寫歷史，咱們是爲了鼓舞淪陷區的知識青年，痛恨日本帝國主義，投奔陝北延安去！投奔八路軍、新四軍去！」

吳純青的心抽搐了一下。她回想過去參加「青年劇藝社」，只是爲了熱愛戲劇，和一些喜歡文藝的朋友相互琢磨、學習：大家的愛國意識非常純潔，只是想團結中國四萬萬同胞，把日本鬼子趕出去，重新過起自由幸福的生活。如今，吳純青驟然聽到夏明講出這種話，怎麼不使她感到震驚呢！「怪不得昨天丁天鈞不希望我改編這個劇本，他是愛護我啊。我還埋怨他，眞是不識好歹！」她想到這裏，便直截了當地對夏明說：「老夏！我對於政治沒有什麼認識，這件改編劇本的工作，還是請你幫忙吧！」

「這不能說幫忙，這是我應當做的事情。」夏明的答覆非常乾脆，却出乎吳純青意料之外，他吸了一口香菸，微笑着說：「即使妳不要我幫助，我也得把它重新看一遍。妳想一想，改編一個劇本是一項大事，它關係咱們對羣衆的宣傳影響。不過，妳應當先把劇本的初稿完成，然後再交給我，妳覺得這樣作行不行？」

「好吧！」吳純青只得點了頭：「一個禮拜交稿，行不行？」

「太長了吧？」夏明抓了一下腦袋，看了一眼壁上掛的日曆：「五天完成，應該沒問題了吧。」

「五天……」她有些作難的樣子。

「就五天好了！妳交給我，我還得費兩天時間，把政治任務加進去，說不定還很麻煩哩。再說，最近我還得排練『日月光華』，這齣戲下星期就要公演，妳想一想，我多麼忙？」

吳純青聽了覺得非常合理，便再也不說什麼。恰巧尹壽亭從外面走了進來，他滿頭大汗，咧着嘴笑道：「小吳來了，沒倒茶呀！」

夏明覺得不好意思，便幽默地說：「我們只顧談論劇本的事，却把其他的事都忘了！」

尹壽亭放下皮包，就轉身去厨房取開水，吳純青趁機往外走：「對不起，我還得去學校呢！」他們兩人送她到樓梯口，吳純青便迅速地步下樓梯，走出圖書舘，她才覺得空氣舒暢多了！

第十六章

「日月光華」公演的第一個晚上，縣中大禮堂擠得水洩不通，花籃擺滿了舞臺。還不到七點鐘，師範學校的師生代表、全縣的小學師生代表、以及全縣工商界、軍警界的首長，都陸續到達了會場；後面的席位則是縣中師生，而且還有些站立的觀衆。

七點正，縣中的新任校長韓南崗，陪侍着那個穿西裝、留仁丹鬍的矮胖子日本顧問中村潔，步入了會場。後面還跟着「新民會」會長、商會代表、縣長，以及十幾個日偽漢奸頭目。不知哪個領頭鼓掌，立刻響起了一陣陣的疏落的掌聲；那掌聲此起彼落、斷斷續續，因此顯得有些諷刺的意味。

首先，韓南崗以主人的身分，嘻皮笑臉的走上講臺。他還沒講話，臺下便有人發出笑聲；因為他那副尖嘴猴腮的長相，就惹人想笑，再說他過去當體育教員，「伸着脖子喊立正」的滑稽表情，怎能不引起學生們的嘩笑呢！

你聽，韓南崗咳嗽了兩聲，開始講話了：

「中村顧問、縣長、商會會長，各位貴賓、各位同學們！今天，這個，我們開學第一天，日月光華話劇在本校演出，這不僅是本校的光榮，也是本人韓南崗的光榮……」

忽然，臺下的幾千個觀衆哄堂大笑！

「現在，我以最虔敬的心情，恭請本縣教育局顧問中村先生講話，請大家熱烈鼓掌！」

隨着韓南崗的諂媚的笑聲，和觀衆的稀落掌聲，那個矮胖的日本顧問中村潔，由一個抹紅嘴唇的長髮婦女陪同走上講臺。中村潔睁開牛眼，向臺下巡視了一圈兒，他板着臉，好像誰該他兩百大洋似的。中村潔在臺上愣了半晌，等到全場寂然無聲時，他才開腔：

「洪雞子，窪他哭西……」

那個妖精似的女人翻譯說：「今天，我們在這裏欣賞日月光華話劇，我們應當記住日華親善，共同建設東南亞新秩序……」

中村潔講完了話，韓南崗又邀請縣長講話。這時禮堂內的秩序已經混亂，不少人在發牢騷、罵大街：

「哼，這比上課還難受！」

「韓南崗在拍馬屁嘛！」

「什麼中日親善、同文同種，別臭美了！」

縣長下臺以後，那個「新民會會長」拿着一把摺扇，彎腰駝背上了臺。吳純青忍不住問夏明：「這個人像是幹嘛的？」

「說相聲的。」夏明說。

禮堂的人羣宛如開鍋的雜燴湯，把臺上的演說整個淹沒。直到講演完畢，鑼聲響起，那兩片綠色的幕幔徐緩地揭開時，臺下的喧嘩聲浪依然泛湧着。

「日月光華」原是一齣宣傳劇，由於過分渲染山東農民生活幸福，這和事實相距太遠，因此在演出進行中，不斷地引起觀衆一陣陣的嘻笑聲！那是帶有諷刺意味的笑聲！甚至連坐在前面的漢奸們，也在搖頭發笑；有一個人還說：「這哪是山東呢？這好像是美國。」

夏明一直緊蹙眉頭，面帶痛苦，前面有人諷刺的話，更使他感到難過。坐在他旁邊的吳純青，却比他心情輕鬆些，她既不是導演，也不是演員，彷彿眼前上演的這齣話劇，和她根本扯不上關係；唯一使她關心的，那即是代她飾演秀姑的徐婉華，在這次演出中成績非常突出，她那渾圓有力的臺詞，以及年輕漂亮的扮相，一直獲得吳純青內心的喝采。

落幕以後，禮堂內的觀衆已經走了一半。這時，韓南崗和幾個漢奸嘍囉，簇擁着日本顧問中村潔走上舞臺，向全體演員握手。當中村潔走到徐婉華面前，特別握緊了她的手，用生硬的華語說：

「花姑娘，漂亮大大的！」

站在後面的韓南崗，立刻諂媚地介紹說：「她叫徐婉華，她是我們縣中的音樂敎員。」中村潔聽了翻譯的話，臉上頓時現出驚訝的笑容：「啊，掃卡，洪桃尼開來衣乃！（啊，是嘛，她長得眞漂亮啊！）」

那後面的漢奸嘍囉，一個個笑得仰頭哈腰。韓南崗向前搶了一步，俯在中村潔的耳旁咕嚕了兩句，但見那個矮胖的日本鬼子咧開肥厚的嘴巴：「哈哈，腰老夕！」

吳純青坐在下面，凝望着這幕散戲後的醜劇，心中非常憤怒。她痛恨日本顧問，更痛恨那個賣國求榮的韓南崗；最讓她感到不順眼的，那個被日本鬼子調戲侮辱的徐婉華，不但不表示厭惡，反而感到無上的光榮，她那兩隻烏黑的大眼睛一直盯在中村潔的臉上，把那個腦滿腸肥的日本顧問搞得意亂情迷，飄然若仙。……

「噁心！」她賭氣站了起來，隨着人羣走出了禮堂。她剛走到學校門口，丁天鈞氣吁吁地追上了她：「怎麼妳一轉臉就走了？眞氣人！本來我們要開檢討會的，可是韓南崗臨時出了餿主意，把小徐拉去吃宵夜，陪日本顧問喝酒。妳想一想，這是什麼玩意兒！」丁天鈞掏出手絹擦拭臉上殘剩的油彩，便又問她：「妳覺得今天晚上我演的怎麼樣？」

「總的來說，我覺得我們不應該演這齣戲。」吳純青和他慢慢地走着。「你在臺上演戲，聽不到觀衆的反應，可是我坐在下面，却聽得非常清楚。」

「他們怎麼說？」丁天鈞插嘴問。

「坐在我前頭的一個，大概是縣公署的什麼局長，他說這齣話劇發生的地方，不是山東，而是美國……」

丁天鈞聽了哈哈大笑：「太好了！」

「什麼？你還高興？」她驚訝地問。

「當然高興了！」丁天鈞認眞地說：「我執筆寫這齣話劇的時候，把握了一個原則，要使觀衆看了生氣，認爲這是賣國求榮的具體表現，我要激發起觀衆的愛國意識。妳想一想，連當漢奸的都認爲這齣戲是騙人的，那豈不證明我們演出是成功了嗎！」

吳純青聽了非常高興。她記得夏明批評過他，說他從出獄之後，就變得胆小如鼠，張口閉口都是說些「中日親善和平」的宣傳口號；但是剛才聽了丁天鈞的話，她覺得他並沒有變，仍然是一個鐵錚錚的男子漢。

「逼上梁山那個劇本交給夏明了？」走過「吉露茶莊」，丁天鈞問起這件事。

「交給他了。」吳純青說：「夏明這個人，我一直有點提防他，他好像對任何人都不信任，做什麼事都是鬼鬼祟祟的，一點也不光明磊落。」

丁天鈞沒有作聲。她覺得非常奇怪，從他們相識以來，每次當她批評導演夏明，他總是不表示任何意見，似乎他們之間有着微妙的關係。甚至夏明在背後批評丁天鈞懦弱、無能，丁天鈞也一點不惱怒，這到底是什麼原因呢？難道一個導演竟能控制了演員的思想與感情？

他們走到吳純青的住所附近，丁天鈞便向她告辭了。她望着他那淸瘦的書生型的背影，消失在昏暗的街燈遠處，內心不禁湧出無限留戀的感情。她繼而聯想起那個使她討厭的夏明，粗壯的身體，香煙一枝接一枝的吸，他們倆到底是什麼關係？「莫非他們搞同性戀」？她忽然想起這麼一個荒唐的假想，於是禁不住偷偷地笑了！

回到住所，吳純青發現縣中送來了一封信。她打開房門，點上煤油燈，拆開信封一看，覺得十分噁心，原來那是韓南崗寫的。

韓南崗首先在信上寫出吳村的相聚，雖然不甚「圓滿」，但却留給他無限的回憶。這個尖嘴猴腮的色情販子，不知從那一册文藝雜誌上抄來的一段描寫，藉以紀錄吳村的山川景致，他在信上寫着：「我只希望能有兩間農屋，像五爺家附近那樣似的，門前是一條清澈的小溪，妳可以在溪邊洗衣，我去附近學校上課，傍晚我再沐着晚霞回來。我們忘記戰爭的創痛和哀愁，在這裏建立起一個溫暖的家。鳥兒也有個舒適的窩，難道我這種幻想就不能實現麼？」

「你見鬼去吧！」她憤怒地把信往桌上一扔，便去更衣、洗澡。她還煮了一壺水，泡了一杯清茶，她坐在桌前，準備明天的功課。

當她決定入睡時，無意之間又把韓南崗的信看了一眼。他在信的後面寫道：

「為了縣中的前途，為了全縣青年學子的前途，我決定聘請妳作校務主任，望我們同心協力，為開創本縣的教育而奮鬥。」

吳純青看了這段文字，着實吃了一驚。她的計劃是在年內逃出淪陷區，到祖國的大後方去工作。如今被韓南崗派任縣中教務主任，她怎能有充裕時間作流亡的部署？但是轉念一想，即使不當教務主任，也是被日偽機關套住脖頸，也許靠着韓南崗的力量，將來能够順利地逃出虎口呢。

這夜，吳純青睡夢中幾次都被日本鬼子嚇醒；她夢見一個腦滿腸肥的矮傢伙，鑲着金牙，摟着一個少女，她仔細一看，原來是徐婉華！那個矮傢伙斜着眼向她微笑，一面用生硬的華語說：

「妳是吳教務主任！漂亮大大的，妳是韓校長的相好，等於是我中村顧問的相好，哈哈哈哈！」

吳純青嚇得回身就向前跑，那是一條青石路，兩旁都是滾蕩的河流，有幾條白帆在遠方航行……她拚命地向前奔跑，後方傳來一陣馬蹄聲，轉頭一看，却見中村騎在洋馬上，前面摟着徐婉華，正哈哈地追了上來。

「投降吧，小吳！」是徐婉華的聲音。

「妳這個無恥的女人！妳在舞臺上向敵人諂媚調情，妳簡直忘了妳是中華民族的兒女，如今妳竟然認賊作父，妳還有臉再見縣中的同學嗎？」

忽然，中村跳下馬來，他揚起馬刀，指向吳純青的胸膛。正在千鈞一髮的刹那，一陣風沙捲來，把天地攪得混沌不清，她摸索着從地下爬起來，被一隻柔細的小手引導着走，走了約莫一里路，她才睜開眼睛，那個瘦弱而質樸的女孩子站在眼前正向她微笑呢。

「是妳？王蓉，妳救了我？」

「老師，您千萬別當校務主任，那是韓蘭根的圈套。」

「妳怎麼知道的?」吳純青親吻着她的臉頰問。

「他們說的。」她轉頭向後方遠眺說。

「他們是誰?」

「就是他，還有徐老師。走吧，他們騎馬又追上來了!」

吳純青拉着王蓉往前跑，後面馬蹄聲越追越近，眼看她們就要作了俘虜。吳純青此時却變得冷靜，她猛然憶起小時候聽的一句戲詞:「人活百歲也是死。」於是，她抱起了王蓉，縱身躍進了滾滾的波濤中……她覺得嘴裏、耳朶裏、鼻孔裏、肚子裏都灌滿了水，她心中想:「父親要知道我成了溺死鬼，他老人家是多麼傷心啊!」想起了父親，她不由地悲從中來，嗚嗚地哭了半天，最後竟然哭醒了。……

第二天去學校，吳純青一進校門，便發現佈告欄上貼了一張告示:

茲聘任本校國文教師吳純青為教務主任，此佈。

校長　韓南崗

她提着皮包向辦公室走。路上，她遇到每一個學生向她行禮，她總覺得有些彆扭不自然，好像她做了虧心事似的。剛走到辦公室，十幾位教師不約而同地站起來，向她打招呼:「吳主任早!」

「各位老師早!」她紅着臉說。

這時，一個工友走向前來，向她鞠了個躬：「從今天起，校長請您在教務主任室上班，您的東西已經搬過去了。」她覺得很好笑，自己變成了傀儡，任何事情都要被人牽着鼻子走。她跟着工友走進裏面的一個房間，門口掛着一個黑色牌子，上書「教務主任室」。進門是一幅屏風，裏面擺着兩套沙發，牆上掛滿了獎狀、地圖，以及紀念性的團體照片。再向裏面一間套房走，那才是她的辦公桌。工友替她沏了一杯茶，便悄悄走了。吳純青坐在轉椅上，覺得不是滋味，她想：「我這豈不是和羣衆隔絕了嗎？」

她正在寂寞地看報時，徐婉華一陣風似地來了！她一進門，還故意調皮地喊了一聲「報告」，倒嚇了吳純青一跳。她見了徐婉華，頓時聯想起昨晚演出「日月光華」，中村顧問和她調情的醜事。坐下以後，她禁不住開門見山地說：「昨天晚上散戲以後，妳上哪兒吃宵夜去了？」

「悅賓樓。小吳，噢，我應當稱呼妳吳主任了。哈哈。昨兒晚上我找了妳半天，嗓子都喊啞了，妳怎麼跑得那麼快？我想拖妳陪我一塊去的。哼，中村那傢伙是個酒鬼、色狠，要不是昨天夜裏有情況，他一定不會放了我……」

「什麼情況？」吳純青不解地問。

「國軍攻佔了石塢鎮，打垮了日軍一個中隊，縣裏的日本人都非常緊張。妳不知道麼，韓蘭根到現在還沒來學校呢。」

這確是一個振奮人心的消息。吳純青想起昨天夜裏作惡夢，却沒聽到遠方的槍砲聲。接着，她好奇地問着對方：「小徐，妳明知道中村不是好東西，那妳爲什麼還陪他去喝酒？」

「哈哈！」徐婉華笑了起來：「我倒要問妳，爲什麼不能陪他去喝酒？」

「他是我們中華民族的敵人！」吳純青嚴肅地說。

「我再請問妳，妳今天當了縣中的教務主任，這個縣中的領導權是中村顧問，按照妳的邏輯來說，那妳也是作了漢奸了，不是嗎？」

她聽了渾身發燒，恨不得馬上把徐婉華轟出去！但轉念一想，小徐是我平日最要好的朋友，何況她仍能分清敵我、認清是非；於是，她壓低了聲音說：「我並不願意作教務主任，這大概是韓蘭根的圈套。別人也許不瞭解我，妳應該明白我的處境吧！」

徐婉華慢慢站起來，她鼓着烏溜溜的眼睛，向吳純青低聲細語道：

「妳放心，我們會支援妳的。小吳，也許在學問上、藝術素養上，妳是我的導師；但是在鬥爭經驗方面，不客氣地說，妳還是暖室的一朵花，經不起風吹雨打，這不能怪妳，等將來妳接受了鬥爭教育，妳就會堅强起來的。」

吳純青望着她的笑臉，凝聽着她的聲音，却感到毛骨悚然，好像害了瘧疾病一樣，她木然地坐在椅子上，再也講不出一句話。

徐婉華走後，吳純青的心仍舊恍惚不寧。她彷彿被關在一棟黑屋子裏，那兒沒有空氣和陽光，眼前只是漆黑的一團；她想衝出這間屋子，即使犧牲了生命，她也要尋找到生命的希望。

直到傍晚，她改完了作業，才邁着輕鬆的步子走回住所。街上靜悄悄的，只有放學的孩子們，在路旁追逐嬉戲。車輛比往日稀少。遠方城門旁的崗樓上，增加了兩名持槍的日軍。她這才湧想起最近的戰爭，國軍前幾天又攻佔了石塢鎮。吳純青剛走到公園門口，聽得有人喊她，她回頭一看，原來尹壽亭剛從縣公署回來，路過此地，尹壽亭摘下近視眼鏡，用手帕擦了一下鏡片，皺着眉頭說：「逼上梁山不准演啦！」

「眞的?」她驚訝地問。

「不准上演，還是小事，聽說上面還要追查這個劇本的來源呢。」

「你聽誰說的?」她心裏有些驚慌。

「教育局一位科員偷偷告訴我的。」尹壽亭有些不滿，他說：「這都是夏明惹的麻煩！」

吳純青勸他不必過度緊張，何況這件事還未發展到嚴重的地步。臨分手時，吳純青說：「今天晚上在師範學校演戲，我不去啦。」

「好的，回頭我會告訴夏明。」

吳純青回到住所，煮了一小鍋綠豆小米粥，蒸了幾個饅頭，切了幾片醬蘿蔔，一個人正在燈下吃飯，這時候對門的李大娘領着小孫子，走近門前，她說：

「大小姐，麻煩您啦！俺說一句話就走！」

吳純青急忙放下筷子，打開門簾兒，想請李大娘屋裏坐。

了。

「不必啦。」李大娘把一封信交給了吳純青，悄聲地說：「這是俺莊上的人捎來的。妳幫俺看看，明天妳再告訴俺，想必是平安家信吧！妳吃飯，俺走啦。」李大娘一面說着一面走回去了。

吳小姐惠鑒：

手書敬悉，您將舍弟殉難一事瞞着家母，為的是怕老人家悲痛，您的菩薩心腸，實令人敬佩不已。現因故鄉逐漸平穩，我等將決定接母親返回故鄉，如此事被母親得知，將來一定引起老人惱怒。因對母親不誠實即為不孝。故鄉親鄰故友甚多，此等大事怎能隱瞞下去？我等研討良久，謹向您提出請求，請在便中將舍弟殉難一事，告訴家母，以免家母更增加悲傷也。……

她把信看完，心裏非常煩悶。當初她替李大娘看信，看到那個令人悲痛的消息，感到吃驚，她所以把此事隱瞞下來，爲的是同情那位年逾六十的李大娘。如今，她收到李大娘的長子傳祥的信，她又發起愁來。怎麼辦呢？她一直在思索這個問題。

晚上，李大娘把煤油燈擱在院子的小茶几上，她一面縫破蔴袋，一面哄着躺在涼蓆上的孫兒。吳純青穿着拖鞋，拿一把小圓扇，走出了房門。

「大小姐，妳還沒歇着？」李大娘見了她，連忙拿了一個小凳子給她坐。

她坐下來，向那個愛哭的小孩瞅了一眼：「開學了，天氣還這麼熱呢。」

「是哪！」李大娘心不在焉地應着，她關心地還是那一封家信。

「這封信，我看過了。」吳純青從衣袋裏拿出了信，交給了她：「您打算什麼時候回去？」

「啊！」李大娘停止了工作，默默摘下了老花鏡，露出一副悵惘無告的表情：「麥子割了，這時候回去作什麼？唉，俺娘家的姪兒過兩天趕大車進城，想順便接俺回去，俺正爲這樁事犯愁哩。」

吳純青尋思了一下，便問她：「您的意思，是不想回去？」

「就是爲了這些破蔴袋片嘛！俺一下子攬了兩百個，至少得縫半個月，要是走，這些破蔴袋片咋辦？」李大娘戴上了老花鏡，又織起來：「天兒熱，出門就是一身痱子，俺咋捨得俺這個寶貝疙瘩？」

吳純青向躺在涼蓆上的小孩瞅了一眼，老實說，她非常討厭那個愛哭的小孩！那小孩大概也知道別人不喜歡他，他趴在蓆子上玩，連眼皮也不翻一下。停了半晌，吳純青問道：「您不回去行不行？」

「那咋行？吃的、喝的、住的都得花錢哩。」李大娘親暱地看了孫兒一眼，微笑地說：「當初俺並不想搬城裏來住，俺是沾了這個寶貝疙瘩的光。俺算什麼？唉，不怕您大小姐笑話，俺多活一天，多糟蹋一天糧食！」

不知躲在那兒的野蟲，唧唧地叫起來，躺在涼蓆上的小孩，忽地爬起來凝聽蟲聲，彷彿準備捕捉的樣子。夜空上繁星閃爍，一隻流螢飛過樹梢，不知飛到誰家院子去了。

「李大娘！聽說最近戰事很緊，國軍打死了不少日本鬼子，日本鬼子也傷亡了咱們不少中國人。……」

「是啊，這年頭兒在刼難逃。」老人家打斷了吳純青的話。

「從盧溝橋事變以來，咱們中國老百姓死了有好幾千萬人……」

「多少？」李大娘摘下了老花眼鏡，現出一片驚惶的表情：「幾千萬人？老天爺，您當眞不睜眼了？難道說火神廟的唱善書的說得對？……到那一天，血成河，骨成山，中國遍地起狼煙。……」

「對，就是這樣！」吳純青順水推舟說：「這不是迷信，眞的在刼難逃。李大娘，您懂得這個意思吧？如果有的人死了，他死了比活着還好；因爲死了不但少受罪，而且爲國爲民，那是光榮哪！」

「啊？」李大娘抬起頭來，用那嚴肅而虔誠的目光，凝望着那個中學女敎師的面孔。似乎從對方的話語中使她獲得了生命的啓發。「吳大小姐，您說，人死了有沒有靈魂回家這種事？」

「雖然我沒見過，但是我相信有這回事。」吳純青故意說模稜兩可的話。她想把話題不知不覺地轉移到那封信上去。

「這些天俺晚上夢見了不少親人……」李大娘說着流下了眼淚，聲音也哽咽起來。

「您慢慢說。」吳純青勸慰着她。

在涼蓆上的小孫子，大概也聽出祖母的嗚咽聲，他翻了個身子爬起來，摟住了祖母的胳臂，一面用怯生而敵對的目光瞅了吳純青一眼。

「乖，躺倒。奶奶給你蓋上小肚肚。」等到小孫子重躺下去以後，李大娘才繼續地說：「您知道，七月裏是鬼節喲，什麼鬼都會在夜間出來的。俺覺得有點怪，俺夢見不少過去的長輩，都衝着俺笑，有啥笑的？是不是想拉俺去陰曹地府，除了這檔事兒以外，還有啥喜事？」

「李大娘！」吳純青壓低了嗓音，故作神秘地說：「是不是兒女方面有事？」

「兒女？」李大娘愣了一下，忽然「呀」了一聲：「您到底是識文解字的，您說的不錯——八成是俺的兒女犯了災難，前天晚上俺夢見掉牙呢！您懂麼，夢見掉牙，一定是兒女傷亡……唉，可是信上都是平安哪，莫非俺家老三怎麼了？」

「不是老三，是老四。」她終於鼓足了勇氣，開門見山說了這句話。

在月光混着煤油燈光的映照下，吳純青發現坐在面前的李大娘乾枯蒼白的臉，發出黯綠色的光彩，那好像是蒲松齡創造的「聊齋」中的人與鬼的形象。不，她不能這樣設想這位苦難的母親，她忽然覺得懊悔起來，剛才不應該說出這麼冷酷的話。這時，李大娘伸出顫抖的手，拿出了那一封捎來的家信，抬頭對吳純青說：「吳大小姐！是信上說的？」

「嗯。」她點了點頭，故作鎮靜地說：「信上說，您家老四參加了國軍，去當兵啦。信上還說，前幾天他去攻打石塢鎮，跟日本鬼子作戰，他殺死了不少敵人，敵人也打……傷……了……他……」

「這都是信上說的？」李大娘忽然鎮靜下來，她凝望着吳純青的神情，彷彿有些懷疑似的。接着，吳純青又講了些最近的縣城新聞，無非是使對方暫時忘却兒子的事情，但是那有什麼用呢？

「大小姐，您累了吧？」李大娘說着低下了頭，拍了一拍熟睡的孫兒：「乖，醒醒，到屋裏去睡吧！……唉，明天見！……快醒醒呀，有啥哭的？你要給馬猴子聽到，牠不來咬你才怪呢！馬猴子專門吃愛哭的小孩兒……」

吳純青的心沉甸甸的。她關上了房門，熄滅了煤油燈，默聲地走進臥房，直到她鑽進了蚊帳內，她仍舊聽見李大娘的嘮叨聲音，以及她小孫子的哭聲……隔了很久，小孫子還在低聲抽泣，李大娘又慈祥地哼起了兒歌：

擀餅軸，兩頭尖，
俺娘賣俺上高山。
高山一家子好人家，
刷鍋洗碗俺自己。
刷一羅 又一羅
凍的小手打哆嗦

捎個信，給俺娘，
俺娘家裏哭一場。
捎個信，給俺爹，
俺爹家裏瞎咧咧。
捎個信給俺嫂，
俺嫂捻下黄米煮下棗。
捎個信給俺哥，
俺哥牽着毛驢來叫我。
捎個信，給俺侄，
俺侄揷了前門揷後門，
好你個王八羔子不認人兒！

吳純青凝聽着李大娘的慈祥的聲音，如泣如訴，她的心猶如被宰割般地難受。「李大娘，您別難過啊！這是年月不好，才給您的家庭帶來了悲劇。可是您想一想，現在全中國四萬萬五千萬同胞，有無數的悲劇發生啊！」吳純青默聲地唸禱着，一面流下了熱淚……

不知什麼時候，吳純青從睡夢中醒來，她聽到一陣陣雨聲，伴著一位老婦人的飲泣聲。啊，李大娘在哭啊！……

第七章

吳純青接任縣中教務主任，並沒有引起教職員的不滿，相反的，有不少同事還同情她的處境。在吳純青的心中，她始終認爲韓南崗請她當教務主任，是爲了討好她，進一步再向她求婚。因此她每當想到這個問題的核心，她就陷入苦淵。

也許韓南崗瞭解她的內心情況，自從吳純青作了教務主任以後，除了學校例行的會議，他從未和吳純青談過一次話。她有時暗想：「韓蘭根的葫蘆裏賣的什麼藥呢？」

這天上午，她接到夏明的電話，夏明首先埋怨她爲什麼不去參加話劇演出。「雖然沒有妳的戲，可是妳還是該參加呀！晚會的臨時工作很多，散發宣傳單啦、致詞啦、招待地方首長啦，事情多得很！小吳，妳怎麼升了教務主任就要起官僚主義啦！」

她握着話筒，凝聽着夏明的流暢的北平話，感到非常難聽刺耳；過去，也即是在他們合作改編「逼上梁山」以前，她還對夏明保存着一定的尊重心理，但是自從夏明露出了他的政治面貌，她已對夏明視若蛇蠍了！

「喂，妳怎麼不講話呢？」夏明在電話中說：「妳別忘了，下一次我們要上演妳的作品呢。」

「你說什麼？」她有些驚異。

「逼上梁山不是妳的作品嘛！」

「我的？」吳純青苦笑着說：「逼上梁山是你拿來給我改編的，我改編了以後，你又重新作了修正，而且還增添了宣傳內容，這怎麼說是我一個人的作品？就說改編吧，那也應當塡寫兩個人的名字啊！」

「小吳，妳不必耍賴了。」忽然，對方發出一片陰森的笑聲：「這個劇本已經送到縣公署教育局，聽說中村顧問有意見，妳是編劇人，妳應當想辦法去疏通一下呀！」

「怎麼疏通？」她惱怒地問。

「中村顧問對韓南崗校長印象很不錯，他們都是『新民會』的老搭檔；妳跟韓校長是老鄉親，這麼好的關係，妳怎麼不去運用呢？」

「哈哈，」她忍不住發出一串冷笑：「您很精明，夏導演，可是您別忘了，世界上的傻子並不多！」她說完「啪」地一聲掛斷了電話。

中午，徐婉華邀約吳純青到學校附近的小飯舘吃飯。她們叫了兩籠蒸餃，兩碗酸辣湯，便在樓上靠街的座位，慢慢地吃起來。

「今天晚上在圖書舘大禮堂演戲，妳去吧！」徐婉華向她商量着說。

「非得我去不行嗎？」吳純青抬起頭，向着徐婉華凝望；自從她演出「日月光華」以來，她確實變得清瘦，眼圈顯得黑而深了。

「妳很久沒去了。小吳，妳想一想，本來是妳演秀姑的，後來我幫妳飾演，妳專心去改編劇本，妳却不聞不問了，這像話嘛！」徐婉華說着笑了。由於酸辣湯刺激了眼睛，她一面掏出手帕來擦去眼角的汗珠和熱淚。

「上午夏明給我打了個電話，這傢伙太差勁了！路遙知馬力，日久見人心；現在還不到嚴重的關頭，他就把改編劇本的一切政治責任，都推到我的身上，若是眞正構成了政治問題，那他一定拍拍屁股，一走了之！」吳純青提起這件事，仍然氣憤不已。

「小吳！這是妳誤會了他。」徐婉華低聲勸慰她說：「縣公署目前決定不准上演這齣戲，老夏當然着急嘛！妳何嘗不着急？大家都付出了勞動的汗水嘛！」

聽了徐婉華的解釋，她的心逐漸恢復了寧靜。「怎麼辦呢？」

「我跟老夏的意見也不統一。他堅決主張公演這齣戲，即使赴湯蹈火，也要鬥爭到底。我覺得這樣堅持下去，並不值得，我們有很多的宣傳方法，何必非要演這齣『逼上梁山』呢？我們爲什麼不通過各行各業，讓一百零八位英雄好漢。從四面八方湧向梁山，那是多麼風光！如今爲了一名林冲，搞得大家暈頭轉向、寢食不安，這又何苦呢！……」

吳純青放下筷子，凝聽着徐婉華的話。「小徐眞是有見解啊！」她心底在吶喊着：「怪不得她批評我是暖室的一朵花，經不起風吹雨打。她的碓頭腦清晰，經驗豐富，她比夏明要超過十萬八千里！」

晚上，吳純青在開演前半個小時趕到了圖書舘，她走進禮堂的後臺，但見丁天鈞、徐婉華正在化妝；尹壽亭拿着一面日本國旗，正在跟管燈光的講話；她還看見不少演員在換服裝、化妝，或吸菸聊天。她剛走近丁天鈞的身邊，却被別人拍了一下，她回頭一看，原來是夏明。

「小吳，妳來了！」

「怎麼，導演有什麼差遣嗎？」她故意這麼說。

「小吳，等一會兒縣教育局的督學、科長來看戲，麻煩妳在前臺招呼一下。妳是縣中的教務主任，是我們『青年劇藝社』的光榮啊！」夏明嘿嘿地笑起來，便朝着鏡子裏映出的丁天鈞說：「老丁，你說我的話對不對？」

坐在旁邊的徐婉華，一面畫着眉毛一面插嘴說：「小吳當了教務主任，你老夏應該請客吧！」

這時後臺的演職員都在起鬨，有的熱烈地鼓掌叫好！

「我算哪頭葱，我有什麼資格請客？」夏明換了一枝香菸，將菸蒂引着了火，他貪婪地吸了一口，狡黠地拍了一下丁天鈞的肩膀：「該請客的是這位小生！」

「你是導演，你怎麼往人家身上推？這未免不太厚道吧！」徐婉華站起來，向夏明理直氣壯地說。

「妳——」夏明苦笑着搖頭，他把自己的憤怒情緒壓抑下去，低着頭走向前臺去了。徐婉華向吳純青作了一個鬼臉，那意思是說：「叫他去生氣吧，活該！」但是，吳純青却感覺惹了痲煩，因爲她瞭解夏明是一個陰險的角色，如果得罪於他，將來早晚會栽到他手中的。

「日月光華」預定是晚上七時開演，但是縣公署教育局的幾個漢奸頭目，却一直不見踪影。擔任「前臺招待」的吳純青打了兩個電話給教育局，對方回答小轎車剛開出去，於是夏明通知「舞臺監督」尹壽亭：「延長十五分鐘開演」。夏明、吳純青站在圖書館門口，向那夜色茫茫的街市遠處眺望，却不見汽車的踪影；但是禮堂內的觀衆，不時爆出一陣陣的掌聲，掌聲宛如打在吳純青的臉上，她急得像熱鍋上的螞蟻，在大門口徘徊張望。

「七點十五分啦！」她看了看手錶，對夏明說：「怎麼辦？」

從禮堂內又傳出一陣激烈地帶着示威意味的掌聲。

「小吳！」夏明尋思了一下，才決定說：「通知老尹，準七點二十分開演。」

吳純青走回後臺，把夏明決定延長時間的事告訴尹壽亭，尹壽亭聽了很不高興。他說：「咱們是專門演給那幾個官老爺看的嗎？」他說這話時，氣得渾身發抖，兩隻充血的眼睛向着紅色的幕幔發怔。

開演了十分鐘，那幾個獐頭鼠目的漢奸，才在一羣嘍囉簇擁下，走進了禮堂。他們滿臉酒氣，耀武揚威地左顧右盼，這時舞臺上的演員正在演戲，禮堂內的觀衆摒住呼吸，正聚精會神欣賞劇情，驟然闖進來這些二道毛子，怎麼不引起全場觀衆的憤怒呢！

「噓！」有人抗議。

「噓！」另外有人在維持秩序。

吳純青看在眼裏，恨在心頭，她强忍着憤怒的情緒，安排那些狗仗人勢的漢奸，一個個坐去，她才如釋重負地走回了後臺。

這時，丁天鈞剛從臺上走回來。吳純青朝他笑了笑，低聲說：「演完這場『日月光華』，咱們這個劇社，樹倒猢猻散啦！」

「早散早痛快！」丁天鈞爽快地說。

「你不是挺喜歡演戲嗎？」她坐下來，幽默地問。

「演够了。眞的，現在就像看見粉蒸肉一樣，倒胃口！我發誓以後再也不演戲了。」

吳純青望着他那誠懇的表情，不由地噗哧一笑！她聯想起當初他們相識時，他曾激昂地談着自己的抱負：他要努力學習斯坦尼・拉夫斯基的演劇理論，然後回到舞臺上去，作一名偉大的藝術演員，讓千千萬萬的觀衆，尊重他、膜拜他，隨着他的一舉手、一投足而發出歡樂與悲傷的感情……爲什麼現在却厭惡作演員了呢？

「如果離開這裏，到了大後方，你還演戲嗎？」吳純青悄聲問他。

「那——」他的眼珠翻滾着，彷彿看到了前程希望：「當然要演戲啦！」

這時尹壽亭走過來，對丁天鈞說：「準備上場！」丁天鈞向吳純青作了一個滑稽相，走了。她依然坐在那裏，凝望着他的背影消失了。「他還像是個孩子啊！」她幽祕地想，「像他這樣天眞的性格，怎麼能跟夏明那號的人物在一起混？別人把他賣掉了，他還蒙在鼓裏哩。」

散戲以後，夏明特別邀約丁天鈞、尹壽亭、吳純青、徐婉華四個人留在後臺，繼續討論演出的事，其他的演職員都各自返家。他們把沙發、椅子排成圓圈，各自坐下，夏明點上一枝香菸，便開始報告他的計劃：

「日月光華總算演完了。接下來就是排演逼上梁山的工作。各位可能知道，縣公署教育局對於這齣戲有意見，他們不准上演。他們把這個權力推到中村潔的身上，說什麼中村顧問不准演，認為逼上梁山破壞社會秩序，對於中日友好和平有嚴重破壞作用。我不相信這些鬼話！我主張馬上排演逼上梁山！」

夏明說到這裏，尹壽亭馬上提出反對意見：

「我覺得鷄蛋碰石頭是危險的。如果值得碰，別說是鷄蛋，甚至腦袋瓜子也可以……」

有人哈哈笑起來！

「我馬上給你們叫麵條去，我說完了就走。」尹壽亭等大家平靜下來，繼續地說：「咱們當初組織『青年劇藝社』，爲的是藉演話劇來促進本縣青年的文藝進步，咱們既不爲名，又不圖利，咱們何必爲了演這齣逼上梁山，自討無趣呢！好了，我表示完了意見，我先離開一步，替你們叫麵條去！」

尹壽亭走後，吳純青接着說：

「我是逼上梁山的改編者之一，我認爲縣公署不准上演這齣戲，一定是中村顧問的決定，至少中村是聽取了這齣戲的具體內容之後，表示了相反的意見。剛才，老夏主張堅持排演，我覺得這是意氣用事。我反對這樣做！」

夏明聽了這番話，臉色頓時變得蒼白，他猛烈地吸着香菸，向其他的人瞅了一眼。這時，丁天鈞劃着火柴，點上了香菸，他慢吞吞地說：「關於排演逼上梁山話劇的事，我覺得這個問題根本不值得考慮，既然上面不准演，我們排演了有什麼用？這簡直是自討沒趣嘛！再說咱們劇社的經費困難，過去從來沒演過古裝劇，逼上梁山是宋朝時代的故事，無論是服裝、佈景、道具都得花一大筆錢，咱們上哪兒去籌措這一筆款子？」

「妳有什麼意見？」夏明板着一副官僚面孔，問着正在沉思的徐婉華，徐婉華盯了他一眼，沒有作聲。於是夏明咳嗽了一聲，强作微笑說：「易卜生說：『世界上最强有力的人，是那些孤獨的人。』過去，我反對這句話，它是絕對個人主義的，根本不是走羣衆路線。可是到了現在，我要擁護易卜生這句話了，我堅決固執到底！我一定要在一個月內，將『逼上梁山』話劇在本縣上演！各位不參加，沒關係，我另外找人；我們縣裏人手不够，我可以去找鄰縣，甚至去濟南、天津、北平找人來幫忙。天下無難事，只怕有心人。我夏明決不做歷史的罪人！……」

後臺的氣氛突然緊張起來。

誰也不再吭氣，只有微弱的喘息聲、吸菸的聲音。忽然，丁天鈞發出了輕蔑的笑聲！這宛如一枚炸彈，在夏明的身前爆炸了！

「你笑什麼？」夏明歪着頭，冷笑地問。

「我笑你講話沒有分寸。」丁天鈞毫不畏怯地說：「反對排演『逼上梁山』就算歷史的罪人，你這句話是什麼意思？我再告訴你：『青年劇藝社』是咱們大伙兒組成的，你只是其中一份子而已，你一個人不能左右大家的意見！實話告訴你：你的聲望比尹壽亭差遠啦！……」

吳純青睜大了眼睛，凝望着丁天鈞，她的心噗噗直跳。她還不時地監視夏明的舉動。她早已作了部署，只要夏明一動手，她馬上把握在手中的一個玻璃杯，連同半杯熱茶，使盡力氣向夏明的臉上砸過去！

但是，夏明的眼睛霎了兩下，却倒在沙發上。這時尹壽亭端着一個木盤，盤中擺着兩碗熱騰騰的大滷麵，他把麵放在茶几上，回頭向那端麵來的小伙計說：「慢一點，擱到臺子上就行啦。」麵端齊了，尹壽亭從小伙計盤中拿出筷子、辣椒醬油碟，放在茶几上，招呼大家說：「各位趁熱吃吧！」徐婉華端了一碗，向夏明瞟了一眼，便走回自己的座位；丁天鈞先替吳純青送上一碗，然後他再端了一碗，伸出筷子挑起一些麵條來吃；尹壽亭瞅了夏明一眼，撥了一點辣椒絲，放在自己碗裡，接着對大家說：「假使不够吃的話，還有牛肉餡包子，在小伙計那裡呢！」

大家都在低着頭喝麵條，胡胡嚕嚕的聲音，此起彼落。只有夏明一個人悶坐吸菸，誰也沒有理他。他如今像一匹受傷的山狼，只有自己默默地吮吸着傷口。直到大家陸續吃完了麵條，靜坐吸香菸，尹壽亭低聲和那位麵店小伙計算賬，這時悶坐了半晌的夏明，清理了一下喉嚨，對大家說：

「我承認剛才說錯了話，但是『逼上梁山』必須要演，這是……這是有意義的工作。我的力量有限，而且我在各方面都得向你們學習。……簡單地說，我建議從明天起，咱們分批地去推動排演『逼上梁山』的任務，特別是兩位女社員，妳們應該打先鋒，哈哈！……」夏明說着竟然笑了起來。

「嘿，這小子唱工不行，做工還不錯哩！」吳純青心裡暗自吃驚、竊笑。

「你叫我們打先鋒，怎麼個打法？」徐婉華忍受不住，便這樣問。

「怎麼打？咱們要攻堅作戰啊！譬如妳吧，妳不是認識中村顧問嗎？妳可以直接找他幫忙嘛！古時候的人，爲了追求勝利，他們還會使用『美人計』哩，咱們爲什麼不也來這一套！」

「我請問你，你也叫我搞『美人計』？」吳純青板着臉孔問着。她這麼一說，惹得大家笑了，尹壽亭笑得最厲害，前仰後合的，好像肚子疼似的。

「我是請妳幫忙。」夏明皮笑肉不笑地說：「妳是縣中的教務主任，韓南崗是你們的校長，請妳託韓校長在中村面前關照一下，我想這件事不困難吧。」

「哼，你把別人看成什麼人了?」吳純青嘴裏沒作聲，心裏却在罵：「我當初怎麼跟這種人混在一起了，眞是窩囊!」

在回家的路上，吳純青非常懊喪，一直沉默無言。丁天鈞陪伴着她，向她講着那無邊的幸福的遠景：他說將來逃出淪陷區，到了皖北阜陽，他們便在青天白日滿地紅的國旗下，從事教育工作。丁天鈞還興奮地介紹皖北的原野，一望無垠，除了蔚藍色的天空，便是翠綠的田野，空氣比麥芽糖還要香甜，生活在那塊土地上的同胞，從來沒見過猙獰的日本鬼子，他們眞是幸福極了。

……

「你打算什麼時候去?」吳純青問道。

「等我的表舅下次寫信來，我再跟他商量。」

「等，等，不能再等啦。再等，抗日戰爭就勝利啦!」吳純青激憤地說。

他沒有作聲。只是默默地走着。

吳純青覺得有些失態。他們之間，僅是知己朋友而已，她怎麼能向對方講出這種沒有禮貌的話?何況背井離鄉，千里迢迢，從淪陷區投奔到祖國的後方去，這畢竟不是一件容易的事。吳純青轉頭瞅了他一眼，心想：「他沒有義務把我帶到皖北去，我沒有理由去難爲人家！」於是，她帶着歉意的口吻說：

「對不起！我的個性過急，這種事情不是着急解決了的。再說，韓蘭根最近又給我安上『教務主任』的帽子，唉，我心裏煩死了！我眞不知道怎麼做才好。」

他們走近了日本憲兵隊部，便沉默無語，等走過去以後，丁天鈞才輕聲告訴她：「妳不必煩，當上敎務主任，對於出走更爲方便。小吳！妳應該認淸環境、辨別是非；誰是好人，誰是壞蛋？不客氣地說，妳還看不清楚。我問妳，誰是壞蛋，妳說說看。」

「中村潔、韓南崗都是壞蛋，對不對？」

「不，頭號壞蛋還不是他倆。」

「誰？」

「夏明。」

吳純青愣了一下：「我認爲夏明很固執，你說他壞，你能舉出什麼具體事實嗎？」

丁天鈞只是瀟洒地笑着，並不回答她的問題。直到快送到她住所時，丁天鈞停了下來，才告訴她說：「妳不必託韓蘭根去找中村活動，我們不必參加演這齣『逼上梁山』，這是前兩年共產黨在延安演的戲。爭取工作成績，叫咱們去赴湯蹈火、搞美人計，這就是夏明的導演絕招。好吧，我走了，再見！」丁天鈞說完向她揮揮手，便轉身走了。

晚上，吳純青反覆地思索丁天鈞的話。她覺得非常奇怪，過去——不，甚至一週以前，丁天鈞還一直維護夏明，他們兩人之間似乎採取攻守同盟戰略，只有互相恭維、幫助，彼此決不批評對方的缺點。過去，吳純青爲了丁天鈞庇護夏明，曾經誤會他倆搞同性戀！可是爲什麼今晚丁天鈞說出了眞心話？難道他倆鬧翻了嗎？

吳純青畢竟是一個純潔的少女，她怎麼能認淸這些事情？過了一星期，「逼上梁山」仍然不准演出，「青年劇藝社」的社員，都保持觀望的態度，只有夏明急得像熱鍋上的螞蟻，一天到晚往縣立中學跑，不是找徐婉華，就是找吳純青，彷彿她們二人是中村顧問的代表一樣。

這天晚上，他們三人在徐婉華的單身宿舍，仍然談論演出「逼上梁山」的事，夏明的面色格外蒼白，講話的嗓音有點沙啞，彷彿前幾天患了感冒似的。

「這是我最後一次來求妳們，」夏明吸了一口香菸，痛苦地說：「無論如何，妳們得盡最後的力量，促成演出這齣話劇。不然的話，咱們這個劇社只有解散了！小吳，妳盯着韓校長，託他去找中村，中村一定會給他面子！妳應該比我淸楚，沒有中村撐腰，姓韓的怎麼能當上校長？這件事在咱們看起來是大事，但是在中村的心目中，像芝麻粒兒一樣啊！」他說着轉頭向徐婉華笑道：「小徐，妳也得加油啊！妳找個機會，給中村顧問灌灌米湯呀！」

吳純青尋思了一下，便抬頭問道：

「老夏，我眞不懂，你爲什麼堅持演這個戲？如果換一個戲，甚至咱們再集體創作，不可以嗎？那也能够表現出我們抗日的思想啊！」

「這……」夏明抓了一下腦袋，頑强地說：「不行，這是任務……」他接着換了一副嬉皮笑臉的表情：「妳別忘了，『逼上梁山』的編劇是妳一個人噢！」

吳純青聽了當然不高興，可是她壓抑着不滿的情緒，苦笑着說：「沒關係，我早就準備坐牢啦。人活在世上，早晚脫不掉一死；如果把生死看穿了，我還怕什麼！」

夏明的眼珠子紅了，亮了，忽地站了起來，興高采烈地說：「小吳，想不到妳有這麼偉大的眼光，對，我要鼓舞咱們『青年劇藝社』的全體社員，向妳學習！我早就決定『逼上梁山』的林冲，讓老丁飾演；林冲的妻子——那位賢淑美麗、能詩善畫，面對着高俅反動集團臉不變色心不跳的林冲夫人，就請妳來飾演。我計劃這齣話劇將來不僅在濟南、青島公演，而且還要到北平、天津，甚至去滿洲公演，讓中、日、滿三國的男女青年，都知道吳純青這個名字！我要把妳捧得像天上的月亮一樣，照耀着長城內外，大江南北！……」

這時，徐婉華熱烈地鼓起掌來，當然，這是她故意諷刺夏明的掌聲，然而却掩蓋不了吳純青的興奮心情。哪一個青年不喜歡聽恭維話？何況夏明鼓着如簧之舌，像一股從平地拔起的龍捲風，把吳純青的心捲上了浩瀚的太空，如今她確已飄飄若仙了。……

「我走了！」夏明得意地重燃上一支香菸，向吳純青笑了笑，扭頭便走：「我等妳們的好消息啊！」

吳純青等夏明走後，有些作難的感覺，她對徐婉華說：「小徐，妳看這怎麼辦？老夏把這個任務加在咱倆身上，妳說該怎麼辦？」

「哼，這簡直是軍閥作風！」徐婉華氣咻咻地說：「妳聽見了沒有？他叫我去給中村顧問灌米湯，他怎麼不叫他妹妹去呢？他把我看成什麼人了？不錯，爲了工作，我們可以犧牲自己，但是那也應該有個原則啊！妳說是不是？」

吳純青見她臉色忽紅忽白，她也不敢說「是」，却也不能說「不是」；她在屋裡悶坐了一會兒，便勸徐婉華說：「用不着生氣了！他害得咱們還沒吃晚飯呢。走吧，我請妳吃牛肉餃子去，妳看，都快七點啦。」

徐婉華換了一件短衫，露出了笑容：「升了教務主任，早該請客啦。」

她們愉快地穿過校園的甬道，走出校門，沿着南大街向市區中心漫步。街上行人稀少，街頭的電燈泛着微弱的光芒，比那夜空上的一輪圓月，更顯得昏黯無光。街頭商店的生意清淡，有一半以上的商家，目前仍然點着煤油燈，她們走了不到十分鐘，便到了市中心區的那家牛肉館，兩人上了樓，找了座位，向伙計點了四十個牛肉餃子、兩碗羊雜湯。

「小吳，要不要喝兩盅？」徐婉華剝着蒜皮，向她笑道。

「好啊，妳喝酒，我當然奉陪啦。」

「算了吧！」徐婉華笑了笑說：「酒送上來，只叫我一個人表演，妳坐在那裏當導演，我可不上當了！」

「少囉嗦！」吳純青轉頭向伙計招手，等伙計走近桌前，她低聲說：「打四兩最好的燒酒，麻煩你溫熱！另外，再切十塊錢醬牛肉下酒。」

伙計捂嘴笑了。

「有什麼好笑的？」吳純青笑問道。「不敢，不敢！」小伙計擺出職業性的笑臉，和風細雨的說：「老師，您是老客人啦，小的才敢開句玩笑，您想一想，這麼熱的天兒，喝熱酒怎麼成？嘻嘻，您別見怪，俺還是替您溫酒，嘻嘻！」小伙計笑着跑到樓下去了。

這是縣城著名的回教飯舘，門面雖不大，但客人却川流不息，非常熱鬧。牆壁上掛着同文的招牌，旁邊還張貼着「莫談國事」、「賒欠免談」等紅條。吳純青靜靜地欣賞着，發出會心的微笑，她轉頭對徐婉華說：

「小徐！妳看這麼多的人跑來下舘子；四鄉裏却餓死那麼多人，這豈不是一個反常的現象嗎？」

「這就是淪陷區的社會現象。」徐婉華皺着眉頭，壓低聲音說：「我眞待不下去了！小吳，如果再拖延的話，我會慾成精神病啦。」

吳純青凝望着她那誠懇的表情，心裏非常感動。「妳不要急，我也想走，每一個有血性、有良知的同胞，都不願意待在這裏，作日本鬼子的順民。小徐，妳是我的知心朋友，妳應該瞭解我的心情，什麼教務主任？狗屁！」她說着笑了起來：「不過我今天請客，並不是爲了當上狗屁主任啊！」

她們嘻嘻地笑起來了！

伙計端上來一個小盤，上面擺滿了嫩黃的醬牛肉片、葱花；另外他拿來兩個酒盅、一小壺溫熱的燒酒，便一面斟上兩盅酒，一面笑咧咧地說：「兩位老師嚐嚐這酒的味道，要是不錯的話，請您幫俺們傳傳名！」

徐婉華端起酒盅，抿了一口，砸砸嘴說：「眞不錯；上等的二鍋頭！」

他們一面喝酒吃肉，聊着學校的教務工作，不到一刻鐘工夫，伙計便把兩盤熱騰騰的餃子端上來，油腔滑調地說：「咳，餃子來啦！餃子就酒，越吃越有！」

徐婉華吃餃子非常講究，她先把醬油、醋、香油調在小碟裏，然後再將剝去皮的蒜瓣擱進碟內，咬一口餃子，吃一口蒜瓣。「不錯，牛肉餡兒的餃子眞香。過去我在北平的時候，經常去苟不理……」她放下筷子，擧起了酒盅，瞅了吳純青面前的酒：「妳怎麼光說不練？這怎麼行？我說小吳，不管是教務主任、狗屁主任，反正値得慶祝，來，我是先乾爲敬！」她說着一仰脖子，把滿盅的酒倒進了喉嚨。

「我……」吳純青端着酒盅，爲難地說。

「隨妳的便，反正我乾了。」徐婉華低着頭吃餃子，好像毫不在意的樣子。「怕什麼？喝醉了我送妳回去，再說今天晚上也不演戲。」

吳純青放下酒盅，噗哧笑了！

「有什麼好笑的？」

「小徐，我是在想，假使今天晚上咱們有戲，妳和我在舞臺上演話劇，滿嘴裏酒味、蒜味、牛肉味、醋味……那不把觀衆薰跑了才怪哩！」

「對！」徐婉華咬了一口蒜瓣，辣得眼睛直淌眼淚：「等那一天再演『日月光華』，咱們邀請中村再來看戲，我要吃上一肚子蒜，非把這老小子薰死才行！」

吳純青笑得肚子疼。停了一會兒，她擦乾了笑出的眼淚，低聲說：「咱們兩個太分份了！要是被學生碰到，他們傳揚出去，咱們哪有面子再出門？」

吃罷晚飯兩人便走出了牛肉舘，各自返回住所。吳純青沿着大街趕路，似乎覺得後面有人跟蹤她，她故意放快了脚步，但是那個人依然窮追不捨。她記得走出飯舘時，確實有一個人跟了出來，她却始終沒有看清那人的面孔。「管他呢！」她心裏在想：「這一定是漢奸特務。」她走到「吉露茶莊」，故意進去買了半斤龍井，然後雇了一輛黃包車回住所去。

快到家門時，她從車廂向後張望，心裏才鬆了一口氣，她總算把那個「尾巴」甩掉了！

第八章

雖然已是秋天，但是氣候依然非常炎熱。中午，縣中校園的樹蔭裏，蟬兒拖長了鳴叫，那高渺的薄雲，在萬里晴空飄揚着使人憎惡的舞姿。

吳純青倚在沙發上，向那窗外的校園眺望。每當中午休息時間，她總是躲在辦公室，打一個盹兒，在這短暫的一個小時，校區內呈現着一片寧靜的氣氛。偶爾有幾個學生跑到操場上去打球，但是他們不敢叫嚷，只是發出嘭嘭地球聲。

忽然，有人輕聲敲她的房門。她揉開惺忪的眼，向外面瞅了一眼：「請進來！」

走進來的是韓校長，她吃了一驚！從她當了教務主任之後，韓南崗從來沒有單獨和她談過一次話，如今竟在午睡時間來找她，莫非有什麼重要的事情？她的心噗噗直跳。等韓校長坐下點上了香煙，她才强作微笑問道：「你有什麼要緊的事找我？」

韓南崗吸着香煙，兩隻眼睛低垂着凝視水泥地面，似乎在尋思着如何講話。接着，他終於抬起了頭，苦笑地說：「過去，我不知道當傀儡是怎麼囘事，從我做了縣中校長，我算眞正嚐到這個滋味啦。過去，宣統作了滿洲國皇帝，我們笑他是日本人的傀儡，可是當那個傀儡還是威風八面啊！像我這個芝麻大的校長，什麼權也沒有，這有啥意思！早知如此，我還不如當體育教員哩！」他說着皺起眉頭，吸起煙來。

吳純青坐在沙發上，凝聽着他的牢騷話。她不知道用什麼話才能安慰對方。她抬起頭，呆望對面牆上掛的一幅條屏，不知是什麼時候掛在此處的。條屛上寫的是：

忍片刻風平浪靜，
退一步海闊天空。

吳純青並不讚賞這種鄉愿的明哲保身哲學觀點，如今，她向韓校長指着這幅條屏說：「你看看這副對聯，也許會心平氣和了吧？」

韓南崗笑了笑，繼續地說：「當初我請妳作教務主任，教育局非常同意，我今天該怎麼說呢？才一個多月，上邊又變卦了，他們改派師範學校的一個教員來接妳，這像什麼話？他們還說這是中村顧問的指示，妳說氣人不氣人？」

「這有什麼好氣的？」吳純青毫不在意地說：「既然教育局派人來，那我就準備移交，我並不喜歡作行政方面的工作。」

韓南崗向她審視了一下，覺得她的態度眞摯誠懇，便輕鬆了些：「這位新派的教務主任，妳聽了一定大吃一驚。」

「爲什麼呢？」

「妳和他認識嘛！」

「是丁天鈞？」她問。

「不對，你們劇社的導演夏明。」韓南崗笑道：「妳想不到吧？」

吳純青聽了着實吃了一驚！她作夢也沒想到夏明來接替教務主任，既然日本顧問中村潔這麼重用他，爲什麼他還極力慫恿別人去巴結中村潔？這豈不是令人感到撲朔迷離嗎？

韓南崗接着勸慰她以後少和夏明接近，不然那會倒楣的。「唉，」他嘆了一口氣，站起來往外走，低聲細語地說：「跟日本人共事，眞不容易啊！隨時準備腦袋瓜子搬家。」

這天下午，吳純青給丁天鈞打電話，約他晚上在公園會面。他們見面之後，丁天鈞就激昂地說：「我們不能待下去了，這個鬼地方非常危險，我們隨時都會被捕！妳知道不，當初我哥哥被捕，是夏明告的密，我被捕，也是夏明搞的鬼！夏明這傢伙脚蹬兩隻船，表面上他是抗日份子，其實他是『新民會』的特務！」

這突如其來的消息，眞像青天霹靂，把吳純青震垮了！

「怎麼辦？」她無告地問：「天鈞，咱們怎麼辦？」

「走！」丁天鈞斬釘截鐵地說：「只有趕快脫離虎口，才有生路！」

他們順着公園的青石甬道，慢慢地向前漫步。園內的垂柳低垂在湖面，湖面上有幾對青年男女划船，不時發出愉快的笑聲。半晌，吳純青轉頭問他：「你計劃什麼時候走？」

「如果爭取時間，咱們最近就可以動身，我哥哥護送我們去石塢鎮。」丁天鈞接着問她：「妳的意思怎麼樣？」

「好吧，走就走吧。」她的心裏非常難受，好像塞滿了潮濕的木片一樣。接着，她又把夏明即將接替她作縣中教務主任的事，講了一遍。

「我前天就知道了。」丁天鈞激動地說：「夏明利用演出『日月光華』話劇，爭取了日本人對他的信任，做了教務主任。現在他不再推動演出『逼上梁山』了。這種人比韓蘭根壞多了！」

吳純青聯想着流亡的事情：他們去石塢鎮，可以藉此機會回家探望一下，順便將此計劃稟告父親，她想父親一定會同意的；可是她轉念一想：如果把天鈞帶回家去，那應該怎樣向父親解釋他們之間的關係？朋友、同事或是情人，哪樣的稱呼才最恰當呢？她有些泛愁起來。……是啊，他們雖然相識一年多，而且彼此非常瞭解，但那僅是普通的友情而已；僅是這般普通的友情，就貿然地跟隨他千里迢迢，離鄉背井到祖國的大後方去，這豈不是一件荒唐的舉動嗎！想到這些，她躊躇不安了。「這年頭想那麼多幹啥？」她不禁暗自好笑：「反正我也不打算嫁給他，就算是志同道合的愛國同伴吧，這有什麼關係？」

他們走出公園，丁天鈞又問她：「妳願不願意走？這是一件大事，我希望妳回去考慮一下，再回答我。」

「將來到了石塢鎮怎麼辦？」

「目前石塢鎮有國軍駐守，咱們到了那裏，什麼事情都好辦啦！去皖北阜陽也好，去太行山也好，甚至去四川重慶，都有辦法。」丁天鈞興奮地說。

「那太好了！」吳純青聽了非常高興：「咱們走的時候，半路上我還可以回家裏住兩天，請你們兄弟倆陪我父親喝兩盅酒，……七月的核桃八月的梨，對了，說不定咱們還能吃到我家後山的柿子呢！」

吳純青滿懷着一片光明與希望，返回了住所。一進院子，她聽見李大娘的哭泣聲，那悲傷的聲音使吳純青渾身顫抖。她迅速地打開房門，換了衣服，走到厨房洗了一把臉，便想到對門勸慰李大娘去。

她站在房門口，發現對門裏燈火通明，幾位鄉下裝束的男女，來回忙碌着，有的在厨房煮東西，有的在供桌前燒香焚紙。她想：這些人可能是李大娘的兒子、媳婦。這時李大娘仍然發出低沉而沙啞的哭聲，她埋怨天，埋怨地，而且更抱怨自己生逢亂世，讓無情的戰爭奪走了她兒子的生命！「俺的那嬌兒啊，你咋狠心拋下你那親娘啊……俺那小兒哪，你娘懷揣腰掖把你拉拔成人可眞不易啊……」她越聽越心酸，禁不住熱淚盈眶。「可恨的日本鬼子，你們害得多少中國同胞家破人亡、妻離子散！」吳純青噙着眼淚在想：「報仇！這個仇恨如果不報，那還算是中國人嘛！」

吳純青走進李家，李家的青年婦女不認得她，只是用感激的眼光凝望着她。

「李大娘呢？」她一面問着往裏走。

「俺娘在坑頭上哭呢。」一個梳髻的小媳婦說。

她走近了坑前，發現李大娘倒在坑上，她的背後墊着一個大枕頭，正低頭哭泣。……站在旁邊的另一位婦女，推了推她說：「娘呀，您別哭了！您看人家鄰居來看您吶！」停了一會兒，李大娘止住了哭聲，她睜開了眼，那是多麼浮腫的無告的一對眼睛啊！

「李大娘！」吳純青嗚咽地抱住了她。

「大……小……姐！」李大娘喊了一聲，握住了吳純青的手，嚎啕大哭起來！

她也陪着老人家掉淚。直到李大娘哭累了時，她才擦去了淚水，轉頭對身旁的一位兒媳說：

「小蘭！快給吳小姐倒一碗雞子茶，把碗洗乾淨啊！」

「我不喝。」她說着坐在坑沿上了。

「吳大小姐，妳上次幫我寫回信，俺家老四就走了！……他們瞞着俺，怕俺難受，妳想一想，俺聽到這件事怎不難受呢？甭說是俺的親生兒子，就是死一隻老母雞、死一條狗，俺也難受好幾天啊……」李大娘說着又繼續哭泣起來。

「別傷心，李大娘！」吳純青撫着老人的肩膀，安慰着說。

「俺不傷心，大小姐，俺聽妳的話。」李大娘停止了哭泣，慢慢地說：「俺不是不懂道理。

大小姐，妳是老師，……從日本鬼子進中原，咱們死了好幾萬萬老百姓；人家也是有爹有娘，有兒有女呀！俺算了什麼，妳說對不對？」

「對啊！」吳純青滿意地說：「您想到這一點，您就不傷心啦。過去，您不是說過麼，在刼難逃……」

小媳婦端上來兩碗雞蛋茶，一碗遞給了吳純青，一碗遞給了李大娘；吳純青本來不想喝的，她爲了讓老人家喝，所以陪着她喝。喝完了雞蛋茶，她們又聊了些家常話，她才回來。

她躺在床上，始終沒有再聽見李大娘的哭聲，她心裏很高興。不知什麼時候，窗外傳來一陣落雨聲。她在朦朧中，彷彿在風雨中背着背包前進，新鮮的空氣滋潤着她的肺葉，她聽到遠方的歌聲，欣喜掀起了她的嘴，她不停地吹着口哨。年輕健壯的身體，在原野裏健捷地奔跑着。「嘭嘭！」一陣敲門聲驚醒了她。

「誰？」她揉着眼，一骨碌從床上爬起來，披上短衫，走到桌前點着了煤油燈。

「開門！」外面的男人聲音。

「你是誰？」她的心噗噗直跳。

「日本憲兵隊。」外面的聲音開始惱怒了。

吳純青打開房門，走進來一個中年男子，穿的便衣，手中握着短槍，門口還站着兩個穿制服的巡警。那男子向屋內打量了一眼，轉頭對吳純青說：「對不起！吳老師，請妳到憲兵隊去一趟。」

「我犯了什麽罪？」她有些憤怒。

「現在走吧！」那人聲色俱厲地說：「快些，把鑰匙帶着。」

吳純青把門鎖好，便隨着走出大門。夜間下了一場小雨，石板路濕濡濡的。夜空上的烏雲四散，露出了密密麻麻的星。她發現巷口有一輛黑色汽車，那個中年男子坐在前面，兩個巡警押着她坐在後座。汽車轉了二十多分鐘，停在一座神秘的建築物前。

她下了車，發現門口站着兩名穿便衣的日軍，背着步槍，戴着口罩。她跟着走進院子，進了一間陰暗的房間，那人叫她坐在椅子上休息。隔了幾分鐘，一個少女給她端來一杯熱茶，她不敢喝，只是把茶杯擱在桌上。

忽然，燈光亮了！從四面八方照射過來的光圈，集中在她的臉上，她不停地霎眼睛，覺得刺目耀眼。但在這時有人向她講話了，她看不見對方的影子，只是聽到聲音。

「吳小姐！我問妳，『逼上粱山』劇本是妳改編的？」

「是夏明拿給我改編的。我改編了以後，又交給他增加了一部份。」

「妳爲什麽答應作這件事？」

「這是『青年劇藝社』社員推擧我作的。」

「妳在牛肉舘吃餃子，講了什麽話？」另一個方向傳來的聲音。

「只講了些學校的瑣事。」

「妳跟一個女教員，是不是談起計劃去重慶的事？」

「誰說的？重慶在四川，我在那裏既無親友，又無同學，我跑那裏去幹什麼？這是造謠！」

「吳純青！」這是剛才第一個人的聲音：「妳在縣中爲什麼鼓動女學生反對和平建國？反對中日滿三國提携？」

「這是造謠！」她氣憤地說：「我除了教書以外，很少跟學生們接近。我的公餘大部份時間，都放在排演話劇上，我怎麼會有時間鼓動學生？這不是惡意中傷麼！」

「吳純青，妳老實點。實話告訴妳，我們早就想逮捕妳了，人證、物證俱在，妳還狡賴什麼？」

「人證在哪裏？物證在哪裏？你們說嘛！」吳純青態度非常強硬，她似乎毫無畏懼的樣子。

「哈哈！」那人發出了陰森森地笑聲。

忽然，剛才第二個特務又開始審訊了：

「今年三月十九號下午，妳在縣中校園裏唱禁歌：『中國一定强』，有沒有這回事？」

「不是唱，是哼的。」她理直氣壯地說。

「哈哈，不管是唱、是哼的，反正妳都是在散佈毒素！我問妳，妳爲什麼唱這種歌？」

「這首歌不能唱，我不知道。」她說。

「胡說！」忽然發出拍桌子的聲音：「縣公署就下過命令，新民會也公佈過，妳身爲中學教員，妳怎麽連這件事都不知道？妳是眞不知道，還是假不知道？」

「我眞不知道。」她低聲說。

「吳純青，我再問妳，上學期縣中教員擧行日本語考試，統統及格，只有妳不及格，妳爲什麽不努力學習日本語？」

「我沒有語言天才。」她說。

「放屁！」對方又發出拍桌子的聲音，震得茶杯叮噹作響。「姓吳的，放老實點！妳要是再狡賴，今天夜裏別回去了！妳不僅消極抵抗學習日語，而且還散佈反日思想，妳不是問人證嗎？人證就是王蓉；物證就是妳給王蓉批改的作文簿……」

吳純青大吃一驚！

忽然，兩個女特務押着王蓉，走近了聚光燈前。她看見王蓉臉色蒼白，渾身發抖，看樣子她也是剛被捕的。

「吳老師！」王蓉猛然發現了她，驚異地喊着。

「王蓉，妳什麽時候來這裏的？」

「不准講話！」從黑暗處傳來了一陣吼聲。

吳純青這時突然挺起胸膛，厲聲地說：「如果你們還有良心的話，請你們馬上釋放王蓉！這個女孩子純潔、天眞，她決無政治問題，我可以用生命替她作保。……」

電話鈴響了，暫時停止審訊工作。從聲音中聽出一個漢奸拿起話筒，用日語講了一會兒，立刻掛斷。這時，從黑暗中傳來了比較親切地聲音：「吳小姐！現在我們把妳和王蓉送回去，我們僅對妳提出一個要求：回去以後，無論見到任何親戚朋友，都不要把今天夜間的事情告訴他們，這是非常秘密的事，聽清楚了沒有？」

「嗯。」吳純青滿意地點着頭。

當漢奸特務把吳純青送回住所時，東方已泛出了魚肚白。她打開房門，走進厨房沖了一杯熱茶，坐在客廳內喝茶休息。剛才她被審訊的一幕戲，如今又在她的眼前映現出來。「王蓉的作文簿是被誰發現的？誰告密的呢？」她喝了一口茶，默默地想：「我太粗心大意了！自己倒楣不要緊，我還連累了王蓉那可憐的女孩，眞是罪過！」她開始懊惱起來。

從街上傳來賣豆花的梆子聲，打破了黎明前小城的寧靜空氣。吳純青站起來，打了一個呵欠，隨手關上房門，她倒在床上睡了。待一覺醒來，已經清晨九點一刻，她並不感到緊張，心想縣中已經發布夏明接任教務主任，自己恢復了專任教員職務，無官一身輕，再說校方尚未發佈她擔任哪一班的國文課，在此青黃不接時期，她儘量可以休息幾天，今天上午遲到有什麼關係？她慢慢地洗臉、漱口，然後煮了兩個荷包蛋，一面吃着，她又想起昨夜被偵訊的情景，越想越窩囊，「趕快離開這裏吧，早走一天，就是早一天脫離魔掌、脫離苦海！」

吳純青到了學校，剛休息了一會兒，工友就來請她去見教務主任，她心裏在罵：「什麼東西，剛上任就擺起官僚架子啦！」她磨蹭了半天，才慢騰騰地走進了那間辦公室。夏明正在那裏低頭看一份資料簿，她走進房時，夏明立刻站了起來，微笑着走向沙發：「眞不好意思，小吳，教育局派我來接妳的位置，這豈不是給我難堪嗎！怎麼？妳的眼睛有點浮腫，請坐！」夏明說着在沙發上坐下，從茶几的菸罐內取出一枝香菸，擦着了火柴，他猛烈地吸了兩口：「咱們是老朋友了，妳應該明白我的情況，過去在師範學校作教員，非常輕鬆，我還兼着縣立圖書舘的一份差使，雖然薪水不多，却是難找的一份副業，就這樣我還有時間參加『青年劇藝社』排戲呢！可是，現在——他說著兩手一攤，作了一個無可奈何的姿態，苦笑着說：「現在派我來縣中當教務主任，等於把我關起來啦！妳想想，這不等於坐牢差不多嘛！哈哈！」

吳純青只是笑着，並不作答。她心裏想：「你別在我面前演戲了！你不想當教務主任，你可以不來嘛，你也不是被別人綁架來的。」

「既然我來了，小吳，妳應該幫我的忙。」夏明彈了一下菸蒂，把聲音壓低，故作神秘地說：「咱們要抓學生羣衆，不搞上層關係，妳對這座學校的師生情況摸得比我熟，妳要隨時供給我情況，我想妳不會不幫忙的。……」

「小徐比我混的熟，她對這個學校摸得最澈底。」

「不行，這個人最靠不住了！」夏明皺着眉頭，批評徐婉華說：「她是學音樂的，唱得好聽，辦事可不行！我對她非常傷腦筋，這不是三句話兩句話講淸楚的。我還勸告妳以後少跟她來往，妳不記得古人說過嗎？跟君子相處，如入芝蘭之室，久而不聞其香；跟小人相處，如入鮑魚之肆，久而不聞其臭。我盼望妳離她遠一點，少惹禍害！」

吳純靑只是點頭。

「我推薦妳兼個差使，每天抽空去圖書館一趟，點着個卯，意思一下。妳願意嗎？」夏明問她。

「我願意。」她誠懇地說：「如果圖書館待遇差不多，我想將來辭掉學校工作。」

「那怎麼行，這邊才是正業，那邊是副業，妳不能顚倒乾坤呀！」他說着大約想起自己的形容離了譜，不禁笑了起來。「這樣好了，回頭我向敎育局打電話，談一下妳去圖書館的事，妳明天抽空去一趟，反正老尹在那裏，大家都是熟朋友。」

吳純靑走出夏明的辦公室，心中暗自好笑，明明知道對方是魔鬼，却偏要去和魔鬼打交道，這簡直是自欺欺人啊！她坐在敎務處辦公室，心裏茫無頭緒，她想徐婉華、想丁天鈞，但是整個上午却不見小徐的影子，她問別的同事，誰也不知道她爲什麼沒來。直到下午，她才聽到一個令人喫驚的消息：「徐老師失蹤了！」

據說徐婉華的房間是反鎖着，她是從窗戶跳出去的。目前，她的隨身衣物都不見了，只剩下一床棉被、褥子，以及一些不値錢的東西，仍舊擺在宿舍裏。關於她的去向問題，大多說她回了故鄉；有一位英文教員說，徐婉華前幾天心魂不寧，可能牽涉到情感問題吧？

吳純青下課後就去師範學校找丁天鈞，他們爲了躲避別人的跟蹤，約定好了她先回住所，然後丁天鈞再去她家吃晚飯。吳純青經過菜市場時，買了半斤麵條、四兩猪肉，還買了一點葱、薑，她準備兩人下麵條吃。當丁天鈞到達時，她已燒開了水，等着下麵條了。雖然他們相識一年多，而且情感不錯，但是丁天鈞却是初次到她家來，過去都是送到大門口爲止。因此吳純青還是有些惶恐不安的樣子。

「你喝茶吧！」她將剛沖的茶，送到桌前說。

「別客氣，隨便吃點就行啦。咱們主要的是聊天。」

「咳，有啥吃的？」她這才爽快地笑起來，「不怕你笑話，我請你吃麵條哪。」

「這年頭能吃上麵條就不容易了，麵粉最近又漲了兩成，聽說馬上要實施配給制度。」丁天鈞說。

「我昨天夜裏被抓進日本憲兵隊，審訊了我一個多鐘頭。」她迫不及待地說。

丁天鈞聽了這件事，並不感到驚異，彷彿是意料中的事一樣。「他們問了些什麼？」

「我在一個學生的作文簿上，無意之間寫了一句反日的話，這到底是誰告的？我一直覺得奇怪，難道是韓蘭根？」

「不會的！」他搖頭直笑。

「會不會是夏明？」

「更不會了。」他堅決地說。

「我問你，天鈞，爲什麼你過去說，你跟你哥哥被捕，都是夏明搞的鬼？既然如此，他怎麼不會如法炮製對付我？」

「哈哈！」他喝了一口茶，忍不住笑起來：「妳跟我們怎麼相比？我們是男人，妳是小姐，再說妳也沒有政治條件，他幹嘛要搞妳的鬼？」

吳純青畢竟是一位純樸的女人，她確實不懂得這些事情，愣了一下，她好奇地問：「你們有什麼政治條件？」

丁天鈞沒有作聲，只是嘿嘿地笑。她轉身走向廚房去切肉絲、葱花、薑片，然後嗆鍋下麵條。她心裏有點泛疑：「天鈞有什麼政治條件？莫非他是國民黨員？如果是的，那是光明正大的事業，他何必又向我保守秘密呢？」她一面切肉絲，一面猜想着這個問題。最後，她惱怒地想：「這都是日本鬼子惹的禍，叫中國人互相猜忌，互相疑惑，誰也不相信誰！」

他們吃麵條的時候，丁天鈞提起最近去石塢鎮的計劃，已經告吹啦。因爲前天夜間國軍撤出石塢鎮，這是最新的消息。接着，丁天鈞感慨地說：「咱們這一代青年是太不幸了！到處都是陷阱，到處都是騙局，我們幾乎找不着好人！」

「你上了誰的當了，說出這種話！」她不解地問。

「上了夏明的當。」

「啊？」她驚訝地問：「你上了他什麼當？」

「啊……」丁天鈞支吾着說：「沒什麼，我是隨便說的。」

「隨便說的？」她笑問道：「那你爲什麼不說別人，偏偏指出夏明的名字？」

「因爲我討厭他！」

吳純青不再追問下去，她總覺得丁天鈞與夏明之間存在着一種非常微妙而秘密的關係，「難道天鈞也是日本新民會的特務？」她抬頭偷偷地瞅了對方一眼，天鈞正在低頭吃麵條，臉上還冒出一層汗珠。她走到厨房，拿來一條潔淨的毛巾，遞給了天鈞。

吃過飯，吳純青便提起她決心去阜陽的心願，天鈞聽了似乎沒有興趣，這便惹惱了吳純青，她說：「你昨天還想去石塢鎮，離開這裏，怎麼你今天又變卦了？我眞不瞭解你的葫蘆裏賣的是什麼藥？」

丁天鈞笑了。他說：「妳千萬不要誤會我。這樣好了，咱們先商量一下，妳能不能隨時可以離開這裏？如果妳能够作到這一點，隨時聽我的通知，說不定是三、兩天，也許是一兩個月，也許將來走不了。總之一句話，我也決心離開這裏，到阜陽去，到祖國的大後方去！」

「那你剛才爲什麼不願說呢？」

「不是不願意說。妳想一想，咱們光談這件事有什麼用？談了半年多，嘴皮都快磨破了，走不了有什麼用？那不是窮過癮嗎！」

吳純青笑了。她接着談起徐婉華失蹤的事，天鈞聽了仍舊若無其事。她一直追問：徐婉華爲什麼悄然離去？她上哪兒去了？爲什麼偏巧夏明來縣中的第一天她就突然失蹤呢？這一連串的問題，使丁天鈞感到頭痛，他越是躲避談論這些事情，則越使吳純青感到不滿。因此房內充滿了不愉快的氣氛。

「我囘去了，等着我的好消息吧。」丁天鈞拿起皮包，向她辭行。

吳純青沒有作聲，只是默默地送他到大門口，說了一句「慢慢走」，她就返身關上了大門。

第九章

自從夏明接任了縣中的教務主任，縣中的教學有了顯著的變化，最突出的則是加强日語教學。從初中一年級起，每週日語課程增加三小時，因此從早到晚教室或校園裏，時常聽到「窪他苦夕娃」的聲音。過去，縣中的師生對於日語非常冷淡，有的學生甚至公開地哼着流行的「順口溜」：「日本話，不用學，再等三天用不着。」但是夏明進了縣中以後，日語却成了最重要的功課，這對於那些日語水平低的學生們是多麼大的衝擊啊！

爲了補充日語教員，夏明一口氣向教育局申請增聘了五名。他的來頭大，時常邀約「新民會」的漢奸嘍囉，來學校演講，因此躭誤了不少學生的功課；雖然師生叫苦連天，怨聲載道，但是連韓南崗校長也不敢干涉他的行動，那大家只好啞口無言了。

吳純青看在眼裏，恨在心頭。她目前除了擔任初三級的國文以外，每天還有時間去圖書舘兼差。她見了尹壽亭，便談着夏明的跋扈作風，藉以發洩她內心積鬱的不滿情緒。

「這個人眞是跋扈！現在韓蘭根成了溥儀啦！縣中的學生給他取了一個綽號——夏霸王！」

尹壽亭用手絹擦着近視眼鏡，只是低着頭嘿嘿直笑。吳純青見他的反應冷淡，非常氣惱。她接着厲聲地說：「這小子這樣飛揚跋扈，無法無天，難道沒人敢管嗎？」

「誰管？」尹壽亭心平氣和地說：「這是日本人的奴化政策，夏明積極推行這項政策，有什麼錯呢？依我看，他不用一學期的時間，就能把韓蘭根擠下臺，不信，妳等着瞧吧！」

吳純青愣住了。半晌，她問：「韓蘭根上哪兒去？」

「接縣教育局長啊。」

「他能幹得了嗎？」吳純青不以爲然地問。

「有什麼幹不了的？權力掌握在日本人手裏，他叫韓蘭根當山東省省長，任何人也不敢講話啊！」

吳純青長嘆了一口氣，再也不吭聲了！她把剛收到的一批書刊，登記在圖書簿中，這是她的例行工作之一。過去，夏明也幹過這種事情。她聯想起一年多前，徐婉華和她一起參加「青年劇藝社」時，她初次和夏明會面，就是在這間辦公桌前。當時，她覺得夏明是一位謙虛而精明的人，身體魁偉、頭腦清晰，而且具有豐富的戲劇修養。據說過去夏明在濟南作過話劇演員，他和幾位目前在上海竄紅的電影明星同臺演過戲，這在吳純青的心目中是多麼羡慕的光榮事蹟啊！

她記得丁天鈞也常讚揚夏明，說他是一個懷才不遇的人。「小吳，我要有夏明一半的戲劇知識，我就謝天謝地了。妳不知道，他對於斯坦尼拉夫斯基的表演理論，眞是下過功夫呢！他導戲的時候，很自然地把理論講給你聽，一點也不枯燥，而且叫你記得深刻。咱們參加『青年劇藝社』跟他學習，那眞是有福氣啊！」丁天鈞時常這樣說，連吳純青聽得也有些妬忌的感覺。漸漸地，她發覺丁天鈞對夏明的態度有了轉變，直到最近演出「日月光華」以後，丁天鈞幾乎把夏明視作眼中釘了！這種劇烈的變化是一片秋天的霧，眞使她撲朔迷離、茫然不解啊！

「老尹，我眞不懂，前些日子夏明想排演『逼上梁山』，爲什麼還慫恿小徐和我去想辦法？他不是『新民會』的漢奸嗎？爲什麼他自己不去？」吳純青繼續問他。

「他把妳們當作敢死隊員，他躲在後面作幕後指揮，這就叫作鬥爭策略。」尹壽亭說着笑了起來：「哈哈！小吳，妳連這一套都看不出來，那妳怎麼能跟人家鬥呢？」

她聽了渾身起雞皮疙瘩，暗想：「趕快離開這個鬼地方吧！到大後方去，只要呼吸到自由的空氣，哪怕吃糠嚥菜我也心甘情願！」

「小吳，」尹壽亭摘下近視鏡，指着報紙說：「最近時局有變化，日軍調動頻繁，依我不太正確的看法，恐怕這裏要發生戰爭。」

「那才好啊！如果縣城打起來，咱們就到鄉下去避難。」吳純青爽朗地說。

「鄉下還不是一樣？依我的看法，還是住在城市裏比較安全。」尹壽亭不以爲然地說。

吳純青覺得心煩，她最不願聽這些有關戰局的話，但是逃避又有什麼用？就在這天晚上，剛吃晚飯的時候，忽然聽見城門附近轟然一聲巨響，震得窗戶直搖晃，她撂下筷子跑出房門，這時對門的李大娘也領着孫兒走出來，膽怯地問：「吳大小姐，您聽，剛才是大砲吧？」

「是啊！」她心有餘悸地說。

正在此時，忽聽得「嘭嘭」地兩聲砲響，嚇得李大娘的孫兒哭起來。吳純青仰頭眺望晴空，但見一羣失魂落魄的鳥雀，吱吱喳喳掠過房頂，向東北方飛去，她判斷西南方有國軍部隊進攻縣城，剛才的大砲就是守衞縣城的日僞軍射擊的。

「哭、哭，你就知道哭！你把你四叔哭死了還不够啊！」李大娘拉着孫兒朝屋裏走，一面嘟嚕着駡，她越嘟嚕，小孫子越哭得厲害。李大娘是個愛面子的人，她關上房門，低聲嚇唬孫兒說：「住嘴，別哭了！你沒聽見馬猴子來了嗎？日本鬼子最怕馬猴子，……」果然，那孩子聽了這句警告，就停止了哭聲。

吳純青返身進了屋，繼續拿起筷子吃晚飯，剛蒸的窩頭，熱糊糊的小米粥，切了一小碟鹹菜，上面灑了一層芝麻香油。她吃得臉上直冒汗，便去厨房洗了一把臉。這時聽得遠處響起一片鞭炮聲，不，這又不是年節怎麼放鞭炮呢？當她辨出那是槍聲時，心裏才眞的緊張起來！「老尹今天講得對，最近要發生戰爭；想不到他眞是料事如神呢！」她收拾好碗筷，燒了一壺水，把暖水瓶灌滿，她劃着火柴點上了煤油燈，準備批改學生的作文簿。

「吳老師在家嗎？」有人敲門。

吳純青走到房門口，隔着竹簾一看，原來是夏明。她心裏有些發慌，「他來這裏幹什麼？」

她很不自然地掀起簾子：「請屋裏坐！」

夏明叼着煙捲兒，邁着方步走進客廳，他四面打量了一眼，才坐下來。吳純青替他沏了一杯蓋碗茶，送到他的面前：「剛才我聽到槍聲，是怎麼同事？」

「沒什麼。」夏明故作鎮靜地說：「有一股國軍部隊，配合八路軍進攻縣城，目前正在距縣城三十華里的吳村附近作戰。小吳，妳不是吳村人嘛？」

「哎呀，那可糟啦！」她焦急地說。

「妳不必杞人憂天。現在的戰爭比過去進步，雙方要打消耗戰、運動戰。」夏明端起茶杯，喝了一口茶，抬頭向吳純青瞅了一眼：「我今天晚上來看望妳，當然跟戰事有關係。小吳，我們在一起共事時間雖然很短，但是咱們彼此都非常瞭解；妳這個人坦率、熱心，一根腸子通到底，決不拐彎抹角，我認為妳是一個值得交的朋友！」

「你的意思——」她提心吊膽地問。

「我來請妳幫忙，說起來也是幫咱們全縣青年的忙。妳可能心裏明白，這場戰爭，也許日本人撤出縣城，中國軍隊打進來——」

「你叫我做些什麼？」她試探地問。

「在圖書舘方面，妳要向全體職工宣傳，不能遺失一本書，一張紙，這都是全縣人民的財產。把圖書箱櫃一定要妥善保管，沒有我的命令，不能擅自拿出去。」夏明說著站起來，向厨房走了兩步，轉回了頭：「另外，如果妳聽到徐婉華的消息，請妳立刻告訴我，千萬不要躭誤時間。這兩件事非常機密，妳千萬不要洩漏出去，甚至連尹壽亭也不能告訴他，妳聽淸楚了沒有？」

「好吧！」吳純青默默地點着頭。

夏明說着就向外走：「妳留步吧！我還得去看望丁天鈞呢，妳沒有什麼事情吧？」

「沒有。」

吳純青送夏明到大門口，才折返回來。她揷上房門，心裡七上八下，聽得城外的槍聲忽斷忽續，她掛念着父親，也牽掛着吳村的鄉親；她思索着剛才夏明對她的叮囑，「這個人到底是幹什麼的？他爲什麼還關心圖書舘的財物？這樣看起來，他一定是日本特務了？」但轉念一想，如果他是漢奸，那麼他爲什麼還那麼沉着鎭靜，好像在迎接國軍入城呢？她越想越糊塗，她一口氣把作文簿草草批改完畢，放在皮包內，便去洗了個涼水澡，換上睡衣，她便熄燈就寢了。

夜間，她聽得城外槍砲聲越來越近，而且隱約地聽見街上有人的跑步聲，混合着低瘂的呼喚聲。她披衣下床，隔着窗櫺向夜空眺望，一輪明月高掛在對面屋脊的上空，把寧靜的庭院洒下一片銀色的潔輝。她想在這般明亮的夜晚，吳村的鄉親們朝哪兒逃難呢？她繼而聯想起五爺家最受鄉民的妬恨，若是吳村光復，五爺這個親日派一定遭殃，說不定還會牽連到她父親呢！想到此處，她不禁默唸着說：「爸爸呀！過去我早就勸過您，您何必跟五爺去下棋呢？您是愛國的知識份子，作了一輩子教師，桃李遍山東，若是五爺牽連到您的話，那是多麼寃枉啊！」遠方連轟了幾發砲彈，打斷了她的思緒，她發現西南角的夜空閃出兩下亮光，好像往年過雙十節夜晚放焰火一樣。想起那過去歡樂的歲月，宛如流水般淌過去了，她不禁泛起了茫然空虛的悲傷……

快天亮的時候，槍聲漸稀，而且縣城也逐漸寧靜下來，直到窗外傳來一陣小販的叫賣聲，把吳純青驚醒，她才從床上一骨碌躍起，走到厨房去漱口洗臉，然後收拾了一下東西，連早餐也不吃，她就急着出門了。

街上行人稀少，只有賣包子、豆腐腦的小販，仍舊扯開喉嚨在叫賣着。偶爾遇到一兩位挑販，他們都是帶着驚惶的神色匆匆趕路。遠眺城門前的崗哨，如今增加了不少穿黃軍服的僞治安軍，每個重要的路口都佈滿了鐵絲網、拒馬，呈現一派戰爭的氣氛。

吳純青走到縣中校門口，迎面碰見韓南崗挾着皮包走來，他見了面就說：「眞是不幸中的大幸啊！昨天夜裏三點半，中國軍隊已經攻到北門了，幸虧治安軍增援部隊趕到，堵截了中國軍隊，要不然咱們現在都當了俘虜啦。」

「俘虜？」吳純青露出不滿的神情。

「哈哈！」他笑着走進校門。兩個戴袖章的、持木棍的値日學生向他們敬禮，韓南崗轉頭瞄了他們一眼，點了點頭，繼續地說：「中國軍隊打進來，他們不會饒過咱們哪。他們會說咱們幫助日本人推行奴化教育，而且是漢奸呢！這話從何說起呢？唉，咱們苦口婆心，還不是爲了教育中國的下一代……」

她聽到這些話索然無味。她暗自遐想：「若是中國軍隊攻下縣城，那是多麼幸福啊！偏偏剛要攻進北門，就給漢奸隊伍打退了，落了一場空歡喜！唉……」

雖然縣中照常上課，可是吳純青走進教室，發現每一個學生的臉孔，都似乎帶着驚惶的神情，他們宛如一羣受到山鷹追逐的小雞，如今瞪着膽怯的眼睛，縮着肩膀，凝望着她。

「你們聽見槍砲聲了嗎？」她向大家環視了一遍，她說出了這句話。

「聽見了！」全班的學生齊聲回答。

「同學們！你們聽到了槍砲聲，應該瞭解求學時代的寶貴。」吳純青慢慢思索着應該講的話，那些話既不超越日僞當局的言論限制，而且還可以給學生一種愛國思想的啓發。她終於沉重地說：「過去我教過你們一篇都德的散文『最後一課』：它描寫一個小學生，愛逃課、不用功，可是當他有一天走進了教室，發現每一位同學都愁眉苦臉，原來德國軍隊進犯法國，強迫割讓了阿爾薩斯、洛林兩個州，那些將要作亡國奴的小朋友們，如今噙着眼淚，聽這『最後一課』……」

她忽然聽見有一個學生低頭飲泣。誰？她仔細一看，心如刀絞，原來是王蓉！

「同學們！一個眞正勇敢的人，他是不能隨便流淚的。」吳純青故意咧開了嘴，表現出一片樂觀主義的情懷：「易卜生有一句名言，你們要記住，他說：『當你跌倒了，最要緊的是趕快爬起來，別給人家知道你是受了傷。』易卜生的這句話，就像我國一句諺語一樣：『打落牙齒和血吞』，只有經得起打擊和磨練的人，才是值得尊敬的人。」她凝望着王蓉那一張削瘦可愛的臉，充滿感情地說：「我小時候看過一幅國畫，在一片亂石縫中，掉進去一粒松籽，那粒松籽靠着陽光與雨水，竟然在岩石縫裏長成一株蒼茂的松樹。同學們！你們就是那株松樹，中國就是那株松樹，咱們是有希望的！……」她的淚水哽阻了她的喉管，再也說不出話來；那是快活的淚水，充滿民族激情的淚水！她環顧班上每一個學生，都瞪着興奮而激動的眼睛，大家的眼睛都集中在掛在牆上的中國地圖上，這一幅感人的情景，使吳純青熱血沸騰，她不由地從心底喊出一句口號：

「中國一定强！」

吳純青下午沒課，她預先打了電話給丁天鈞，約他下午在縣立圖書館會面。她到了圖書館門口，發現掛着一個木牌：「今日休息」。她推門走進去，裏面冷冷清清，進了圖書室，看見尹壽亭正在看報紙。

「小吳，妳們家鄉光復啦！」尹壽亭一見是她，便興奮地說。

「眞的？」她放下皮包，走近尹壽亭的面前：國軍有一個團的兵力，攻陷了吳村，然後分成兩路進襲縣城，不料受到日軍和僞治安軍的阻擋抵抗，如今國軍主力已退到吳村一帶，雙方形成了膠着狀態。

他們談了一會兒，尹壽亭因爲母親有病，便先回家。吳純青翻出圖書目錄，繼續抄寫書卡。

她一面工作，腦海中一直浮現出夏明的影子，「這個人到底是日本特務呢，還是漢奸？」她反覆地思索着夏明昨晚的談話，越想越覺得夏明是一個值得可疑的人物。不久，她聽到樓梯間的脚步聲，她轉頭一看，停了一下，果然是丁天鈞走了上來，她說：「昨天夜裏，夏明找你去了？」

「妳怎麼知道？」丁天鈞露出一片驚惶神色。

吳純青的心涼了半截。她最不喜歡對方這般對待她，兩人相交那麼熟稔，她曾經答應跟他逃出淪陷區，投入祖國政府的懷抱；然而丁天鈞却一直和她保持着一種距離，彷彿他有什麼難言的秘密，不肯告訴她，這是吳純青對他最不滿意的地方。

「妳怎麼知道夏明找我了？」他坐下來，依然追問着這句話。

「他告訴我的。」吳純青冷冷地說：「他去找你以前，先到了我的住處。」

「什麼?!」丁天鈞睜大了眼睛，緊張地問：「他昨天晚上去找妳？他找妳幹什麼？」

「指示我工作。」她說。

丁天鈞的臉，唰地一下變了！他垂下了頭，默默地掏出了香菸，然後摸出一枝點燃了火……

「唉！」他長嘆了一口氣。

吳純青低着頭繼續抄寫卡片，她心裏一肚子火，過去她確曾喜歡過他，但是如今完全失望了。她想：「我未免太可憐了。大學畢業，教了兩年書，我怎麼會喜歡這麼一個陰死陽活的男人！」她抄着卡片，連寫了兩三個錯字，她想發脾氣，却又强制自己忍耐下來。

「妳打電話叫我來，就是爲了告訴我這件事？」半晌，丁天鈞吸完了一枝香菸，把菸蒂丟進痰盂。然後慢慢地問着。

她沒有作聲，仍舊繼續工作。

「再見！」丁天鈞把頭一擺，賭氣走了！他那沉重而嘈雜的脚步聲，宛如踏在吳純青的心坎裏，她倒在椅子上氣咻咻地想：「滾吧，你一輩子也別再回來！」

她無心工作了，便收拾東西想回去。這時工友送來一捆剛寄到的書報和信件。她大致看了一下，竟然在信件中發現她的一封信。「啊，小徐寫的！」她不禁驚叫起來。徐婉華的信封上沒寫地址，憑着郵戳可以看出她目前住在陝西延安。她在信上寫着這樣的話：

「趕快離開縣城吧！當人民需要妳的時候，妳不必猶豫徬徨了，大踏步朝着抗日的道路前進吧！這比妳每天過着吃粉筆屑的生活要愉快些，何況抗日宣傳工作又適合妳的志趣呢！這兒有來自全國各地的青年，他們中間有工程師、科學家、教授、畫家、作家，妳不是喜歡丁玲的小說嗎？她昨天還來我們這兒訪問。妳不是崇拜蕭軍嗎？他最近在此間報紙上發表一篇雜文，還追述起過去在山東青島的生活。如果妳到了延安，和這些作家們會見談話，那一定會使妳興奮的！……」

吳純青收到這封信，的確驚惶，她做夢也未料到徐婉華去了延安，這是多麼讓她吃驚的一件事！她回到家，首先把這封信收藏起來，然後換了衣服去厨房洗小米、熬稀飯，她烙了兩張葱油餅，炒了一盤雞蛋。

等她吃飯時，天已經摸黑了。吃罷晚飯，吳純青便搬着籐椅獨自到庭院去乘涼，她仰望天上的星星，有的星星向她霎眼睛，那宛似徐婉華頑皮的表情；想起小徐，她的心就不能平靜了，丁天鈞說過：上次日本特務機關審訊她，那可能是徐婉華告密的。她反覆地思索着這件事，如今忍不住激動起來！「小徐怎麼能陷害我呢？如果上次眞的是她告密的，那她爲什麼還給我寫信？」吳純青想到這裏，她開始怨恨丁天鈞了！「這個人像屠格涅夫筆下的羅亭一樣：嘴上吹得天花亂墜，但却是一個行動上的懦夫！他只會計劃，永遠不去實踐，他說去皖北阜陽的話，說了十幾遍了，但他一輩子也走不了！哼！」她輕蔑地笑了。

她聽到從門外傳來了脚步聲，轉頭看去，只見夏明提着皮包走了進來。她吃了一驚，急忙整理了一下衣服，把籐椅讓給他坐，她另外搬了一個凳子。夏明擦了一下臉上的汗珠，從衣袋裏掏出紙菸，點上一枝吸着。接着，他向對面李大娘的房間瞅了一眼，機警地問：「對門住的什麼人？怎麼沒掌燈呢？」

「一位鄉下逃難來的老大娘，她去醫院看病了。」

「小吳，妳今天接到徐婉華的信了？」於是，夏明開門見山談起了來意。

「嗯。」她點頭應着，心噗噗直跳。

「今天我也接到她的信，她去了延安，想不到走的這麼快！」夏明吸了兩口菸，低聲說：「

小徐比咱們聰明，也比咱們幸運，她現在進了魯迅藝術學院學習，可是咱們呢，如今還在這裏跟敵人糾纏、鬥爭……」

「你……」吳純青丈二和尙摸不着頭腦，她不知道對方在講什麼。半晌，夏明露出了詭秘的笑容，向她解釋着說：「小吳，妳現在應該明白，小徐是接受共產黨的領導去了延安，她比咱們幸福。不過，咱們在淪陷區雖然條件差一點，只要堅持鬥爭，也一樣是爲黨工作。」

「我不參加什麼黨，我只是反日、愛中國。」吳純青辯釋着自己的政治觀點。

「哈哈！」夏明暢快地笑起來：「沒有人强迫妳參加共產黨。小吳，說句不客氣的話，憑妳的家庭背景、階級成份，甚至妳的政治見解，妳還不够當一個共產黨員！」他說着向對面瞅了一眼，繼續地說：「我今天晚上來找妳，就是來告訴妳這件事，不要把小徐的信洩漏出去，那妳會倒楣的！妳也不能告訴丁天鈞，那個人脚踩兩隻船，兩面派，妳要當心他，說不定他會向日本人告密呢。好了，我走啦！」

夏明說完就提着皮包往外走，吳純青神情恍惚站起來送他。

「妳留步吧！」夏明走出大門，轉瞬間消失在濛茫幽暗的巷口。

夏明的一席話，猶如一聲霹靂，震驚了吳純青的心！過去，她只瞭解夏明表面上是愛國份子，其實他是日本「新民會」的漢奸，否則他決不會當上教務主任；可是她剛才聽了夏明的講話，證明他是一名共產黨員，這到底是怎麼回事呢？吳純青終夜思索着這個問題，越想越感到迷惘，她繼而聯想起過去丁天鈞背後攻擊夏明、攻擊徐婉華；而徐婉華呢，她也在背後攻擊夏明，而且對丁天鈞表示不滿；如今夏明批評丁天鈞是「兩面派」，同時他以前一直對徐婉華抱着妬忌猜疑態度，這到底是什麼原因呢？難道共產黨必須要互相排斥、互相猜忌嗎？吳純青想到這裏，她不禁湧起了無限地恐怖情緒。

「走吧！趕快離開這個鬼地方！」她終於下了決心，計劃着明天向房東辦理退租手續，再將行李托運到故鄉吳村，然後她再神不知、鬼不覺的坐上汽車，先到楓林鎮，從那兒搭津浦線火車去徐州，接着起早穿過兩不管地區，到達政府的所在地──皖北阜陽。……吳純青越想越興奮，她一骨碌從床上躍起，點着了煤油燈，開始寫日記了。她拿起了鋼筆，思潮猶如波濤澎湃起伏，楞了半晌，却寫不出一個字來。擱下了鋼筆，她無意中從書架上拿出一冊「關漢卿集」，胡亂翻了幾頁，最後眼睛停止在一首元曲上：

「展放征旗任誰走，廟算神謨必應口。一管筆在手，敢搦孫吳兵鬥。」

「啊！」她不禁脫口喊了出來，這是她無意之間的偉大發現！她想：關漢卿不愧是元代一位偉大的作家，他給文學愛好者指出了一條光明的道路，文人的一枝筆，可以招惹起孫吳千軍萬馬的戰鬥，這眞給予她無限地鼓舞啊！她計劃將來到了皖北以後，靜下心來，寫一部報告文學作品，忠實地將淪陷後的縣城見聞描繪出來，這裏面有夜郎自大的日本顧問中村潔，有尖嘴猴腮的漢奸韓南崗，有狡詐陰險的夏明，還有猶豫不決的丁天鈞，以及樸素善良的李大娘……「只要我到了阜陽，我就開始寫作。我要從作品中向全國同胞發表一個眞理：日本侵略軍一定會敗在中國的土地上，中國是永遠不會亡的！」

吳純青是在睡夢中被一陣劇烈地敲門聲驚醒。她穿上衣服下來，點着煤油燈，她隨手把桌上的日記簿藏在床底下，然後打開了房門。但見月光照耀下的庭院，黑鴉鴉地站着十幾個人，有的還在吸煙。站在門口的是個粗壯的漢子，他操着膠東的口音對吳純青說：「我們是公安局的，剛才有人密報說，你們這裏有人賭錢打架，妳是這裏的房客，麻煩妳去局子裏談談話。」

「什麼？我們這裏從來就沒人賭錢。對門住的是位老太太，我是縣中的教員。你說這兒有人賭錢打架，大概你摸錯了門了吧！」吳純青一肚子火，不過她還是不溫不火的同答對方。

「妳這裏不是七號之三嗎？」那粗壯的漢子問。

「對啊。」

「妳叫吳純青對不對？」

「是我。」

這時從後面衝向前來兩名便衣警察，以最迅捷熟練的手法，架住了吳純青的雙臂，只聽得咔嚓一聲，他們把一副亮晃晃的手銬套在她的兩隻手腕上。

「我犯了什麼罪？」她怒氣冲冲地問。

「妳把賭錢的流氓藏到哪兒去了，快說！」另外一個特務低聲在嚇唬她。

「胡說八道！」

只聽得啪地一聲脆響，打在她的右腮上，她不由得用手捂住了耳朵，但覺兩眼冒金花，只聽得嗡嗡地聲音。接着，吳純青彷彿坐在一架鞦韆上，任意搖擺着，她的四週盡是五顏六色的花卉，成羣的蜜蜂在花叢中穿梭追逐，蜜蜂發出嗡嗡地聲浪，那聲音一直在她的耳邊盪漾……「啊，我不要聽，我不要聽……」她憤怒而厭惡地嚷着，但是蜂兒不解人語，依然蜂擁地飛在她的鼻梁上、眼睛上、眉毛上、耳朵上……那嗡嗡地使她厭惡的聲音，震撼着她的心靈，她幾乎要崩潰了！……

吳純青醒來的時候，才發覺自己被囚在一間黑屋子裏。窗戶外一片黑暗，只有夜空中閃耀着幾粒碎星。半晌，她聽得附近發出男人的吟呻聲，眞是毛骨悚然。她悲憤地想：「他們爲什麼拘捕我？我犯了什麼罪呢？」

第十章

吳純青在監牢裏蹲了將近半個月，既沒有受審，也沒有熟人來探望她，每天按時吃兩頓牢飯，還有十分鐘的放風時間，她可以走出鐵柵門，到那一座寬敞的、水泥砌成的院落中散步。

起初她非常痛苦，她感到自己多難的祖國，如今慘遭日本侵略的踐踏，而不少中國的青年却執迷不悟，依然過着醉生夢死的生活，這還有什麼希望！吳純青每當閉上眼睛，韓南崗、夏明、中村潔……那些醜惡而令人憎恨的面孔，便栩栩如生浮現在她的眼前；如今，她唯一懷念的友人還是丁天鈞，雖然丁天鈞作事猶疑寡斷，帶有文人獨具的神經質性格，但是他畢竟是一位正直誠懇的人啊！

在監獄中最使吳純青苦悶的則是沒有書報可看，她關心故鄉最近的戰況，關心華南、華北的局勢，甚至她對於歐洲的整個戰局也十分關心；但是她如今身繫牢獄，變成了睜眼的瞎子，她什麼也不知道，整個的世界和人類都離她越來越遠了。

有一次，她午夜醒來，曾經萌生了自殺的念頭。她猛然憶起章太炎的兩句詩：「臨命須摻手，乾坤只兩頭。」心中頓時鼓起了波濤，她想：「爲什麼人家那麼瀟洒？而自己却那麼卑微可憐呢？一個人如能把生死看得淡薄，那他活得一定非常逍遙自在。不過，人來到世間，要活得有意義，死得有價值才行。」想到這個道理，她重新獲得了信心和勇氣，她要堅持活下去，一定要親眼看見日本侵略者滾出了中國！

這座縣城的監獄呈月字形，三面的牢房相連，中間是監獄辦公室、警衞室。吳純青是女性犯人，被關押在靠大門的一間單人牢房裏，所以比較清靜些，但是偶爾也聽到隔壁牢房傳來的談笑聲音；她最喜歡聽一位青年男子講笑話，那聲音聽起來非常熟悉、親切，彷彿此人過去跟她談過話，可是她却想不起來了。

每當晚飯過後，牢房內便騰起一片喧嘩的聲浪，那隔房的一位熟悉的聲音，便在一陣戲謔的笑聲與掌聲中開始了。

「我開始講吧，今天……」

這是多麼熟悉的聲音啊！吳純青摒住呼吸，靜心地聽着，臉上泛起了微笑。

隔壁有人的笑聲、脚步聲、以及咳嗽聲。這時有人在打岔：

「今天講個葷一點的怎麼樣？他媽的一天到晚吃素，嘴裏沒有滋味，你也該換換口味了吧！」

笑聲，震得房頂直響。

「別打岔。」另一個人的抗議聲：「人家老丁講什麼，你聽什麼，咱們憑什麼挑眼兒？他媽的你又不是闊老爺，你還想點戲碼呀？呸！你少在這裏擺譜啦！」

又騰起了一陣笑聲。

吳純青靠在牆壁上，聽見那個熟悉的聲音開始講笑話了。他說過去有一個窮秀才，愛作「十七字詩」。有一天他在村頭看見一位青年婦女，長得十分俊俏，只是脚嫌大了些。窮秀才靈感一動，立刻吟出了一首詩：

遠來一嬌娘，

金蓮三寸長。

爲何如此短，

橫量

那個年輕媳婦聽了這首歪詩，氣得要尋短見，親屬鄰居把窮秀才扭到衙門，向縣太爺告狀。恰巧縣令的夫人分娩，生了一個女兒，當時在重男輕女的舊社會裏，縣太爺當然很不高興。那窮秀才聽了這個消息，當堂爲縣太爺作了一首「十七字詩」：

老爺升公堂，

太太產兒郎。

打開雙脚看，

像娘

縣令一聽這首詩，氣得臉紅脖子粗，當即下了手令，將這個窮秀才發配充軍去了遼陽，從此窮秀才流落關東，過着牛馬般的生活。却說有一年，窮秀才竟在異鄉見到舅父，他舅父是個獨眼，兩人久別重逢，當然引起感傷。於是窮秀才又吟出了一首詩：

充軍到遼陽。

見舅如見娘。

二人齊落淚，

三行

這時隔壁的牢房正如同開鍋的肉湯，一個個笑得東倒西歪，有笑得岔氣兒的、有的在地上打滾兒、也有喊親娘的；吳純青笑的直淌眼淚，不停地複誦着「……二人齊落淚，三行。」接着她又噗哧一聲笑了。

那個熟悉的聲音到底是誰呢？吳純青時常思索這個問題。她想：別人喊他「老丁」，縣城姓丁的是大戶，青年至少有三千以上，此人或許認識丁天鈞吧？她一想起丁天鈞，心裏就不痛快，從入獄以後，她一直懷疑是丁天鈞把他拖累下獄的。

這天清晨，牢房窗戶的夜空剛泛出魚肚白，兩個獄警拿着鑰匙，打開了牢門，叫她去接受審訊。她聽了這個消息，既不緊張，更不害怕，她反而輕鬆地說：「你們辦事效率也太差勁了，拖了半個月才提審，眞是——」

吳純青被押進審訊室，只見前面坐了一排僞法官，還有日本憲兵、翻譯。主審問過她的年齡、籍貫，以及工作單位之後，便開始了審訊。

「妳認識丁天鈞嗎？」

「認識。」

「什麼時候認識的？」

「我記不清楚時間了。好像是前年冬天，我參加『青年劇藝社』，徐婉華給我介紹的。」

「丁天鈞跟妳講過什麼話？」

「我們在一起演話劇，有時候談談文學，也談談學校裏的業務工作。」

「他跟妳談過反日的話沒有？」

「沒有。」

「十月十九號晚上，妳跟丁天鈞在公園散步，他是不是跟妳談起去安徽阜陽的事？」

「什麼安徽阜陽？我聽不懂你的話。」

「吳純青，妳不要裝洋蒜！妳和丁天鈞的活動材料，我們蒐集得很多，妳不招認也不行。丁天鈞已經逃走了，可是跑得了和尚跑不了廟，我們希望妳跟我們合作，把全縣的反日份子一網打盡！」

吳純青被押回牢房，感到莫名其妙。她一直弄不懂日僞當局爲什麼逮捕她？在她的原來的想法，她以爲徐婉華從延安寄來了信，可能被日僞特務檢查過；另外丁天鈞的出走，也將是拖累她下獄的理由；但是爲什麼日僞機關却捨重就輕偏要將丁天鈞看作首要反日份子呢？凡是參加「青年劇藝社」的社員，都會肯定一個事實：這個青年業餘社團的領導人爲夏明，而且它是一個反日救國的宣傳隊伍。丁天鈞和其他的社員一樣，只是「青年劇藝社」一份子，但是爲什麼夏明可以公開地在縣城活動，丁天鈞却不能在這兒蹲下去呢？這豈不是讓人感到撲朔迷離嗎？

在漫長的秋夜，吳純青睡在潮濕而單薄的棉被裏凝聽着牢房外的雨聲，倫覺凄涼難過。她想起丁天鈞的出走，內心非常氣憤，她以爲不管怎樣困難，丁天鈞一定會帶她去皖北阜陽，但却料想不到他却悄悄走了，而且還給她留下這麼麻煩的政治問題！

如今，她的腦海中只有一個字——恨！她恨日本帝國主義，恨漢奸，恨丁天鈞，恨夏明，恨這座淪陷後的縣城，恨這所監獄的每一個僞警……甚至當她聽到隔壁那個熟悉的聲音，也不覺得親切有趣了，相反的她感到厭煩，「當敵人把你關起來，招着你的脖子想置你於死地的時候，你還有什麼心情去開玩笑、講笑話？哼，……商女不知亡國恨，隔江猶唱後庭花！……」

但是，隔壁牢房的笑聲越來越大了。

「各位請肅靜，現在晚會要開幕了，請老丁出場！」

接着，揚起一陣掌聲。

「今天晚上來一段葷的怎麼樣？」有人打岔。

「不准挑吃揀喝，人家講什麼，咱們聽什麼。對不對，丁天銘？」

她的心不禁噗噗跳起來！「什麼，丁天銘？對了，就是他！怪不得這個聲音這麼熟悉？……他怎麼也關在這裏？」

這時，丁天銘在隔壁牢房說話了：

「今天晚上月亮很圓，我給大家唱一首歌怎麼樣？」

立刻引起了一陣歡迎的掌聲。

丁天銘那渾圓有力的歌喉，輕緩地將她帶到故鄉吳村，她看到了流湍的青龍河的溪水、看到了蒼翠的後山；接着她重回到那個恬靜的小庭院中，看見小貓正在秋陽照射下的屋角打盹兒，……她此時不由得熱淚盈眶，聽到隔壁的熱烈掌聲，她重新回到這冷酷無情的現實中來。

接着，丁天銘在掌聲催促中，唱起了激動人心的歌曲，他唱「八百壯士」，唱「凱旋歌」，唱「中國一定强」……他那讓人陶醉的男高音，在黑暗的牢房中盪漾，宛如閃電似地照亮了人心，照亮了人們前進的方向。聽啊，丁天銘唱着別人不會唱的歌：

飛機還在不斷的丢炸彈，
太砲還在隆隆的響，

我們要拚着最後的一滴血，
守住我們的家鄉。……

吳純青凝聽着這似曾相識的歌聲，內心湧起興奮的波濤。她記得過去天鈞曾經小聲地唱過這首歌，天鈞還說這是從遙遠的四川傳過來的。當她聽到這首歌時，彷彿看到敵人的炸彈，瘋狂地襲擊我國的城市和鄉村，炸彈擊醒了中華民族的國魂，催促着那四億五千萬人民英勇地站起來，走向抗日的戰場。……

由於吳純青聽了丁天銘唱的愛國歌曲，因此她對這位難友產生了敬仰心理。她希望能在「放風」時間見到他，或是打個招呼。可是一連幾天，都失去見面的機會，她感到非常懊喪與失望。

這天清晨，監獄的僞法官通知她，叫她找人作保，即可釋放出獄，她聽了這個好消息，立刻託人打電話給縣中的韓南崗校長、夏明教務主任，請他們替她作保；接着她又給圖書舘的尹壽亭寫了一封信，說明她的遭遇，盼望老尹設法替她作保，讓她能够早日出獄。吳純青在牢屋裡等着，只要有人的脚步聲，她就以爲那是釋放她而來的人。但是等了三天，毫無消息。直到第四天的上午，尹壽亭慌慌張張趕到監獄，辦了保釋手續，便把吳純青送回住所。

這將近一個月的監獄生活，對於吳純青的思想影響很大，她不僅認淸了韓南崗、夏明的醜惡面目；而且也在暗無天日的淪陷區，看見了中國青年的光明和希望。

尹壽亭告訴她：最近時局不穩，前幾天日軍有放棄縣城的流言，所以他們才大量逮捕可疑的反日份子，這次縣中、師範學校的教職員，被抓進去的十幾個，都是最近才釋放的。

「你沒聽到丁天鈞的消息？」她問。

「老丁早就躲起來了。」尹壽亭小聲告訴她：「前幾天他還向我打聽妳的下落。」

「哼，我還以為他去了皖北阜陽，這次我被捕就是他拖累的。」吳純青有些不滿地說。

「這是妳對他的誤會。小吳，到了今天，妳怎麼還分不清誰是朋友、誰是敵人？我敢向妳保證，丁天鈞一直對妳很好，如果不是妳，他早就離開淪陷區了，妳怎麼還說他拖累妳進監獄呢？」

為了證實吳純青的話，她把自己在監獄中受審的一段對白，向老尹一五一十講了一遍。老尹聽了直發愣，半晌，他不禁撥雲見日笑了！「這是一個陰謀。」他說：「他們抓妳，一定要有理由啊！即使沒有理由，他們也得編造一個理由啊！妳難道還不懂嗎？」

「我還是不懂。為什麼日本特務不抓夏明？他明明是共產黨啊！」

「可他也是漢奸啊！」尹壽亭激動地說：「什麼叫兩面派？這就叫兩面派。」

吳純青不再吭聲了。經過這兩次被捕的教訓，她覺得「青年劇藝社」這個業餘社團，實在太複雜太可怕了。當初她參加時，只以為是演話劇而已，誰能想到惹來了這麼多的政治麻煩！

尹壽亭臨走，特別叮囑吳純青，千萬不可得罪夏明，那將會引起殺身之禍。他說：「幸虧小徐走得快，要不然老夏一定借刀殺人，把她整死。」

「他們不是同志嗎？」她不解地問。

「哈哈！史達林和托洛斯基還是同志呢！」老尹苦笑着說：「小吳，以後妳也應該多看一些這方面的書。」

吳純青嘆了一口氣，對於今後的工作非常灰心，她說：「我眞厭倦了。既不想再演戲，連學校也不想去了。我還去教書有什麼用？你想，我不是替敵人教育順民嗎？」

「可是妳想一想，如果妳放棄了這個地盤，漢奸、壞人就會鑽進來，那對於中國的下一代豈不更有害處？敵人巴不得妳趕快走路呢。」

吳純青聽了老尹的勸告，覺得很有道理。過去，她總以爲老尹這個戴近視眼鏡的老學究，只是一個「老好人」，對於國家大事、人情世故茫然不曉，像一個蝸牛似的躲在小天地裏生活；通過這次的進監獄去保釋他，她不僅認出他是一位有胆識、講義氣的人，而且他還是表裏如一的眞正愛國份子！

次日清晨，吳純青帶着老尹的囑咐，滿懷着樂觀主義的心情去縣中上課。縣中的少數教職員，大概聽到了她被捕的風聲，不過被捕的有五位，所以大家並不感到驚異。至於縣中的學生，都不知道這些事情。吳純青挾着皮包走進教室，值日同學喊罷了敬禮口令，同學竟然爲她鼓起掌來。

「吳老師，請吃糖！」

「恭喜吳老師！」

作夢也沒料到學生們喊出了這種話，吳純青聽了眞是啼笑皆非、臉紅心跳啊！她向那幾十個純潔天眞的孩子凝望，同學們的掌聲越加激烈了。她沒有作聲，熱淚不禁奪眶而出。「中國青年是有前途的。」她心裏默唸着：「我絕不走，我要親手把他們培植成人，成爲建設祖國的棟樑。」

大概同學們發現她眼圈濕潤的緣故，掌聲便逐漸落了下來，每一個同學都瞪大了眼睛，靜靜地凝望着她，等待她的講話。

「各位同學！謝謝你們的好意，雖然我沒有結婚，可是我見了你們，我的心裏充滿了甜蜜，我比眞的結了婚還高興啊！」

由於吳純青的態度非常誠懇，全班同學都收歛了笑容，靜心地凝望着她。

「同學們！也許你們認爲我到了結婚的年歲了，不錯，我二十四、五歲，應該結婚啦。在農村的婦女，像我這樣年紀，她們已經有好幾個孩子了。可是，我却想到一個問題：一個人生下來，就是爲結婚生育、繁衍後代嗎？如果是這樣的話，那人跟狗、豬有什麼分別呢！」

這時，教室內發出低沉的笑聲。學生們的眼睛瞪得更大了。吳純青繼續地說：

「我們活在世界上，應該對於社會人類作出貢獻，那才活得有意義。尤其在今天，咱們的國家、咱們的同胞，正在苦難中煎熬，咱們能够充耳不聞、無動於衷嗎？各位同學！也許我今天說的閒話太多、扯得太遠了，不過，這的確是我內心的話。過去有人說過一句豪語：『匈奴未滅，何以家爲！』這就是我對結婚的看法。……」

同學們熱烈的掌聲，掩蓋了吳純靑的講話，每一個學生的臉部都泛起了桃紅，那是過度激動興奮的緣故。吳純靑下了課，全班同學也以熱烈地掌聲歡送她，她走在花木扶疏的甬道上，覺得非常快樂。她幾乎忘記了眼前的一切：城門樓上掛着日本太陽旗，穿着黃呢軍服、滿口「八個牙魯」的日軍，正在華北的秋天原野上驅車奔馳；苦難的中國人民，却在荒漠貧瘠的土地上流淚、哀號……吳純靑也忘記自己剛從監獄出來；她的腦海中充滿了生命的希望，在放學的歸途中，她激動地想着：「我絕不結婚，我要作一名忠實勤懇的園丁，把這些新生的幼苗培育成長，讓他們成爲建設新中國的人才。」她繼而聯想起去了延安的徐婉華，禁不住激憤地說：「妳一個人擺脫了殘酷的現實，拍拍屁股去了延安，妳還高唱什麼革命的口號，這不是騙鬼嘛！」她覺得尹壽亭的話最有道理：「如果放棄了這個地盤，漢奸、壞人就會鑽進來，那對於中國的下一代豈不更有害處？敵人巴不得你快走路呢。」

吳純靑昂頭挺胸向前走，走在夕陽照射的石板路上。她感覺前途充滿了新希望。

沿途，她看見牆上貼的標語：「中日滿三國提攜」、「建設亞洲共榮圈」、「建設東亞新秩序」……她冷笑着想：「東三省是中國的土地，怎麼叫滿洲國？見你的大頭鬼去吧！」

她走到巷口，發現門前停着一輛小土車，正凝思中，她看見李大娘領着小孫子走出來，後面跟着一位莊稼漢，那大概是推小車的。老遠，李大娘發現了她，便親暱地喊着：「吳大小姐，您可回來了！俺向您辭行呢。」

吳純青迎上前去，憐惜地抓住李大娘乾癟而粗糙的手，急忙問道：「您回鄉下去，我怎麼不知道呢？」

李大娘紅着臉說：「咳，您也忙，俺預先不敢驚動您。」

「唉，眞是！」她低下頭去，摸着那個愛哭的孩子的頭，「我眞捨不得你們走啊。李大娘，我一直把你當自己的媽媽一樣。」

「那怎麼敢當啊！」李大娘急忙回答說。

「行李都拉走了？」吳純青向捆在小土車上的簡單行囊看了一眼，便問：「爲什麼現在走呢？」

「今天晚上搭貨車回去。」站在旁邊的那個鄉下人說。

李大娘和孫兒上了車，一再叮囑吳純青將來去她鄉下住兩天。那莊稼漢把旱菸袋插進了褲腰帶，便駕起了小土車，沿着青石板路走了，發出吱嘎吱嘎的聲音。老遠，李大娘還回頭朝她揮手哩。

吳純青進了院子，有一種寂寞之感。雖然內院還有兩戶人家，房東也住在裏面，但是他們平常很少和她往來，只有住在外院的李大娘，才是她朝夕相聚的鄰居。如今李大娘搬走，外院裏冷清清的，她一個單身婦女住着，怎麼不覺得孤單呢？

剛吃過晚飯，收拾碗筷，便聽得有人走進庭院。吳純青隔着窗戶一看，夏明叼着菸捲兒，搭拉着頭來了。她的心不禁往下一沉！她原想把椅子搬出去坐，還沒有來得及動手，夏明已經走到門前了。

「小吳，還沒掌燈啊！」他喊了一聲。

「啊，請屋裏坐。」吳純青掀起門簾子，招呼着。等客人進了屋，她才劃着火柴點上了煤油燈。

「妳昨天出來，今天就上課，我們都很欽佩妳。韓校長特別叫我來向妳慰問。」夏明從皮包中取出兩個信封套，放在茶几上：「這是妳上個月的薪水，還有學校送給妳的慰問金，請妳收下。」

吳純青一聽「慰問金」立刻翻了臉。她激動地說：「請你把慰問金收回去吧！我坐了一個月的監牢，難道就是這些慰問金可以補償的？」

夏明被碰了釘子，只得劃火柴點香菸吸。半晌，他苦笑着說：「小吳，妳的文人氣質太重，應該鍛鍊一下才行，不然的話，妳怎麼能參加鬥爭？坐監獄，是最好的鍛鍊機會。妳可千萬不能灰心喪志，妳應該越鍛鍊越堅强才對啊。」

「哼！」吳純青冷笑着說：「你說的倒蠻好聽，那你怎麼不進監獄蹲個把月去？」

「哈哈！」夏明站了起來，爽快地笑道：「我蹲監獄不只個把月，我在北平坐過一年牢，抗日戰爭的前夕，黨開展統一戰線，把我從監獄裏保釋出來了。」

「你當初為什麼坐牢的？」她驚訝地問。

「參加『一二．九學生運動』啊！」夏明自鳴得意地說：「妳知道不知道這個運動？」

「我知道。」吳純青冷漠地說：「你們打着團結抗日的旗號，來破壞國民政府的威信。」

「小吳，妳這完全是受了重慶方面的宣傳影響。我想不到妳的觀念還這麼落伍。」

吳純青頓時覺得自己的失言，在淪陷區討生活，特別是面對着夏明這樣兩面派的人，為什麼講話如此放肆！於是，她給夏明沏了一杯茶，强作微笑說：「想不到你當年這麼轟轟烈烈，難怪小徐過去非常崇拜你。」

「小徐崇拜我？」夏明吸了兩口香菸，現出茫然的微笑：「要是她眞的崇拜我，我們早結婚啦。妳知道麼，當年參加『一二．九運動』，她是我的那一小組，我是小組長。當時小徐還是音專二年級的學生，天眞活潑，就是嘴巴厲害點兒，她的綽號是小鋼砲！」

「小鋼砲？」吳純青噗哧一聲笑了。可是她的心裏，却非常震驚。照他這麼說，他們來縣裏工作是有計劃的安排。不過她對於他們兩人之間的矛盾衝突，依然蒙在鼓裏，茫然不曉。

「妳比小鋼砲有學問、有深度。如果妳肯學習，不用一年的工夫，我可以負責把妳保送到延安去。」

吳純青聽了非常害怕，她强制地壓抑自己的感情，故意露出興奮的表情：「老夏！你眞的幫助我離開此地？」夏明倒在椅子上，認眞地審視着她的神情，他囘答說：「妳是眞心想去延安？」

「當然嘍。」她說。

「那妳爲什麼過去想和丁天鈞去阜陽？」

夏明的話，像一把匕首，無情地刺進她的胸膛。她呢，立刻囘答出針鋒相對的話：

「我問你：當一個人沉溺在大海中的時候，他還挑剔救助他的是哪一省人嗎？你不是也時常說『國共合作』、『統一戰線』嗎？那我想去阜陽有什麼關係?!」

夏明的眼眨巴了幾下，猛然地吸着紙菸，接着把菸蒂按進空火柴盒內。他抬頭對吳純青說：

「今天晚上，我來看望妳的目的，就是請妳作一件事，我希望妳能達成任務；換句話說，這是黨交付妳的工作。」

「你說吧，老夏！」

「想辦法把丁天鈞找囘來，不要他走。」

「我在監獄的時候，聽法官說他去了阜陽。」

「沒有。」夏明點着了香菸，吸了一口：「妳要拉住他，不准他走。妳拉住了他，等於拉住了師範學校一千多青年學生，這都是咱們的力量。老丁崇拜妳、聽妳的話，我相信妳一定能够完成這項任務。」

「這……」

夏明站起來向門外走：「小吳，妳要保守秘密，任何人也不能告訴，這是黨的紀律，違背了它要受最嚴厲的制裁！」他一掀簾子，便邁開大步走了。

吳純青站在房內，隔着門簾向夏明的背影眺望。她覺得走的那不是一個人，而是一個鬼；什麼「黨的嚴厲紀律的制裁」，這不是鬼話是什麼！

那無邊的夜幕宛如一張黑網，籠罩着這座苦難的縣城，吳純青的心也像一隻飛蛾，被黏結在那張巨大的黑網裏。她低聲吶喊：「趕快逃出去吧！」

對面李大娘搬走，夜間非常寂靜。吳純青睡在床上，她是多麼懷念那孩子的哭聲啊！人畢竟是合羣的動物，過去她厭惡那難聽的孩子哭聲，如今聽不見了，反而湧出了無限的懷念之情。不知什麼時候，她聽得窗外洒起了細雨聲。一陣陣雨香，混合着泥土的氣息，飄進房來，她更是無法入夢了。披衣下床，扭亮了煤油燈，她順手在書架上摸出一本「元曲」來看。

「林泉隱居誰到此？有客清風至。會作山中相，不管人間事。爭甚麼半張名利紙？

「酒旋沽，魚新買，滿眼雲山畫圖開，清風明月還詩債。本是個懶散人，又無甚經濟才，歸去來！」

她輕聲唸着馬致遠這首散曲，感慨萬千。作者青年時代曾迷戀過功名，後來爲黑暗現實所失望，因而隱居在山水之間，寫出這些玩世不恭的作品。她繼而聯想到父親當年息影田園，也想過起與世無爭、與人無嫌的清靜生活，可是戰火燃燒到了吳村，他今天到底怎麼樣？想到這時，吳純青禁不住淌下了熱淚來。

「回故鄉去吧！」猛然間，她湧出了這樣的念頭。她想起昨天傍晚對門的李大娘，搭乘運貨的大車返回鄉間。她計劃明天下課時，抽空到車站打聽一下，是否有駛往吳村的大車？

窗外的雨漸漸小了。偶爾從房簷前滴下的雨點，掉在蕉葉上，發出嗒嗒地脆響。這時吳純青已有睡意，她捻小了煤油燈，最後只剩下螢火蟲般的一粒星火時，她才走回臥房去睡覺。

第十一章

傍晚時分，車站附近車水馬龍，人山人海，宛如趕廟會一般熱鬧。馬路旁邊排滿了小販攤子：賣油茶的、賣雜燴湯的，還有炸麻花、炸丸子、回鍋油條、鍋餅、小米綠豆稀飯、煎餅、炒花生；另外還有不少水果攤，如今正是深秋季節，七月的核桃八月的梨，九月的柿子上滿集，各樣各色的水果，招惹了不少蒼蠅，那些小販不停地叫嚷，招徠顧客，一面用雞毛撣或毛巾驅趕蒼蠅。有的蹲在攤子前啃甜瓜，有的在向小販講價錢，人來人往，眞是熱鬧極了。

吳純青好不容易擠進售票口，她發現裏面坐着一位中年人，正低頭撥弄算盤。

「老鄉，請問這兩天有去吳村的大車嗎？」

那個人抬起頭，向她瞅了一眼：「妳去吳村？」

「是啊。有沒有大車？」

「幾個人？」

「就我一個人。」

「行李多不多?」

「不多，只兩件：一個大箱子、一個網籃。」

那漢子躊躇了一會兒，翻弄一下桌上的日曆：「明天晚上七點，有一班貨車去石塢，妳可別躭誤啊！準七點開車，過時不候。」

「我先訂票吧?」

「用不着。上車再說。」

吳純靑非常高興。走出車站，她在路邊攤子上買了半斤油炸饊子，秤了一斤剛作出的小米煎餅，她興致勃勃地向住所走。快走到巷口，聽得後面有男人喊她，回頭一看，她愣住了，原來是丁天鈞！

一個多月不見，丁天鈞變得瀟洒多了，他穿着流行的外套，筆挺的西褲，好像量身做的一樣；尤其頭髮留長了些，顯得比以前年輕瀟洒。他向前跑了十幾步，追上了吳純靑，露出小別重逢的喜悅。他問：「小吳，妳還生我的氣嗎?」

「那還用問，當然生氣了。」她掩不住內心的興奮情緒，繼續朝前走路。

「妳未免太小氣了吧！」丁天鈞親熱地望着她說。

「小氣?」她把手中的食物交給對方：「要不是你拖累我，我怎麼會蹲監獄呢！」

「啊！」丁天鈞低下頭去，誠懇地說：「這件事不能怪我。小吳，回頭我再向妳解釋，剛才我來了一趟，沒見着妳，妳上哪兒去了？怎麼買了這麼多小米煎餅？還挺熱糊呢。」

「今天晚飯就請你吃這個。」

晚餐桌上，他們吃的小米煎餅夾饊子。吳純青只做了一大碗蛋花湯。切了一碟鹹菜，灑了香油、葱花。丁天鈞吃得津津有味，不停的擦汗。

吃過了飯，吳純青給客人沏了一壺龍井茶。兩人便開始談起話來。

「上個月戰事緊張，咱們縣城聽說要撤防，我原來想躲避一下的。妳知道麼？夏明不准我走，我心裏非常苦惱。」

「他憑什麼不准你走？」吳純青不解地問。

「這個，妳就不明白了。」他喝了一口茶，尋思着說：「他找不着我，急得直跳脚！妳想一想，萬一我去了阜陽，他不急死才怪哩！狗急了跳牆，所以他才使出了這一招，結果讓妳進了監獄！」

「你是說，夏明把我弄進監獄，是為了找你？」

「不錯，就是這個意思。」丁天鈞說完這句話，就默默地喝起茶來。

「如果你走了，那跟夏明有什麼關係？」吳純青仍是莫名其妙。

「妳想打破沙鍋問到底？」丁天鈞點上一支香菸，貪婪地吸着：「到了現在，妳還不懂這個原因。小吳，妳是真不懂呢，還是裝不懂？」

「你跟徐婉華的情況一樣，難道你也參加了共產黨？」

「這些事情妳怎麼知道？」丁天鈞有些驚訝地問。

「夏明告訴我的。他說你跟小徐都參加過『一二・九運動』。」她故意這樣詐他。其實夏明並未提起丁天鈞的事。

丁天鈞尋思了半晌，釋然一笑：「既然妳已經知道，我也不必瞞妳了。抗戰爆發，我們參加學生運動的華北同學，回到縣城，由夏明秘密領導。我因爲表現不積極，所以直到現在還沒入黨。徐婉華是共產黨員，她瞧不起老夏，所以他倆一直搞不好，她悄悄去了延安，就是爲了夏明。」

吳純青盡量抑制自己的驚異情緒。她問：「當初縣裏組織『青年劇藝社』，有什麼作用？」

「這是共產黨的外圍組織。它的實際領導人就是徐婉華。如今小徐走了，這個業餘藝術團體也無形中垮了。」丁天鈞吸了兩口香菸，陷入往事的回憶裏：「過去演話劇，老夏一直和小徐鬧分裂。老夏的領袖慾强，絲毫不接受別人的意見，他老是認爲自己的家庭成份好，黨齡比小徐長，所以他很驕傲。」

「你有什麼打算？」她問老丁。

「我想去皖北阜陽。」

「你能走得了嗎？」

「目前有困難。」丁天鈞皺起眉頭：「他們把我哥哥抓進監獄，作了人質。這都是夏明搞的鬼！」

吳純青頓時想起那個樂觀風趣的難友的笑聲，從她出獄以後，她一直懷念那熟悉而親切的笑聲，那笑聲鼓舞着她忘却煩惱，樂觀前進。於是，她勸丁天鈞暫時不必作流亡的打算，應該留在淪陷區，爲故鄉的青年教育盡一份力量，同時正可以照顧家庭。丁天鈞聽了不以爲然，他說：

「妳勸我跟夏明妥協？」

「爲了你、爲了你哥哥，你當然應當和夏明妥協，那會對你有好處。」吳純青斬釘截鐵地說。

「那妳有什麼計劃？」

「我明天就走。剛才我去車站打聽，恰巧明天晚上有去石塢的貨車，我順便回吳村去。」

「唉！」丁天鈞長嘆了一口氣，流露出無限感傷的情懷。「我會聽妳的勸告，明天我就去找夏明，請他幫忙把我哥哥救出來。」他說着將茶几上的香菸放進袋裏，站了起來。「我不願妳走，可是我也不能留妳。唉，人生就是充滿矛盾啊！我走了，妳留步吧。祝妳一路順風。」他伸出了手，握住了吳純青的手，兩人久久沒有鬆開，但是丁天鈞終於撒開了手，昂步走了出去。她望着老丁的背影消失在晚暮中，有一種茫然若失的感觸。

第二天早上，吳純青到了學校，便聽說上午全校師生齊集大禮堂，聽縣教育局長講話。上課鍾剛響，吳純靑隨着教師們進了禮堂，但見講臺上佈置得非常雅致，十多隻花籃，擺成V字形，包圍在講臺的兩旁。禮堂的前面掛着一面紅色布幔，上面貼着「歡迎牛局長訪日歸國演講」的金字。

不久，禮堂內的學生靜了下來。一片皮鞋的嘎嘎聲響，自遠而近，她看見那個禿頭戴金絲眼鏡的牛局長，邁着八字脚，走進禮堂。他的身後簇擁着幾名男女隨員，大概都是敎育局的首長，韓南崗、夏明尾隨在後，他們的小心翼翼的表情，使人聯想起滿淸末年伺候慈禧太后的李蓮英。

首先由韓校長致開場白。他站在麥克風前，故意擺出微笑的樣子；因爲他當過體育敎員，一上了講臺，就習慣地皺起眉頭喊口令，所以他的笑的樣子好似哭泣一般。引得前面高中的學生嘿嘿直笑。

「各位同學！今天我們縣中的全體同學，都以無比歡欣的心情，歡迎牛局長蒞校演講。大家知道，牛局長最近隨着華北敎育界訪問團去日本考察訪問，他先後到了東京、大阪、京都、名古屋、長崎、神戶、橫濱等城市訪問，牛局長同國以後，首先就蒞臨本校演講，這不僅是全校師生的光榮，也是我韓南崗的光榮！」

禮堂內的學生哄堂大笑！吳純靑也忍不住笑，因爲韓校長的鄉音重，他剛才講的那句話，讓人聽成「也是我韓蘭根的光榮」了！

「你們笑什麼?!」韓校長氣得滿臉通紅，吐沫四濺：「外國人恥笑我們中國是『東亞睡獅』、『東亞病夫』，你們應該去哭啊，還有什麼面子去笑！」韓南崗停頓了一下，換了比較溫和的聲音：「我不敢躭誤牛局長的寶貴時間。牛局長這次演講，不但帶了速記員，把它一個字、一個字記下來，而且將來還得登載在『山東日報』上。你們想一想，你們是多麼光榮啊！現在，我們縣中全體師生以最熱烈的掌聲，歡迎我們敬愛的教育界前輩、教育局牛局長訓話！」

接着，全場響起了一片掌聲！

兩名工友搬上去桌子、椅子，分別擺在講臺的兩旁。接着走上去一對青年男女，男的穿西裝，三十出頭年紀；女的着秋季洋裝，穿高跟鞋，濃妝，長得像電影演員陳雲裳似的。站在吳純青附近的一位女職員悄悄問：「這一對金童玉女是幹嘛的？」

「速記員。」前面有人同過頭來告訴她。

「嘿，場面還不小哩。」女職員伸了伸舌頭說。

這時牛局長邁着八字脚，慢吞吞地走上講臺。通過韓校長預先的指示，臺下的掌聲更熱烈了！

「很好！」牛局長睜着一對牛眼，透過金絲眼鏡，向禮堂內的羣衆環視了一圈，操着日本味兒的山東話說：「謝謝大家！」

於是，掌聲停止，禮堂內恢復了清靜。

「韓校長、夏教務主任、各位教職員、全體同學！這次本局長隨同華北教育界訪問團，以最虔敬的心情，訪問了我們的友邦日本。我們除了向日本天皇致敬，向日本人民致敬，同時還代表我華北全體的同胞，向建設東亞新秩序的友邦日本皇軍，致以最高的敬禮！」

牛局長講到這時，以爲臺下一定掀起排山倒海的掌聲，所以故意停止了演講，用手伸進西裝褲袋，把手帕掏出來，摘下金絲眼鏡，擦了一下額頭上的汗珠；然後戴上眼鏡，把手帕塞進褲袋。他向下面看了一眼，除了韓南崗一個人響應，拍了幾巴掌，其他人都沒有鼓掌。好像這些黃帝的兒女，根本瞧不起小日本一樣。

「我們的友邦日本，不僅是亞洲的强國，而且是世界上的超級大國。」牛局長低下了頭，看了一眼演講稿：「我在日本訪問期間，親眼看到大和民族的偉大品德和精神，不管是待人接物、食衣住行，日本眞是了不起的國家，日本能够領導亞洲、領導世界，眞是當之無愧的！」

吳純青心裏在罵：「你別拍馬屁了，牛局長！中國人的臉叫你給丟盡了！」

牛局長不厭其煩地介紹日本人民的「優秀」、「模範」生活。首先他談起了「吃」。他說：「大和民族吃飯的時候，都得端正跪坐，等家長拿筷子的時候，他們才異口同聲地說：伊他打刻馬斯！」

臺下的學生笑了。有的還在學那句日語。

牛局長以爲學生聽得津津有味，便努力扯起日本味的山東話，大聲演講：「吃飯的時候，日本娘們不吃，她跪在飯桶旁邊，專門替別人盛飯。」

臺下的羣衆越笑越厲害了！

「友邦日本國民吃什麼？一桶白飯、一小盤小魚乾、一碗豆醬湯，再加上一塊鹹蘿蔔，你們想一想，人家多麼節約！到了逢年過節，他們才加一碗燒牛肉，或是煎蛋，那已經是很有錢的人家了……」

吳純青聽得有些不耐煩，她抬頭一看，但見牛局長用手帕直擦汗；那一個男速記員，正低頭抄寫紀錄，可是那個女的却拿着小鏡子在欣賞自己的風采。她想：「這大概是牛局長帶來的『花瓶』吧？」

「這次我在日本訪問一個月，我得到一個最有趣的結論：大和民族是亞洲最講衞生的民族，山東人是亞洲最骯髒的民族。」

牛局長的這幾句話，引起不少聽衆的强烈反感。站在吳純青附近的那個女職員，低聲嘟囔：「你乾脆滾出山東，給日本人當兒子去吧！」

「爲什麼說大和民族最講衞生呢？就拿洗澡來說，日本人最喜歡洗澡，日本到處都是『湯屋』、『風呂屋』，公共浴室叫作『錢湯』。我看過武亭三馬的小說『浮世風呂』，它描寫日本江戶時代的平民生活，當時三教九流的人物，都把澡堂當作社交場所。男的、女的進澡堂，帶着洗澡的衣服，叫作『湯具』，也叫『湯卷』。從那篇小說看起來，日本人的洗澡是傳統的風氣。」

牛局長講到此處，他又掏出手帕，取下金絲眼鏡，將頭上的汗擦了一下，然後戴上眼鏡，看了一下演講稿，繼續地講下去：

「這次我到日本去，特別到『湯屋』洗了十幾次澡。他們的『湯屋』非常簡單，一棟房子，中間用木板隔開，一邊是男湯，一邊是女湯，男女有別，互不侵犯，這就是日本文化。」

臺下的羣衆笑了。

吳純青心中罵道：「這個小漢奸在演講日本澡堂子，眞是肉麻當有趣！」

牛局長講得舌敝唇焦，不停地喝茶、擦汗。臺下的縣中師生，有的打瞌睡，有的閉目養神，有的在悄悄私語，也有的在底下暗自開罵。

牛局長把日本的「武士道」精神，吹得天花亂墜。接着，他脫去了西裝外衣，大聲地說：「日本的男子有四道，什麼是四道？那就是劍道、柔道、弓道、相撲。首先，本局長介紹一下劍道，距離現在一千年前，遠在日本平安朝時代，已經有了劍道了……」

吳純青想溜出去，但是向外面瞅了一眼，發現走廊上站着一名僞警，那大概是爲了保護牛局長的安全而來的。她向右邊張望，看見有兩個女學生在看國文，她仔細一看，其中有一個竟是王蓉。「啊，這女孩子最近又瘦了，是生活困難營養不良呢？還是用功過度？」她憐惜王蓉，她盤算着散會以後，悄悄把自己的計劃告訴她，叫她將住所剩下的一些家具搬走。

「現在，我要講日本女人的『三道』。」牛局長的難聽的聲音，吸引住了吳純青，她抬頭向講臺上的講演人瞪了一眼：「快滾蛋吧！沒人聽你胡扯八道！」

「什麼是日本女人的『三道』？」牛局長向全場的師生環視一圈說：「所謂『三道』，那就是『花道』、『琴道』、『茶道』……」

吳純青在凝神中，聽見後面一個男生說：「地子九吃三道！」惹得一些男學生嘿嘿笑了！這時，韓校長回過頭去，向後面的學生作監視性的凝望。他緊皺眉、低沉着臉，兩隻眼睛散發出憤怒的火燄，那彷彿在說：「你們要再不守秩序，等散會以後，小心我剝你們的皮！」但是這有什麼用？禮堂內的學生東倒西歪，秩序越來越壞，幸而牛局長因爲過分勞累，才不得已結束了演講，要不然學生不把屋頂掀掉才怪哩。

牛局長出了禮堂，吳純青看了一下手錶，十一點半。她想：「這傢伙講了三個多鐘頭，眞是疲勞轟炸！」夏明走上講臺，向全校師生宣佈：「解散以後，全校師生回去吃午飯，下午照常上課。」

吳純青想去找王蓉，散場後秩序大亂，她擠出大禮堂，再也找不着王蓉了。便想去校外小舘吃午飯，這時管理總務的一位男職員跑來告訴她，目前學校的單身宿舍有空房，請她最近搬進去住。

「是不是原來徐婉華住的房間？」吳純青問他。

「不是，那一間早就有人住了。這是第五號房，剛騰出來的，房子比較寬敞，空氣又好，還有一套沙發呢。吳老師！您趕快搬進去吧！要不然別人會眼紅的。」

「誰眼紅誰就搬進去。」吳純青心不在焉地說。

「那怎麼行？」男職員認眞地說：「這是夏主任交代的啊！」

「好吧。過兩天我就搬進去。」她說。

那個男職員立刻把一串鑰匙送給她：「這是門上的鑰匙，這是開壁櫃的。」

吳純青接過鑰匙便向校門口走。心裏暗自好笑：「我今天晚上就同吳村，明天就不來上課，也許這一輩子不再來了，我還收下這一串鑰匙作什麼？這不是自找麻煩？」出了校門，她還是去了那家小飯舘，叫了十個鍋貼、一小碟鹹花生米、一小碟醬牛筋，先來一碗熱騰騰的小米稀飯喝着。

吳純青正低著頭喝稀飯，不提防對面來了一位客人，夥計走上前來招呼：「您吃什麼，先生？」

「這位小姐吃什麼，我吃什麼。」

「是你！天鈞！」吳純青猛然吃了一驚，高興地喊了一聲。

「我剛才見了老夏，向他投降啦。」他低聲說。一面用筷子挾花生米吃。

「他怎麼說？」

「他正在忙，沒有具體表示什麼。他只是問我見了妳沒有？」

夥計端來了小米稀飯，問他再要什麼小菜？他叫了一張油餅、一盤香椿芽拌豆腐。

「你哥哥的事怎麼辦？」

「老夏答應幫忙。」

「只要他點頭幫忙，那就行啦。」

「妳今天眞的要走？」

「不眞的還假的？」她不禁笑了：「剛才總務科的人還給了我一把鑰匙，叫我搬進學校教職員宿舍來住。你看，我還眞的收下了呢。」她把皮包打開，讓丁天鈞瞄了一眼。

「妳不要走。我是專程來找妳談這件事的。」

吳純青放下筷子，以懷疑的眼光凝望他。他那一對深邃的大眼睛中，正放射出熱烈的光芒。

「爲什麼不要我走？」

「因爲……」丁天鈞竟然紅了臉。一個二十五、六歲的大男人，竟然害羞，這是多麼震撼吳純青的心靈啊！「我覺得妳一個人走，似乎不好……妳不是說過咱們一塊走嘛！」

來吃飯的客人，川流不息，小飯舘瀰漫着一片烟火繚繞的氣氛。這時，小夥計左手端着香椿芽拌豆腐，右手端着葱油餅，一聲「油餅到」，便把兩盤食物擱到桌上，走了。丁天鈞拿起一副新筷子，把香椿芽、豆腐攪拌了一下，然後讓她嚐嚐。

「將來到了阜陽，咱們就嚐到頂好的香椿芽了。」丁天鈞低聲告訴她。

「阜陽出產香椿芽？」

「不，太和縣的香椿芽，非常出名。太和離阜陽有一百華里，很近。」他解說着。

「你計劃什麼時候去？」

「這不是我的計劃問題。」丁天鈞把豆腐夾在油餅中，咬了一口：「在這個年頭兒，眞是天上計劃，地下妥協，我有啥辦法？這不是發牢騷，這是實在情形。我打算等我哥哥出來，一家人好好盤算一下，要走，一塊都走！」

吳純青有些失望。她把一只鍋貼挾在醋碟內，咬了一口，心裏暗想：「他並沒有把我放在心上，我何必那麼自作多情？」她抬頭望着丁天鈞，對方只在低頭吃東西。她覺得和他相處一年多，他確實具有很大的吸引力。可是，她總認爲對方過分含蓄，而且還有點自私。如果丁天鈞能够坦率地向她求婚，說不定她會馬上答應的。可是對方並不像她幻想中的那般熱情，因此她的心底始終燃燒不起愛情的火苗。

「妳打算晚上幾點鐘走？」丁天鈞吃完了飯，點上一支香煙。問她。

「大概六、七點鐘。」她吞吞吐吐說：「也許晚一些。」

「我去幫妳捆行李，送妳去車站。」

「不必送了。免得惹麻煩。我是偷偷摸摸走的。夏明、尹壽亭都不知道，連韓校長也不知道。」

丁天鈞站起來，搶着付了錢。兩人出了飯館。走到縣中校門附近，丁天鈞停住脚步。「晚上我去送妳，不會給妳惹麻煩吧？」

「老毛病又來了。」她心裏有點發火，她最討厭對方這種優柔寡斷、婆婆媽媽的性格。

「怎麼樣？」他重複着問：「我去送妳，也許不會惹麻煩的。」

「會惹麻煩。說不定走不成，又要坐牢。」她說完這句話，便迅速地離開了丁天鈞，走進了學校。

下午教務處通告全校教職員，每人寫一篇「心得報告」，送到縣教育局，以答謝牛局長訪日歸來的專題演講。通告一傳下來，有不少的教職員發牢騷。有的確實不會寫；有的是指桑罵槐，向韓校長、夏主任表示抗議：「哼，求表現嘛，也應該有個分寸，爲了想升官發財，叫咱們這些教書的寫心得，我們有什麼心得可寫？他們怎麼不多發一百塊錢，叫咱們多稱四兩棒子麵呀！」

吳純青只是傻笑，她既不發牢騷，也不表示同意。她想：到了這個地步，發牢騷有什麼用？如果不能逃出去，那只有忍氣吞聲當順民了。

這時，總務科的那個男職員走過來，請吳純青塡寫一張「住校登記表」。她說：「這張表我明天塡好送還你。不過，這串鑰匙我先還你，因爲我表姐進城了，我計劃半個月以後再搬進來。」

「不要緊，什麼時候搬進來都可以。鑰匙還是妳拿着吧。」

「不行，我經常丟鑰匙。丟了那可麻煩了。」吳純青硬將鑰匙退還了那位職員，心裏才輕鬆下來。

下了第一節課，吳純青去找王蓉，她們在校園內散步談話，起初只是談些作文之類的閒話。接着，吳純青告訴她，她的住所內的一些家具，想請王蓉的家人幫忙搬到她家，暫時存放些日子，等以後再去拿。

「可以。」王蓉點頭說：「放多久都沒關係。」

「王蓉，如果我走了超過三個月，那些家具我就不要了。隨便你們怎麼處理。反正也不值錢。」

「不，老師！我永遠替您保管。您放心。」

吳純青聽了非常感動。她原來打算把家具送給王蓉的，但是她又不敢多作解釋，唯恐引起政治上的麻煩。接着，她叮囑她後天下午去找房東，房東就會開門將屋內的家具讓她的家人搬走。

「老師，您上哪兒去住？」王蓉忽然想起這個問題。

「搬來學校住呀。」

「那爲什麼不把家具搬到學校來呢？」

「宿舍房間小。這裏有床、有橱櫃，還有沙發。」

上課的鐘聲響了。王蓉跑了。她便沿着紅磚鋪砌的甬道，慢慢地走向校門。她覺得眼前的秋色宜人，花木迎風搖曳，那正如同她的明天的前途一樣……

回到住所，她向房東交代了一下，而且多付了半個月房租金。她以最迅捷的動作，整理了衣物、書籍。鎖上房門，她去外面雇了一輛地排車，回來搬上那隻箱子、網籃。沿着青石板路走向車站。她先把行李寄存給貨車行，這才輕鬆地走進附近一家茶館，一面喝茶、看報，一面張望着窗外的藍天，她焦急地想：「怎麼還不天黑呢？」

天快黑的時候，她發現丁天鈞出現在車站前面，東張西望，那一定是找她。她既驚且喜，幾次忍不住想出去叫他，但最後又想：「算了吧。我何必再自作多情？既然不想嫁給他，那又何必逗人家呢！」

吳純青低下頭去喝茶。這家茶館的生意並不太好，不遠處有兩位老頭在喝茶、下象棋。在她的後面，有四、五個青年人大約剛從飯館出來，喝得個個滿臉通紅，因此嗓門格外大。起初他們談着麻將經，談着最近的糧價飛漲的話，接着有人唱起小調來了：

「小奴家本是未出閨閣坐家女，歷年旱澇五穀不生，二老將奴家賣到火坑。嗳咳咳，小奴家落到了下賤之人。請來了師傅教小奴家我學彈唱，領家的娘教與我們風月把客梳攏，鴛鴦枕上見多情……」

「好了，好了，別唱啦！」他們的同伴在喝止着。

「為什麼不能唱？老子高興！」唱小曲的滿嘴的酒醉腔調。

「你他媽的別裝孫子，喝了還不到四兩，你倒醉啦！」另一個粗嗓門的罵道。

「老常，我這叫酒不醉人人自醉！哈哈！」

「滾你媽的，少在大爺面前窮囉嗦。」

「怎麼？」唱小曲的忽然把茶杯朝地下一摔，厲聲罵道：「你輸了錢不准老子唱？誰叫你昨兒晚上不幹好事兒?!呸！」

接着，吳純青聽得有人發出一聲尖叫，立刻茶杯、凳子齊飛，兩個酒鬼打起架來。吳純青嚇得直往外跑，跑到門口，她又回去付茶錢。茶館內打得烏烟瘴氣，掌櫃的直在搖頭、嘆氣。

「他們是幹什麼的？」她問。

「日本憲兵隊的狗腿子。」掌櫃的沒好氣兒的說。

「哼！」吳純青狠狠地瞪了他們一眼：「趕快離開這些鬼吧！」她走向車站，看見一輛裝棉花的膠輪大車上，坐了十五、六個旅客。她有點發慌，怕自己擠不上去。原來車行的夥計早把她的行李提上車，而且還給她安置了座位。貨車駛出縣城時，已經萬家燈火了。

在夜色蒼茫的秋的原野裡，除了天上的星光以外，眼前只是漆黑一片。那長得一人高的高粱地，野風吹得高粱葉唰唰作響，聽起來格外使人害怕。吳純青悶坐在棉花包上，聽得趕車的漢子和一位客人聊天，他說這一段路非常危險，常有飢民在夜間出來搶劫糧車，有時候連人也砍死，眞是悲慘。那車夫吸着香菸說：「咱們運的是棉花，他們是不會搶的。你們放一百個心，乾脆蒙着頭睡大覺吧！」有些旅客不禁哈哈笑起來。

雖然車上的空氣變得輕鬆活躍，可是吳純青依然沉悶不樂。按照車夫的說法，這段公路上有搶劫的事件發生，那麽這個夜晚天涼氣爽，月黑風高，你怎能保險不會有飢民出來劫車？再說大車上裝的是糧食或是棉花，飢民怎麽會預先知道？她越想越心驚胆寒，不由得暗自懊悔這次的唐突行動。

「唉，想這些有什麽用，李大娘說得對，這年月在劫難逃。」想到這句話，吳純青不再胡思亂想了。野風漫山遍地吹著。夜幕一里一里越加濃重起來。

第十二章

如果這輛大車上沒有裝載這些棉花包和旅客，半夜兩點以前就可到達吳村。但今夜的情況有些不同，這兩匹老馬拖運着這輛載滿旅客和棉花的大車，跑上三五里路就得歇息一下，趕車的漢子心疼牲畜，輕易捨不得用鞭子抽牠一下，因此老馬破車，拖到三點左右，旅客們才在那羣山萬嶺的黑檝檝的方向，發現點點燈火，有人興奮嚷起來：「看吧，吳村到了！」

吳純青被這突來的叫聲驚醒，揉開眼看，她看見那一片黑魆魆的房屋，隱約展現在半華里前，偶爾從村裏還露出點點的燈光。「啊，到了！」她的心幾乎從口腔跳躍出來。「如果爸爸見到我，他老人家一定高興！」她猜想着家中的一切情景：院中的花圃比以前繁茂，後園的那一株棗樹，如今已經結滿了纍纍的棗子，摘下棗子煮玉米粥喝，那才够味道呢！

正凝思中，那輛大車突然停住了。吳純青看見路旁閃出幾個人影，每人都端着步槍，作監視狀。車上的十幾個旅客都摒住呼吸，誰也不敢吭氣。

「你們從哪裏來？」領頭的一個軍人操着膠東口音盤問趕車的。

「打縣城來。」

「上哪兒去？」

「石塢鎮。」

「車上裝的什麼東西？」

「棉花。」

「給哪一個機關送的？」

「石塢自衛大隊。」車夫向對方拉交情：「俺給你們送棉花、做多裝的。」

「哼，」那個軍人用鼻子哼了一下，向後面走了兩步：「車上坐的什麼人？」

「老百姓。他們都是回家探親的。」

「請你們都下來！排好隊，不要講話。」那領頭的下了命令。

車上的十幾個旅客，張飛看刺蝟——大眼瞪小眼。誰也不動彈，好像吃了迷魂藥一般。吳純青心中暗想：「我們這些從淪陷區出來的人，受盡了敵人的悶氣。白天盼，晚上盼，盼着早一天脫離魔掌，見到祖國親人！可是為什麼見了中國軍隊不但不親，反而比敵人還要兇呢！」

「趕快下車！」那領頭的軍人大聲嚷着：「八路軍不拿人民一針一線，你們怕什麼。趕快下來吧，到家啦！」

吳純青聽了心往下一沉！她作夢也沒想到吳村來了共產黨，早知如此，她何必冒着風險趕回故鄉？這豈不是飛蛾撲火，自投羅網嗎！

車上的旅客還是沒動。這時，大車的四週站滿了軍人，他們端着槍，虎視眈眈監視着每一個旅客。風呼呼地吹颳，夜越來越濃了。

「別拖死狗了，下車吧！」那個膠東人又吼起來。

這時，趕車的漢子跳下車，向車上的旅客說：「各位鄉親！這位八路軍官長請你們下車，您就下車吧！人家是公事，咱們要不合作的話，連人帶車，誰也走不了！咱們何必敬酒不吃吃罰酒呢？……」隨着趕車的央求聲，吳純青首先跳下車，接着旅客一個個跟着下來，他們排成隊伍，在幾名槍兵的監護下，向路旁一個盤查哨走去。由於吳純青走在最前面，她走到那座獨立家屋門前，有一個穿灰軍裝的女八路，把她渾身搜查了一遍，然後才准她進屋去接受盤問。

屋內掛着一盞煤氣燈，擺着一張八仙桌，旁邊坐了兩個軍人，他們面前擺着一些卷宗公文。

「請坐，同志！妳是幹什麼的？」那個大煙鬼似地八路軍，開始了審問工作。

「我在縣中當教員。」

「啊，知識份子。」大煙鬼伸出一隻乾黃的手，向她笑道：「妳的良民證拿出來看一看。」

吳純青把淪陷區發給的身分證交給對方，大煙鬼仔細看了一下，便詢問她的家庭狀況、學校情況，以及對當前抗日局勢的看法。問的吳純青有些不耐煩，她反問大煙鬼說：「我已經到了家啦。請問，我能不能回家？」

「不行。妳沒有交代清楚妳回家的理由。」大煙鬼皮笑肉不笑地說：「現在既不是暑假，又不是寒假，再說妳也沒有被縣中撤職，妳說妳為了想念父親回來，怎麼能讓人相信？同志，坦白吧！妳到底是哪個機關派妳來的？來這裏作什麼？如果妳不合作，那我們就不客氣了……」

她氣得兩眼烏黑，一句話也說不出來。

兩個槍兵把她押進附近一座客棧裏。不久，她被送進一間低矮的房間，地上鋪的麥稭，幾個女的蒙着被單睡覺。靠門的窗臺上，放着一盞豆油燈。

「妳就睡在這裏。」女兵指着靠牆的位置說。

「我的行李呢？」吳純青問她。

「馬上就送了來。八路軍決不拿人民一針一線。」女八路又唸了一句經。

天亮時分，蚊蟲格外多，嗡嗡的聲音眞是煩人。吳純青向着房內的女犯人看了一遍，這才恍悟她們為什麼蒙頭睡覺的理由。她靠在牆角打盹，一陣陣的牛糞氣味自窗外飄進來，混合着河水的新鮮氣息。她惱怒地想：「來到自己莊門口，却被關押起來，這是什麼世界？」她聯想起在縣城坐過日本人的監牢，如今又坐共產黨的牢，她思前想後，不禁熱淚盈眶了。

早上六點，客棧內響起哨音。「起床了！」吳純青睜開眼睛，發現屋內、屋外，呈現一片緊張忙碌的景象。她用手整理一下頭髮，便跟著她們向外跑。客棧外面是一片打麥場，站滿了黑鴉鴉一羣人，那十幾個婦女站在前面。不久，從裏面走出幾個穿軍裝的幹部，其中一個指揮隊伍分組帶開，然後像作遊戲一樣，每組十五人圍成圓圈，就地坐下。吳純青這一組都是青年婦女，她們都以新奇的眼光望着她，却不敢和她說話。

一個戴眼鏡的女青年拿着一個小册子，走到圓圈中心，讓大家報數，報完了數，她說：

「同志們！為了解放縣城，我們要加緊修築防禦工事。我們這一小組的工地在三〇九高地，從一號到十號挑石子，十一號到十五號參加搬磚頭。解散以後，前十名去領扁擔、挑筐，後五名由我帶隊去搬磚頭，現在我們就散開參加勞動！」

散開以後，吳純青跟着戴眼鏡的去搬磚頭，她們到了一座磚廠前，將磚頭搬到地排車上，等裝得差不多時，便有專人把車子拉到工地去。搬磚頭的有男有女，普通的一次搬十塊左右，氣力大的能搬二十塊以上，吳純青平常很少勞動，她每趟只搬七、八塊磚，來回跑了十幾趟，已經累得汗流浹背了。

「妳歇一會兒吧，同志！」戴眼鏡的悄聲說：「妳只能演話劇，搬磚頭大概不在行吧？」

「啊！」吳純青朝她笑道：「妳認識我？對不起，可我怎麼一時想不起來了呢？」

「妳是不是演過曹禺的『原野』？」眼鏡問她。

「是啊。我演金子。」吳純青高興地說。

眼鏡不吭氣了，只是低着頭搬磚頭。吳純青也弄不清對方的身分，所以不敢過分接近她。直到太陽升得很高，才收工回去洗手、洗臉、吃早飯。早飯過後，仍是搬磚頭，修築工事。直到晚飯過後，才休息半小時，哨音響起後，開始了學習時間。

吳純青跟着去打麥場集合，那是早晨集合的地方。等隊伍整理完畢，大家坐在地上，聽一個沂蒙山區口音的幹部講話。

這個八路軍幹部首先介紹抗日情況。他說：「山東地少人多，是中國會門的發源之地，會門有六十種以上，多數是農民的反抗組織，有些還是半武裝組織。許多沿海的人民更有抗倭的鬥爭傳統，膠東的海邊目前還可以找到防衛倭寇的寨堡的遺蹟。民國以來，山東人與日本人結仇最深，東北淪陷，關內創痛最深的是山東人。山東又是軍閥混戰的場所，山東人民長年處在張宗昌黑暗統治下，因此他們為了生存，民間藏了最少有三十萬以上的槍枝，這是咱們應當積極爭取的抗日武裝力量。」

這個共產黨幹部拿起茶杯，咕嘟咕嘟喝了半杯涼開水，繼續地說：

「一九三七年，日軍攻佔黃河北岸的時候，山東省委書記黎玉到了泰山，和有、三四十個黨員的泰安縣委，一起佈置魯中山區的游擊戰爭，所有的武器是一枝有毛病的盒子槍、兩枝漢陽造。一九三七年除夕，他們帶了一批青年學生，到了徂徠山下的山陽村，這個三枝槍的隊伍就編成『山東人民抗日自衛隊第四支隊第一縱隊』；這時候，山陽村有一個同志，他早就集合了四十多個農民，有二十多條土造槍、三條鋼槍，他們編成第二縱隊。從此以後他們就在新泰、萊蕪、泗水一帶行動，不到半年工夫，他們已經發展到好幾百口子了。」

這個講話的八路軍咳嗽了兩聲，吐了一口痰，提高嗓門說：

「同志們！去年春天，八路軍一一五師的主力部隊開到魯西，山東的抗日力量才眞正强大起來了！領導同志傳達了黨中央的指示：咱們應該一分抗日、二分應付國民黨，七分壯大自己。這是中國共產黨當前的鬥爭策略。只有壯大自己，把槍桿子、知識份子、工農羣衆控制在共產黨的手裏，抗日才有希望，中國才有希望！」

這個八路軍幹部講了兩個多鐘頭，散場時，吳純青已睡著了。她回到客棧，馬馬虎虎洗了脚，就回房睡覺。她剛躺下，眼鏡拍了她一下：「同志，妳先別睡，請妳出來一下。」吳純青心裏有點驚慌，便整理一下頭髮，跟隨眼鏡走出房門。

「吳純青，妳認識不認識夏明？」眼鏡停住脚步，轉身問她。

「他是『青年劇藝社』負責人、導演。您過去既然見過我，也應該見過他。」她故意這樣回答。

「我問妳，是不是夏明介紹妳來這裏的？」眼鏡認眞地問。

「不錯。」吳純青隨機應變，便順水推舟說：「如果不是老夏，我不會冒險回來的。」

「啊，妳爲什麼不早說？」眼鏡不禁笑了起來：「哈哈！大水冲了龍王廟，都是自己同志嘛。妳應該早一點表白身分嘛。尤其在這種複雜的地區，什麼份子都有，前幾天我們處決了二十幾個嫌疑份子，要是稀里糊塗把妳幹掉的話，那才寃枉哩。」

吳純青也隨着眼鏡哈哈笑。可是她心裏却非常緊張，她恨不得插翅飛出這個黑暗的監牢，到那迢遙的光明的皖北阜陽，那兒沒有絲毫恐怖的氣氛，只有歡樂的歌聲與自由的談笑。……

眼鏡把她帶到一間屋裏，那大約是領導幹部住的地方。屋內擺着一張木板床、一張辦公桌，那位昨天晚上盤問她的大煙鬼，和她們握了手，讓她們坐在床沿上。

「吳同志，妳來了一天，還習慣嗎？」大煙鬼吸了一口香煙，向吳純青打量了一眼：「妳對我們『抗大分校』的教育，有什麼意見？」

「您說什麼分校？」吳純青瞪圓了眼珠問。

「抗大分校。」眼鏡爲她解釋說。

「什麼叫『抗大分校』？」吳純青茫然不解地問。問得兩個八路幹部都傻了眼。

大煙鬼伸出乾瘦的手，翻了下卷宗，然後對吳純青說：「夏明同志介紹妳來以前，難道他沒有告訴妳有關『抗大分校』的情況？」

「講過。」她在扯謊。

「那妳怎麼連『抗大分校』都不知道？」

「您們講的太快，而且簡略，所以我聽不習慣。」

「啊！」大煙鬼笑了，露出一排雪白的老鼠牙。「我們簡稱『抗大分校』，它的全稱應該是『抗日軍政大學山東分校』。」

「對了！」吳純青急忙說：「老夏講過，總校在延安。」

「不錯。不過前年十月，總校遷到太行山了。」大煙鬼補充說：「抗大的教育和一般學校不同：我們學制短，教學內容少而精，理論聯繫實際，我們要幹部放在階級鬥爭、生產鬥爭和科學實驗上。」他提高嗓門說：「抗大的辦校方針，就是自力更生、勤儉辦校。」

「哼，搬磚頭大概就算勤儉辦校吧。」吳純青心中冷笑起來。

大煙鬼又點上一支香煙，吸了兩口，這才談起了正題：

「我們歡迎知識份子參加八路軍，尤其歡迎妳們女同志，因爲妳們辦事細緻耐心，比較受到羣衆的歡迎。今天收到夏明同志的介紹信，才知道妳過去對黨作出了貢獻。他想征調妳回縣城去參加文藝活動，配合八路軍的軍事行動，我想這比學習還重要些。不過我們並不勉強妳，如果妳願意留在這裏繼續學習，等畢業以後再分配工作也行，反正都是爲黨工作嘛。妳的意思怎麼樣？」

屋內頓時沉靜下來。

「抗大要幾年畢業？」半晌，吳純青提出這個問題。

「剛才我不是說過了嗎，我們的學制短，過去抗大總校學習的時間是六個月到八個月，那是在延安啊，大後方啊！」大烟鬼莫名其妙地笑起來：「同志，妳問我好久畢業？別說是我，連咱們林彪師長也回答不出這個問題，只有日本鬼子知道。哈哈！不過我可以這樣回答妳，依目前的時局和糧食情況來說，這一期可以維持三個月畢業，最長也不能超過五個月。妳知道不，咱們需要幹部啊，咱們要不大量地吸收知識份子，敵人就會把知識份子弄走的。」

吳純青聽了直發愣，心想：「你們抗大像監獄一樣，把抓來的人當學員，這算什麼大學？三個月畢業的大學，世界上哪兒去找啊！」

大煙鬼、眼鏡兩人一直瞅望她，等待她的最後抉擇。她思索了一下，便說：「旣然老夏叫我回去，那我還是回縣城吧。」

「好。」大煙鬼點頭笑道：「明天早晨有一輛大車去縣城，妳可以跟着走。」他說着站了起來，握住吳純青的手：「再見，祝妳鬥爭勝利！」

吳純青回來，才知道大煙鬼是抗大分校的政委，過去在北平作學生運動，蹲過監獄。他和夏明就是那時期的同事。吳純青睡到天明，哨音剛響，眼鏡就告訴她不必參加集合，把行李整頓妥當，提到客棧門口，那時自然會有人來接她。等她把行李提到門口，果然有一輛大車，慢慢地被兩頭騾子拉了過來。趕車的見了她，自動地拉住轠繩，讓她把行李搬上車，最後等她上了車，那漢子便揚起鞭子，在空中甩了一圈兒，發出悅耳的一聲脆響，於是那兩頭騾子鼓起精神拖着大車向前奔去。

她眼望着公路旁的吳村，在清晨的朝陽中繚繞着炊烟。心想自己來到家門前，却不能進去看望父親，那是何等遺憾的事！想了半天，她終於鼓起勇氣嚷着：

「老鄉，幫個忙怎麼樣？」

趕車的依然悶着頭不響。

「老鄉！」她大聲喊了一聲。

那漢子却從衣袋內摸出旱菸袋，點火吸起菸來。

「這個人一定是個聾子！」她想。

大車進入原野，那兩頭騾子拉得更歡了！吳純青幾次想逃走，但是一方面大車的速度快，跳車會發生危險；同時她還發現沿途經常出現穿便衣的青年，一看就知道不是當地農民，而是共產黨派出來的密探。出了吳村五華里，路過龍河口時，突然有十幾個莊稼漢打扮的年輕人上了車，有的提着包袱，有的背着糧袋，他們上車之後却不作聲，只是悶聲不語的吸菸，欣賞公路兩岸的風景。

「眞奇怪，一大車的人都是啞巴！」

吳純青心裏好笑，她想：如果爲了保守秘密，讓這些人都不講話，這種辦法未免太愚笨了吧！三十華里路程，不到晌午時分，大車已經到了縣城的崗哨前。趕車的漢子把車停下，大模大樣地走到一個僞軍面前，點了點頭，遞給他一張便條，還有一個紙包，她猜想那紙包中一定是鈔票。那僞軍接過紙包，掖進衣袋，又把那張便條看了一眼，便揚起胳臂，作了一個「進城去吧」的手式。趕車的擧起鞭子，吆喝了兩聲「駕——得——駕」，那兩隻騾子拖着大車進了城，趕車的漢子縱身一跳，跨上了車沿，他轉頭向大伙兒作了一個愉快的笑容，咧着嘴說：「西門口下車，我還有任務哩。同志包涵點吧！」

吳純青吓了一跳！怎麼「啞巴」還能講話，這豈不是一個奇事？她憋了一路，如今只得放鬆地笑了！大車拉到西門口，她撥下行李，放在路旁一家小飯舘門前，如今覺得又渴又餓，便在靠門的飯桌前坐下來，向伙計叫了一碗燴餅。吳純青一面喝茶，隨手拿過來報紙一看，只見報上有一則標題，那是——

韓南崗升任教育局長

縣中校長由夏明接任

吳純青既生氣又好笑！她丢下報紙，望着門外的街景，那對面的一座矮牆上，不知誰家孩子塗寫的王八、烏龜之類的駡人的字畫。行人，懶洋洋地走在麻石路上，每個人好似掉了魂，就像患着長期失眠症。正凝神中，從對面走過來一個穿短衫的中年人，叼着煙捲兒，斜眼看人，「啊，那不是公安局的密探嘛！」吳純青的心宛如被棒子打了一下，立刻縮回頭來，故意拿起報紙遮着臉。她想起此人曾經抓她去監獄，是一個無惡不作的壞蛋。這時伙計端上一大碗熱氣騰騰的燴餅，碗上浮着蛋花、木耳、菜葉，她伸手從筷筒內取出一雙筷子，左手拿起湯匙，嚐了一口湯。

「您要嫌淡的話，俺給您加點鹽。」站在旁邊的伙計小心地說。

「挺好吃，不錯！」

伙計聽了吳純青的讚揚話，咧着笑臉走了。

吳純青轉頭向門外看去，那個壞蛋早已走了，她至此才輕鬆下來。慢慢地吃着燴餅，盤算着到底回老地方去住？還是搬到縣中教職員宿舍？她思前想後，還是搬回老地方比較自由。離開不過兩天，大概房東還不會租出去吧。

吃過午飯，她雇了一輛地排車，把行李送到那條廠石小巷。果然房屋空着，她留下的家具也沒有動，房東說王蓉還未曾來過。吳純青把行李打開，清掃一下房間，忙到下午兩點多，她累得渾身酸痛，便插了房門休息。睡意矇朧，她聽得對門有女孩子的喚聲：

「爹！」

她隱約憶起對門住的李大娘，但轉念一想，李大娘已經坐小土車返回鄉下去了，那天臨走時，她們還談過話。吳純青逐漸清醒，她坐了起來，向窗外一看，看見對面的門檻上，站着一位十七、八歲的姑娘，長得黑裏透紅，眞是俊俏健美。院子裏有一位五十開外的老人，短打扮，正在練拳術。她心裏猛然一驚：「啊，這不是運河沿上賣藝的那一對父女嗎？」

「爹，沒小米麵啦。」黑妞噘嘴說。

父親練罷了拳，兩手整理了一下腰帶。「再去賒半斤吧，妳就說明天一塊算！」

「爹，您好意思再跟人家賒？咱們才搬來幾天哪。」黑妞一甩辮子，賭氣往回走：「要賒，您去赊！」

吳純青聽了這些話，肚腸頓時覺得空虛、飢餓。她低頭瞅了一眼擱在枕邊的手錶，已經下午六點，她這才迅捷地下了床，到廚房裏掀開麵罐一看，還有兩斤多麵粉。她打開屋門，點上爐子燒開水，她計劃先泡一壺茶，然後再把橱櫃內剩下的一把乾麵條煮了吃。

「這一對父女眞可憐，怎麼連窩頭也混不上呢！」吳純青反覆思索着這件事：「我不如把麵罐裏那兩斤麵，先給他們，省得他們忍飢挨餓。」她繼而覺得這樣作並不妥當，萬一引起別人的誤會，那不是吃力不討好嗎？她聯想起過去參觀他們父女賣藝，演到精彩的地方，觀衆擠得東倒西歪，但是等到向觀衆要賞錢時，那些人們的臉色頓時變得冷漠無情，一個個怕被他們父女拉住一樣，爭先恐後溜走。吳純青親眼看到這一幕場景，她激動地想：「人世間畢竟雪裏送炭的人少，錦上添花的人多。咱們中華民族並不是多麼偉大啊！如果老是自我陶醉，朝著自己臉上貼金，那眞是肉麻當有趣啊！」吳純青站在場子外，她用無限尊敬的感情，凝望着那位吞鐵球的父親，端詳着那個俊俏健美的黑妞，她最後毫不猶豫地把衣袋中所有的錢，撒在場子上，轉頭走了。那位黑妞還追上去向她致謝哩。

水開了，她冲上一壺茶。接着又接滿一壺涼水，放回爐子上。她用乾毛巾擦淨了手，找了一個中號的磁盆，把麵罐中所有的麵粉舀出來，然後走到對門，她喊了一聲：「大妹妹！」

「嗳！」隨着那清脆悅耳的聲音，那黑妞從屋裏跑出來，瞪着深邃而閃亮的眸子，向吳純青齜牙一笑：「大姐姐，您喊我？」

「妳不記得我了？那一天，妳想想……」

「啊！」黑妞親暱地拉住她胳臂，激動地點頭：「您給了我們那麼多錢，爹一直唸叨您哪！您住哪兒啊？」

「喏，就在對門。」

「那太巧啦。」黑妞回頭喊着：「爹！您來呀，那天賞咱們錢的大姐姐就住在對門！」果然，那位老人慌慌張張走出來，滿面春風地說：「不嫌髒的話，大小姐您屋裏坐。」

「改天再來拜訪。爐子上還燒着開水。」她把麵盆塞給黑妞，誠懇地說：「這點麵你們先吃着，回頭再說。」

「這怎麼行？」黑妞接過麵盆，左右為難，看看吳純青，看看父親：「爹，這咋辦？」

「咋辦？」吳純青插嘴說：「蒸饅饃來不及了，妳烙兩塊葱油餅吧！」她笑着朝他們父女揮了揮手，跑進屋去，他們還在門前發愣哩。

第十三章

吳純青過起緊張而忙碌的生活。目前，她是縣中的教務主任、「青年劇藝社」社長、縣立圖書舘委員，因此每天她忙得連看報紙的時間也擠不出來。

這次夏明透過「新民會」的關係，升任了縣中校長，而且過去未獲審查通過的話劇「逼上梁山」，如今也可以演出了。吳純青回城的第二天，便投入了這齣話劇的工作，夏明執行導演，劇中的林冲由丁天鈞扮演，林冲娘子的角色落在吳純青的頭上，其他的角色、高衙內、陸謙、魯智深等，分別由社裏的青年演員飾演；至於尹壽亭，他仍舊擔任舞臺監督工作。

關於吳純青秘密返回吳村的事，任何人都不知道，除了夏明一個人以外，因此她在精神上似乎更貼近了夏明。儘管她對他存有畏懼厭惡心理，但是她却無法擺脫他的控制。回城以後，她幾乎沒有和他單獨談過一次話，可是她的一切工作，都是按照夏明的指示去做的。

每當午夜夢回，吳純青總是暗想：「夏明到底是什麼身分？爲什麼他的一封信，就能使『抗大分校』聽信於他，而且馬上讓我返回縣城呢？」她越想越奇怪，如今她重回虎口，宛如林冲夫人當年在汴梁的處境一樣；那位「八十萬禁軍教頭」林冲，原是一位鐵錚錚的英雄漢，無奈林冲娘子的姿色受到高衙內的垂涎，從此林家過着驚惶不寧的日子。「如果把天鈞比做林冲，那麼高衙內就是夏明了。」她想到這一點，內心更對夏明加深了痛恨之情。

也許由於吳純青存着這種假想，她在排戲的時候，情感非常逼眞，夏明不住地誇獎她：「演得好，演得好！有內心戲！」

那天晚上，他們排演林冲被刺配之前，向娘子辭行的一段戲。圖書舘的禮堂內坐滿了青年學生。排演開始，林冲雙手帶枷，被一羣嘍囉押進林府，林冲娘子一見是他，迎上前去，泣不成聲……這時，林冲激動地說：

「林冲自恨無能，如今時運不濟，吃了官司，這次刺配，凶多吉少。娘子正當青春，千萬不要誤了前程。」

吳純青用淚眼凝望着丁天鈞，深情地說：

「我跟你結婚三年，難道你還不瞭解我？」

「不，我是好意，我總覺得妳還年輕……」

吳純青激動地說：「誰說我年輕，我已經懂得報仇雪恨了！」

這時幾名嘍囉將林冲扭住，强迫他離去。林冲淚流滿面，向仆倒在地上的林夫人喊道：「再見，夫人！我林冲不死，總有報仇之日！」他頭一扭，昂然跨步而出……

禮堂內爆起一片激烈的掌聲。

「好，好！」夏明高興地站起來說：「林冲演得好，林冲娘子演得更好！」

排演完這一幕劇，已經十一點了。夏明今晚特別興奮，吩咐老尹帶領全體演職員去「清眞舘」吃宵夜。他們浩浩蕩蕩，通過靜寂的大街，惹得不少縣民的閒話：「這是幹什麼的，男不男、女不女，這麼晚了還到處遊蕩，一定不是好人！」

他們進了「清眞舘」，樓上樓下，高朋滿座，有的要餃子，有的吃麵條，嚷聲一片，好不熱鬧。夏明叫了一個拼盤，先來半斤酒，他說這是爲林冲娘子「壓驚」。坐在他一桌的是吳純靑、丁天鈞、尹壽亭，他們三人的酒量都不行，只有夏明一個人表演。因此酒過三巡，夏明已有幾分醉意，講起話來舌頭也不轉彎了。

「你們三位，是我的最親密的伙伴，你們知道不知道？沒有你們，我不能展開工作，有了你們，我是如虎添翼，什麼也不發愁啦。來，爲咱們的革命事業乾杯！」夏明端起酒盅，一飮而盡。丁天鈞替他斟滿了酒，一面恭維他說：「你的戲劇藝術素養，我是佩服得五體投地，你不信你問老尹、小吳，我是有一句說一句的，決不亂給別人戴高帽兒。說眞的，在目前的華北劇壇上，論舞臺導演經驗，你是老大！」

「乾杯！」夏明仰起頸子，又乾了杯中酒。丁天鈞也硬着頭皮乾杯，眼看他的臉色泛紅，眼泡兒也發腫，好像剛哭過似的。

「少喝點吧！」吳純青偷偷警告他。

「怕什麼？」夏明立刻反駁她說：「作爲一個戲劇家、演員，喝點酒有什麼關係？李白斗酒詩百篇，我認爲老丁一定超過李白，這是可以肯定的事實。來，爲慶祝你的排演成功乾杯！」

於是，夏明、丁天鈞兩人同時擧起酒盅，一飲而盡。吳純青看在眼裏，氣在心頭。她想：丁天鈞眞是一個順毛驢兒，人家誇獎他兩句，他就不知道天多高、地多厚了；這麼天眞幼稚，跟老狐狸夏明泡在一起，將來那還不吃虧嘛！

「來，還有你，壽亭兄！」夏明又斟滿一盅酒，端了起來：「你是咱們劇社的靈魂人物，沒有了你，哈哈！我們都成了孤魂野鬼了。」

「來，咱們三個一塊來向吳社長敬酒。」夏明醉意朦朧地望着吳純青，端起斟滿的酒盅說：「小吳是咱們山東省的天才，她能寫、能演，她是當代的辛稼軒，這是我心窩裏的話。哈哈！」

他們兩人也哈哈笑了！

「本來我不想麻煩妳的，可是有什麼辦法？徐婉華惹了麻煩，一走了之，差一點把這個劇社搞垮。要不是『新民會』的哥們關照，連我恐怕也被關進去了。」夏明放低了聲音，彷彿只講給吳純青一個人聽的。他放下酒盅，竟然從桌上摸過香菸來，抽出一支，從老尹那裏點着火，他猛烈地吸了幾口，這才繼續地說：「易經上有句話：『否極泰來』，現在咱們的前途，一片光明。前些日子，我們準備排演『逼上粱山』，可是小徐走了，林冲娘子這個角色叫誰演呢？想來想去，最後實在沒辦法了，我才動用了有關方面的力量，把妳請了來……」

吳純青這才恍然大悟。端起酒盅，她向他們三人巡視了一遍，然後喝了半盅酒。

「小徐的事情，是咱們的一面鏡子。」夏明用筷子挾着一塊滷牛肉，向嘴裏塡：「在敵人面前，千萬要保持警覺性，決不可輕率大意。咱們應當學習一句話：在戰略上蔑視敵人，在戰術上重視敵人。要能作到這一點，才可以百戰百勝，才不至於發生徐婉華的錯誤事件……」

這時，遠方傳來一陣陣轟隆的砲聲，打斷了夏明的談話。伙計不耐煩地走近桌前，央求着說：「快打烊了，您先生要不要吃餃子？俺馬上下，要再躭誤的話，您們各位就走不成啦。」

「沒關係，我們排戲，上邊備了案。」丁天鈞說着徵詢其他人的意見：「下餃子怎麼樣？咱們四個人，一百個够不够？」

「够了，就這樣吧。」尹壽亭說着站起來，陪同伙計下了樓，大概他是去結算飯錢的。

砲聲，轟隆隆地滾流着，像鐵轂轆似地輾着吳純青的心。她同城這幾天來，時常聽到從城外傳來的砲聲。聽別人說：國軍五十一軍于學忠的部隊，最近集結了兩個團的兵力，準備攻襲縣城，因此日軍從華中一帶開過來不少砲兵坦克部隊，向國軍進行圍堵，剛才這些砲聲就是日軍射擊的砲彈。砲聲一直持續不斷地響着，直到吳純青返回住所以後，砲聲才逐漸停歇下來。

吳純青倒在床上，思前想後，心裏亂得像沒王的蜂窩一樣。她想到那些在槍林彈雨中奮戰的國軍將士，爲了攻擊這座縣城，不知犧牲了多少寶貴的生命。可是他們却不知道如今縣城裏的文化教育機構，已經被共產黨的外圍勢力掌握着。即使有一天國軍攻進來，那和攻陷一座廢墟有何不同？她繼而聯想起這是一場民族的聖戰，日本帝國主義已經攻陷了中國的大部份土地，殺戮了我們千千萬萬同胞，到了這般地步，我國內部竟然還存在着內戰的危機，這不是自取滅亡嗎！

她在朦朧中依稀地聽到砲聲自遠而近，那聲音好似雷鳴，轟轟隆隆，搖撼着黑暗的大地。她看見一位國軍戰士血淋淋的走進院子，喊着「娘！」

吳純青驚訝地跑出房門，向這位勇敢的青年說：「你不是李大娘的兒子嗎？」

「是啊！」他摘下帽子，血汚的臉上展出笑容來：「我母親不在家？」

「她早就搬走了。現在是佘家父女倆住着。」她接着掀起門簾，讓他進屋裏坐：「你甭客氣，我跟你們家的人都挺熱，遠親不如近鄰，一家人一樣啊！」

李家青年很拘謹地走進來，她先替這位負傷的戰士倒了一杯茶，接着為他下了一大碗麵條，上面飄着兩個荷包蛋。趁着他吃麵條的時間，吳純青把他的帶血的軍裝，抱到屋後去洗，……她越洗越多，洗着洗着，聽得前院傳來李大娘的聲音，還有她的小孫子的泣聲。她裝作聽不見，只是低着頭洗那混着血漬的軍裝……「找我作什麼？還不是叫我寫那首打油詩：天皇皇，地皇皇，我家有個夜哭郎，行路君子念三遍，一覺睡到大天亮，沒用，一點也沒用，就像運河沿上賣的狗皮膏藥，貼上黏糊糊的，啥病也治不了，等於白貼。還哭什麼？你叔作戰負了傷，軍裝上這麼多的血，還哭呢！哼！」吳純青越想越生氣，丟下血衣服，兩隻手在褲子上揉搓兩下，就向前屋走。但是，那位負傷的青年軍人走了，李大娘走了，連那個愛哭的小孫兒也不見了……

「轟隆！」忽然一陣砲聲，把她嚇了一跳。她正要返身回房，忽見夏明手拿一把斧頭，帶着丁天鈞、徐婉華，還有「抗大」的那個大煙鬼、眼鏡，氣吁吁地跑進庭院。夏明把斧頭一揚，劈進了房前的那株槐樹幹上，怒氣沖沖對她說：「吳純青，妳有沒有階級立場？」

「我不懂你的話。」她說。

「妳是無產階級的先鋒戰士，爲什麼替敵人洗軍服？」

「他是咱們的同胞，怎麼是敵人？」

「他是地主、資本家的代表。」

「胡說！他家裏只種着幾畝薄田。他是爲了救國、爲了打日本帝國主義才當國軍的。他瞞着母親去從軍，咱們還應該表揚他、歌頌他才對。」

「妳太胡鬧了，我現在要公審妳反黨的罪行。」夏明從衣袋內掏出一盒香煙；不，那不是香煙，那是一隻玲瓏的小手槍，扔到丁天鈞的手上：「老丁，你不是愛過她？現在請你親手幹掉她！」

吳純青聽得渾身發抖。

砲聲，轟轟隆隆響着……

丁天鈞，那個青年，她曾交往過的朋友，如今却手握着槍，一步步向她逼近，她也一步步向後退縮。「老丁，你忍心下毒手？」她央求着對方，希望對方手下留情，她還說：「我不是膽小鬼。眞的，別人不瞭解我，難道你還不瞭解我嗎？我是覺得現在稀里糊塗死去，那有多可惜啊！我的這一生什麼也沒留下啊。請你饒了我……」忽然，丁天鈞向她瞪大了眼睛，張大了嘴，嘴中露出猙獰恐怖的鋸齒牙……槍聲砰地一響，她覺得天昏地暗，脚下的庭院頓時旋轉起來……她就在嚇出一身冷汗時，她醒了……

第二天晚上，吳純靑見到了丁天鈞，便把昨晚做的夢告訴了他，丁天鈞聽了笑道：「妳夢見可怕的事情，就是吉祥的預兆。眞的，凡是夢見了水、血，那就是有財，說不定妳最近可能發一筆財哩。」

「什麼財？——棺材。」她不滿意地說：「到了這個地步，你還講這些風涼話作什麼。」

丁天鈞想頂撞她兩句，可是他猶豫了一下，便賭氣走進了禮堂。目前「逼上梁山」的劇情，已經發展到林冲被押送的途上，因此丁天鈞的戲越來越重，而林冲娘子已經沒戲了，她在臺下看了一會排演，便托辭頭痛走了。出了禮堂，走在街上，秋風送爽，繁星滿天，她的心胸頓時開曠了些。想起剛才自己的怪脾氣，覺得實在幼稚可笑。「我憑什麼對待人家這樣厲害？旣不是夫婦，又不是愛人，我們不過談得很投機而已。」她檢討自己的處人原則，還是像一個天眞未鑿的小姑娘一樣，任性撒野，一點也不懂得含蓄、忍耐。「我怎麼够資格作敎師呢？」她想到自己的職業，禁不住暗自慚愧起來。

她漫無目標的沿着馬路散步，走了約莫二十多分鐘，不覺來到運河沿的夜市了。那裏燈火輝煌，人聲鼎沸，尤其最近不斷傳來隆隆的砲聲，這運河沿的夜市更使人感到空前熱鬧。從運河渡口起，那些五花八門的民間娛樂，排在兩旁，看熱鬧的行人從蜿蜒的羊腸小徑中擁擠而過，讓吳純青既好氣，又好笑：「這眞是世界末日的景氣啊！好像過了今天，就沒有明天了一樣。」那些賣燒餅的、油炸丸子的、炒花生、醬牛肉、鍋餅、辣椒羊肉湯、油煎包子，瀰漫着一片油香氣息。還有那些出售鞋子、布料、草鞋、豆餅、糧食，以及雞鴨的小販，扯開了嗓門喊着：「便宜賣啦！給錢就賣啦！……」

她隨便打聽了一下行情，才知道物價非常高漲。那城外斷續的砲聲，更對城內的物價有「水漲船高」的影響。她在人羣中擠路，發現路旁有不少莊稼人打扮的乞丐，有的躺在破蓆子上，有的坐在地上嘆息，有的瞪着一對失神的眼睛向着人羣張望。……這一幅飢民圖，却眞的使吳純青悲哀起來。她想：「中國的農民是多麼純樸善良啊！他們淪落到了乞丐，還是那麼溫順老實啊。」她的眼眶充盈着淚珠，喉管也覺得哽咽難受。她走近一個年邁力衰的老農人面前，見他手中拿着一塊高粱煎餅，那大概是別人剛送給他吃的。

「老大爺，您打那兒來？」

老人用一隻手捂住耳朵，艱難地聽着吳純青的話。半晌，他點了點頭，發出了沙啞的聲音：

「家裏待不住，軍隊開火啦。」

「您的兒子呢？」她蹲下來，大聲問他。

老人搖了搖頭，看看手中的高粱煎餅：「給八路軍帶走了。」

吳純青的心往下一沉，眼淚不由地奪眶而出。她從衣袋掏出來一些錢，雙手塞在他的手上，那好似過去她把領來的薪水送給父親一樣。她凝望着老人乾瘪的臉上，露出一絲笑容，那神情是多麼的像她的父親啊。

她懷着沉重的心情，離開了討飯的老農民，投進了那擁擠的人流中去。再向前走，賣吃的攤販更多，南北雜耍戲曲的布篷，連成一片，燈火輝煌，到處是絲竹鑼鼓聲響，好不熱鬧。她最愛聽唐山落子，過去在北方上大學，每逢假日，她總愛去戲園聽評劇。這種戲的唱腔韻味十足，帶有濃重的冀東鄉音，常使她產生繞樑三日的情趣。她不喜歡京戲，她覺得京戲好似富麗堂皇的宮殿，講究舖張派頭；而評劇則如鄉野的小廟，它樸素自然、藝術性强，因此聽起來非常過癮。吳純青在一座布篷前，聽了一段「桃花庵」，覺得唱的並不怎樣出色，便擠出場子，繼續邊看邊走。

這時，吳純青聽得前面的布篷前，響起一陣喝采聲。她好奇地擠過去一看，但見一位姑娘正在窩着腰，兩隻手各持一根竹竿，竹竿上頂着一個旋轉的瓷碟兒；她的嘴裏正咬着三根竹竿，上面也旋轉着三個瓷碟兒，由於那賣藝的姑娘窩着腰練功，所以憋得滿臉通紅，使人看不清姑娘的面貌。

「好，好，好！」隨着這三聲喝采聲，一位年過半百的江湖藝人從後面走了出來。吳純青的眼睛一亮，幾乎脫口而出：「這不是黑妞的父親余四海麼？」這時黑妞費了最大的勁頭，才伸直了腰桿，而她嘴中咬的、兩手拿的五根竹竿兒，依然如故，那旋轉的瓷碟兒如今更轉得令人眼花撩亂了。

「各位鄉親父老！沒有君子不養藝人。趁着俺的閨女練功的機會，讓兄弟向您介紹一種神奇百靈丹。那位先生聽了把嘴一撇：『哼，這一定是假的！』各位鄉親父老、青紅兩幫、回漢兩教，兄弟今天來運河沿賣藥，上有天、下有地，咱們得各憑良心！」余四海講得面紅耳赤，口沫四濺，他以最瀟洒的動作，脫去了那件黑背心，露出一身結實健美的肌肉。接着，他從黑妞手中接過兩包藥，那大概就是他所說的「神奇百靈丹」吧。「這是什麼藥？」余四海繼續喊叫起來。

「神奇百靈丹。」黑妞在接喳兒。

「您要問這種藥是哪個大藥廠出的？」余四海一拍胸脯，把胸脯打出一個血手指，半天才恢復過來：「這是天津市道南街一百七十號慈仁堂國藥廠的出品，分廠設在北平、濟南、開封、漢口、上海、廣州、長沙、桂林、哈密、拉薩、酒泉、西安，還有石家莊；外地也設了分銷站，凡是住在香港、曼谷、西貢、仰光、加爾各答、稀里嘩拉的海外朋友，提起咱們的『神奇百靈丹』，一定把大拇指一伸，高喊一聲王豆腐！囊貝丸！」

四週的人羣哈哈大笑起來。

「各位先生聽我這裏一吹，您一定嚇了一跳！這種藥丸八成是一兩金子一包吧？」余四海揚起藥包，繼續他的宣傳工作。

「沒那麼貴。」黑妞接應着。

「要是那麼貴，俺爺兒倆早就住洋樓、吃大菜去啦；省得整天在運河沿喝西北風，啃窩窩頭！」

「有道理。」黑妞接着話尾說。

「那您先生問這種藥到底什麼價錢？慈仁堂國藥廠有一百七十年的歷史，金字招牌！」余四海揚起藥包，提高了喉嚨：「今天是陰曆初五，按照慈仁堂的老規矩，初五、十五、二十五，每包藥八折優待。八八六塊四，喏，一包『神奇百靈丹』，賣您六塊四毛準備票！」

「對，八折優待！」

「好，那位先生您甭急！」余四海一伸脖子，向場子東南角一瞅，接着嚷道：「有人也許納悶，這種藥到底治什麼病？無論男女老幼，得了胃病，不管是胃炎、胃出血、胃潰瘍、胃穿孔，吃了保管胃病消除；您要是有肺病，大口吐痰、小口吐血，只要一包『神奇百靈丹』，保管您治好！有人說我沒病！沒病也得買——」

「對，沒病也得買！」黑妞嚷着。

「不管您得做工種地、開車駕船，您買一包『神奇百靈丹』，含在嘴裏，它可以香口生津、止咳化痰；吃了這種百靈丹，不但醒酒戒煙、提神解渴，而且還治腹痛氣痛、胸腸乾悶，總而言之一句話：家有百靈丹，四季保平安！」

「不錯，這是神奇良藥！」黑妞接應着。

「那位先生說六塊四毛錢，不算貴。吃飯吃不飽，喝酒醉不着。來，我來一包！」余四海說着將另外一包藥夾在一起：「您先生是開路先鋒，引路的財神。看，兩包賣您六塊四毛錢！」

「兩包，六塊四！」黑妞揚起藥丸向人羣宣傳。

「那位先生說『我沒帶零錢』，好吧！今兒晚上咱們豁出去啦！兩包六塊四，四毛零頭不要了——兩包六塊錢，哪位要買？」

這時，余四海父女二人端着藥箱，分別走到觀衆面前去賣藥。吳純青一看生意倒還不錯，心裏非常高興。她怕黑妞發現了她，所以趁此機會悄悄走了。

走出運河沿，繞到大街，便顯得清靜多了。街道兩旁的商店多已打烊，街燈泛出昏暗的光芒，賣豆腐腦的小販敲着梆子，更增添了淒清的氣氛，吳純青沿着麻石路向前走，當她走到茶莊附近，迎面駛來一輛軍車，上面坐滿了持槍的日本兵。那輛大卡車駛過時，司機似乎故意向她身旁擦過，她吃了一驚，急忙向旁邊閃躲，倒惹得車廂內的那羣野獸連吼帶叫，鬧成一片：

「花姑娘，漂亮大大的！」

「穆斯麥，洪桃克來衣奶！」

「啊，阿布那伊！」

「……」

這一陣吼聲過去，那些不知死活的可憐虫，齊唱起「愛馬進行曲」；那難聽的、難懂的日本軍歌，漸漸隨風吹遠，剎那間淹沒在這座黑暗的小城裏。吳純青加快了脚步向前走。她的眼眶噙着淚花，那是內心過度憤怒的緣故。「不管使用什麼方法，我們都應該早一天把這些强盜趕出中國！在今天，敎育有什麼用？我苦口婆心把學生們培植成社會的人才，那只不過給侵略者多培養些順民而已。」吳純青想來想去，覺得敎育並無立竿見影的效果，甚至連排演「逼上梁山」話劇，也感到興趣索然！她回了住所，洗了澡，泡了一杯茶，她在燈下寫日記。剛才受到日軍奚落調戲的一幕，給予她心靈上無限的衝擊。她在日記上寫着：「到了現在，我才瞭解文學、藝術並不能解決大衆的現實痛苦。目前擺在我們眼前只有一條路：有錢出錢，有力出力，四萬萬同胞團結起來，一齊走向抗日的戰場。只有早日打倒日本帝國主義，中國民衆才能揚眉吐氣，重新過起自由幸福的生活。」

放下了筆，熄滅了燈。吳純青走近窗前，凝望夜空晴朗如海，海面上的點點漁火，那是星星。她忽然想起了徐婉華，如今住在延安窰洞中，不管如何，她覺得小徐看不見敵人的猙獰面孔，聽不到轟隆的砲聲，比起自己要幸運得多。她繼而聯想起吳村「抗大分校」，那些來自五湖四海的男女青年，有的是被誘騙去的，有的是被裹脅去的，甚至有的是被綁票去的，他們吃的是粗糙的糧食，每天還得搬石頭、修碉堡；雖然他們是那麼可憐，但總比蹲在敵人佔據下的淪陷區要心情舒暢啊！

吳純青總是想向夏明表白自己的心願，讓她離開縣城，回到吳村去。儘管每天在學校碰面，晚上在圖書舘禮堂排戲，可是始終找不到單獨談話的機會。有時，夏明在聊天時無意中向吳純青表示出他對時局的看法：雖然縣城表面上是日軍盤據着，但是實際的權力却掌握在共產黨的手中。目前國軍正在猛烈地攻擊縣城，犧牲很大，不管成敗與否，都對於共產黨有好處；如果攻下縣城，中共可坐享漁翁之利，若是攻不下縣城，人員槍彈消耗的是國軍部隊，而八路軍却絲毫不受影響，同時在國共雙方戰鬥力的强弱比較上，共產黨還會佔了便宜呢。

遠處的砲火忽斷忽續，正如同吳純青的情緒一樣，有時苦悶，有時焦急，她實在弄不懂夏明排演「逼上梁山」的目的：他是爲了向中共地下黨表功呢，還是藉這齣話劇來向淪陷區的民衆作宣傳，讓他們毀家紓難奔向共黨佔領區。

在國軍猛烈的砲火聲中，「逼上梁山」終於在縣中禮堂公演了。那天晚上，教育局韓局長特別邀請了新到的田中顧問夫婦、「新民會」的幾名漢奸前來看戲。縣中禮堂擠得水洩不通，幸而秋意已濃，晚風蕭蕭，所以禮堂內還不太悶熱。

這天晚上，田中顧問的老婆穿了一套和服，非常惹眼，她的後背印着富士山嶺，一輪紅日正將落山，給人產生一種「夕陽無限好」的感覺。

從開幕起，日本婆子就問長問短，把那個「新民會」的翻譯整得頭暈腦脹，苦不堪言。

「梁山在什麼地方？有多高？」

那個漢奸告訴她，梁山距離本縣大約兩百華里，它和日本的富士山差不多高。

日本婆子聽了不以爲然，她大概覺得富士山是「名山」，梁山是「小丘」，兩者不能相提並論。因此她撇着嘴說：「梁山也是火山？」

「這個……」那翻譯順水推舟說：「不錯，梁山是一座火山。」

「那麼山東省的泰山，也是火山嗎？」日本婆子不滿意地問。

「當然是的。」

夏明坐在日本婆子的後面，他懂得日語，因此聽了又好笑、又生氣。

這時舞臺上正演着林冲夫婦遊園的一場戲，夏明想靜心欣賞這段劇情，可是前面的田中顧問夫人，老是講話，確實影響了劇場的秩序。但是誰敢在太歲頭上動土呢？

「這是什麼年代發生的事。」

「宋朝。」

「什麼宋朝，我不懂。你知道不知道它在公元多少年？」

那個小漢奸儍了眼，只得回過頭來向夏明請教。夏明用流暢的日本話告訴田中夫人：中國的宋朝分作北宋、南宋，這齣話劇發生的故事，是在北宋末年，那就是公元十二世紀初，大約在一千一百多年。

日本婆子非常高興。這時田中顧問介紹，夏明是這座縣中的校長。日本婆子格外興奮，便用日語和夏明攀談起來：

「你到過日本？」

「沒有。」

「我們應當安排你去。」日本婆子旁若無人地說：「這個人胡鬧，把富士山與梁山相比，那怎麼行？富士山是日本第一高山，它是一座靈山。校長先生，你讀過『萬葉集』嗎？」

「懂得一點，它是日本最古老的詩集。」夏明回答她說。

「是啊。這本詩集上有讚美富士山的詩句。」日本婆子闔上眼睛，像中了邪似地搖晃腦袋，低聲吟誦道：「她是鎮守日本大和國的神靈，也是可成爲寶物的高山。」

「您是了不起的文學家，夫人！」夏明諂媚地說。

這時，禮堂內的秩序混亂起來，臺上演戲，臺下是日本話高談闊論，當然引起了學生們的強烈反感。有的開始溜走，有的偷偷罵大街，整個劇場就像開了鍋的牛肉湯。但是日本婆子，依然興致滿懷地說：

「校長先生，日本十九世紀的俳句家正岡子規，你知道麼？讓我背誦兩句他的歌吧！」

「夫人，我洗耳恭聽。」夏明恭敬地說。

日本婆子吟誦的是：「聽着踏破富士山歸來人的故事，擦着我的瘦細的腿。……如果我的脚健於行，可以不拄手杖攀登富士山的高嶺。……」

這時，後面有個女生用日語罵道：「巴格牙魯！」

第十四章

這次公演「逼上梁山」話劇，得到了日本顧問田中的稱讚，尤其是田中的老婆更是高興，她散場後一直緊握着夏明的手，稱讚他是一個傑出的教育家、藝術家，她表示熱烈歡迎他常去她家作客，而且還希望他去日本一趟，以親身體驗日本的精神文化。儘管「逼上梁山」演出如此成功，但是夏明對於學生駡人的事件，仍然耿耿於懷，他決心要把那名女生揪出來，掛牌開除，以解除心頭之恨。

散場以後，吳純青一直勸他，不必將此事宣揚出去，免得引起風波。甚至丁天鈞、尹壽亭也這樣勸他，可是夏明堅決不聽。他在散會以前，曾經將有女同學駡「巴格牙魯」的事，向大家宣佈了。他警告那個駡人的女生在明天上午自動退學，毫無商量的餘地！

夏明坐在後臺，吸着紙菸，一直在生悶氣。他們左也勸、右也勸，夏明始終不聽。吳純青悄聲說：「你仔細想一想：學生的這種愛國思想，咱們能夠忍心打擊它嗎？咱們應當鼓勵才行。你怎麼這麼糊塗？人家日本人沒有發火，你却首先發起脾氣來，你這樣作會有反效果的。」

「妳犯了左傾冒進主義的錯誤。過去，徐婉華也是這樣，妳們不懂得咱們黨的目前政策。」

夏明壓低了聲音，解說着他的觀點。

「你們的政策是拉攏日本？」她冷笑地問。

「現在我沒有時間跟妳討論。」夏明不耐煩地站起來，轉身要走，但却回頭對她說：「妳替我去調查一下，到底是哪個女生喊的？她的背後有沒有陰謀份子？」

吳純青見他走了，內心非常氣憤。她覺得一個純潔無瑕的女學生，爲了厭惡侵略者而罵了一句，這是很平常的事情，夏明却小題大作，還說什麼人家背後有「陰謀份子」，這眞是無理取鬧！「他這種使親者痛、仇者快的作法，竟然符合了共產黨的政治立場。如果這樣作下去，中國的前途可眞是悲哀！」她越想越激憤，換了衣服，她走出禮堂的後臺，向校門方向走。

校園內還有不少男女學生，有的坐在草地上談笑，有的爬上單槓唱歌。話劇散場以後，學生們依然滿懷興奮的情緒。吳純青走到一株槐樹旁，迎面走來一個女學生，喊了一聲：

「老師！」

「啊，王蓉，妳怎麼還沒回家？」

「我在等您。」

王蓉說着把頭搭拉下來，好似有無限的委屈。吳純青拍着她的肩膀，親熱地說：「我原來想回鄉下去的，後來夏校長一再地挽留我，所以我沒有走。怎麼樣？妳家裏的人都好麼？生活上沒什麼問題吧？……」

「老師！」王蓉打斷了她的話：「是這樣的。剛才在禮堂看話劇，我覺得那個日本女人太囂張了，講話聲音那麼大，一點不懂公共秩序，所以我……罵了她一句！……」

「罵得好！」吳純青鼓舞着她：「若是我在下面看戲，我也會罵她，這有什麼關係？」

「可是……」王蓉痛苦地說：「剛才夏校長說，他要開除我。」

「妳放心，這件事包在我身上。他要開除妳，連我也一塊開除，我早就不想幹了。」吳純青拍拍她的肩膀，親暱地說：「趕快回家，這麼晚了，別叫妳的父母掛心。我也得回去了。」

雖然吳純青嘴上這麼說，可是她心裏非常焦急。她瞭解夏明爲了討好日本顧問，別說開除一個學生，即使拘捕一羣教師他也下得了手。她想起不久以前，夏明曾經激昂地說：「小吳，堅强些。妳知道，一個共產黨員是怎樣造成的？」接着，他的那兩隻銳利的眼球射向遠方，嘴裏發出低沉的聲音：「我們是特殊的材料做成的。我們跟普通人不一樣。列寧說過：共產黨員應當像蛇一樣的聰明，像鴿子一樣的溫和……」

她的心開始慌亂起來。她停住脚步，向着校園旁的那棟教室大樓旁的房間眺望，但見燈火通明，屋裏隱約有人走動。吳純青猶豫了一下，便決心去找夏明談話。

夏明見了她，首先談起「逼上梁山」的事情，吳純青一直沒有機會講別的事。半晌，趁着夏明劃火柴吸菸的機會，她才切入了正題：

「你決心開除那個女生？」

「妳的意思是——」他吸着菸，老謀深算地問。

「我覺得爲了這件事，開除一個學生，將來會造成不好的影響。」

「爲什麼呢？」

「你想一想，我們學校的學生，雖然表面上學日語、唱日本歌、呼叫什麼中日親善的口號，可是他們內心是抗日的、愛國的，這是任何人也必須承認的事實。這個女生罵人，就是愛國主義的表現啊。如果你把她開除，那不是等於打擊愛國主義思想嘛！」

夏明凝聽着對方的激動聲音，顯然有點不耐煩。他不時抬頭向窗外瞅一眼，唯恐被學生偷聽了他們的談話。他吸了一口菸，皺着眉頭站起來，斬釘截鐵地說：「不管妳怎麼說，我決心要開除王蓉。剛才我已經通知總務科，馬上寫佈告，明天一大早貼出去，免得夜長夢多，給學校惹麻煩！」

「惹什麼麻煩？」吳純青不滿地問。

「她過去有反日的嫌疑，被日本憲兵機關逮捕過，這是一個恐怖份子！」夏明厭惡地說。

「恐怖份子？」吳純青氣咻咻站起來，反駁着說：「反日愛國，你把她看作恐怖份子嗎？那你是站在哪個國家的立場講話？」

「我是站在共產黨的立場講話。」夏明壓低了聲音，兩隻銳利的眼球迸射出强烈的火燄。

「什麼？共產黨不要抗日？」她驚愕地問。

「當然要抗日。不過，抗日要講求鬥爭策略，而不是瞎鬧、蠻幹。我們當前的政策，應當把大部份的工作放在壯大力量上，這才是工作重點。」接着，夏明用警告的口吻繼續說：「以後不准妳隨便批評咱們的黨。記住，妳已經是共產黨的同路人了。」

吳純青懷着痛苦的、無告的心情，走回了住所。擺在她眼前的是一片黑暗無光的世界，只有那夜空上的幾點星光，向她在眨眼睛，似乎是同情她的激憤心情。長夜，她倒在樹下的一張躺椅上，默望夜空。想着她的過去，也漫無頭緒地幻想着她的將來，她越想越覺得苦痛、失望，不由地熱淚奪眶而出了……

第二天早晨到了學校，吳純青便看見貼出了開除王蓉的佈告。她非常激動，便直接去見夏明，夏明等她發過牢騷，便輕鬆地笑道：「既然妳這麼熱心，妳應該給她找個出路啊！」

「她初中馬上畢業，現在哪個學校也插不進去了！你這不是逼她走投無路嘛！」吳純青皺着眉頭說。

「走投無路，爲什麼不上梁山？」夏明刁着香煙站了起來。

「上梁山？」她重複着這句話。

「是啊，咱們演的『逼上梁山』話劇，就是給淪陷區青年指出一條道路。走共產黨的道路。」

吳純青聽了他的這些話，頓時明白過來。她想：「你們實在太殘忍了！像王蓉這樣十六、七歲的女孩子，正是求學的時候，你忍心叫她們拋棄父母家庭，去當共產黨嘛？」接着，她設想王蓉的出路，去師範學校插班，那也不是辦法，因爲她被開除的新聞馬上會傳遍縣城的；到外縣去讀書吧，她的家境困難，談何容易？直到現在，王蓉只有去吳村參加「抗大分校」了，想到這裏，她的眼圈不禁紅潤了：「好吧，請你寫封介紹信，把王蓉送到抗大去學習吧。」

「妳的思想解放了？」夏明笑着走近辦公桌坐下，拿起鋼筆在寫介紹信。寫完，他將信紙疊起來，遞給了吳純青，然後才說：「王蓉的父親是工人，她的家庭成份好，是咱們培植的好對象。我開除了她，一舉兩得。一方面給日本顧問出一口氣，另一方面替黨網羅了一個人才，妳說對不對？」

「嗯。」她敷衍了一聲，便把那封介紹信塞進衣袋，準備回去。

「小吳，」他追到門口，輕聲細語地說：「等她點頭答應了，妳再把介紹信給她。要小心謹愼！」

吳純青回到教務主任室，便發現全校各班級的學生代表，正圍在門口議論，學生見了她，便自然地站好了隊伍，其中高三級的一個男生，向她鞠了個躬說：

「吳老師！我代表全校各班級的代表，向您報告一件事——」

「那你們進來說吧。」她一看這情況，便猜準了一定是爲了開除王蓉，引起了學生的强烈不滿。

「不進去了，老師。」那個高三級男生固執地說：「老師，您是我們最敬愛的一位老師！這次校長開除王蓉同學，實在有些過分。如果是日本顧問提出了抗議，校長爲了顧全大局，把王蓉開除，那還情有可原；但是日本顧問並沒有提出意見，爲什麼夏校長就把王蓉同學開除？這個道理說得通嗎？……」

於是，後面的學生亂嚷嚷起來：

「這是霸王作風！」

「完全是奴隸作風，可恥！」

「打倒夏霸王！」

「罷課！我們決心鬧學潮！」

「……………………」

吳純青一看學生窮吼亂叫，氣得渾身直打哆嗦。她等到聲音平靜下來，便對學生們說：

「你們罷課、鬧學潮有什麼用？你們這種作法是想吓唬日本顧問？還是想吓唬夏校長？還是想吓唬我呢？」

「老師，我們決不是吓唬您的。」領頭的那個學生解釋着說。

「不是吓唬我，爲什麼站在教務主任門口找我？」

學生們啞口無言了。

「我瞭解你們的心理。你們的一舉一動，我非常清楚。」吳純青的聲音逐漸低沉下去：「王蓉的事情，請你們放心，我會給她安排出路的。今天下午，我專程去她家裏看望她，我還準備給她帶點錢去。你們明白了不？我準備介紹她去外縣市轉學，決不會讓她半途而廢。這是我的意思，也是夏校長的意思。」

「可是——」有人在提意見。

「不要懷疑我的話。你們同學中間也許有人知道，我喜歡王蓉，王蓉也最聽我的話。如果你們發現我是欺騙你們，你們可以馬上罷課、鬧風潮。不然的話，你們現在就解散回去，繼續上課。」

學生們愣了一下。那領頭的高三級學生，立刻向吳純青敬了禮，然後向後轉，喊了一聲「解散」，二十幾個學生一鬨而散！

吳純青親眼看着學生們一個個跑進了教室，心裏才像石頭落了地。她走進辦公室，左思右想，心裏總不是滋味。她想：如果把王蓉騙到吳村「抗大分校」，那不等於害她一輩子？她處理完了一些校務方面的工作，便擦了一把臉，又去找夏明談話。

剛走進「校長室」，夏明就咧著嘴站起來迎接她。原來夏明在學校安置了幾名心腹職員，專門探聽校中的秘密新聞，剛才吳純青向學生代表講的一番話，以及把學生趕回教室的情景，夏明早已聽到了，因此他暗自慶幸將吳純青召回縣中，實在是他得意的絕招之一。這時吳純青坐下來，向他說：

「把王蓉留在縣立圖書館工作行不行？她喜歡文學，老是夢想將來成爲作家，這一方面解決了她的生活問題，同時也給她一個學習的環境，你覺得怎麼樣？」

夏明從茶几的煙筒裏抽出一支香煙，劃着了火，忍不住笑了：「小吳，咱們不要什麼作家、藝術家或是科學家，但是却需要這些專家爲咱們的黨服務，妳懂得了這個道理，就知道我爲什麼希望王蓉去『抗大分校』了。」接着，他瞪大了眼睛，露出一副得意忘形的神情：「妳看吧，不要半年的時光，咱們這座學校就變成了華北抗大！妳不是喜歡延安的作家嘛，到那時候，丁玲、蕭軍、馮雪峰、王實味、羅烽、陳企霞這些作家，都會到這個操場來打球、講話……」

「眞的?!」吳純青興奮地睜大了眼睛，彷彿已經看到了他們：「我最喜歡蕭軍的小說，他寫的『八月的鄉村』，充滿了泥土氣息、戰爭氣息，眞是讓我着迷。」

「把王蓉送去吳村，這對她、對黨，都有好處。咱們不需要書呆子。記住我的話：知識份子不改造不行。」

吳純青懷着茫漠的心情，走出了「校長室」。她想起剛才告訴過學生，今天下午她會專程去看望王蓉。既然如此，何不趁着上午預先去看望她，若是能早些解決了王蓉的出路問題，豈不更解決了學生風潮？她收拾了一下，向總務處借了三百元，便悄悄出了校門，雇了一輛黃包車去了運河沿。她記得王蓉的家在靠近運河附近的火神廟街，那座廟裏香火繚繞，有一位白鬍子老頭兒時常講「善書」，這些都是她從王蓉的作文簿上看到的。她還記得王蓉的隔壁有一家饅頭店，那家賣饅頭的十九歲的兒子，還曾偷偷地給王蓉寫過「情書」。有一次他這樣寫道：「我對妳的感情比黃海還要深。」王蓉接到那封信，便把它扔進了運河，她在作文上寫道：「這個被大饅頭撐飽肚皮的笨孩子，恐怕連黃海的位置還弄不淸楚，他却向我大作文章起來。呸，見你的大頭鬼去吧！」她想起那個有趣而淘氣的女孩，禁不住哈哈笑了起來。

吳純青在運河沿下了車，便朝着火神廟方向走。那是一座普通的廟，廟的院落非常寬敞，有十幾株參天的柏樹，樹下擺了一些攤販，出售紙箔、檀香、紙元寶之類的供奉品。還有兩個光頭男人在低頭下棋。吳純青從廟門前走過，便是一條崎嶇不平的泥巴路，兩旁的房屋低矮破舊，路旁堆滿了垃圾、糞便，非常骯髒。她走了十幾步，只見前面的路旁，掛着一個招牌，上面寫着四個大字：

「德州饃饃」

她的眼睛不覺亮了！她想起過去從北平路過河北省交界的德州，許多山東老鄉托着熱騰騰的饅頭，沿着火車廂叫賣。那種饅頭呈香蕉形，十幾個黏在一起，嚼起來又香又好吃。每次搭火車路過德州，她總是買些饅頭吃的。她邊走邊想：「莫非王蓉就住在饅頭店的隔壁？」

她走到饅頭店門前，停住脚步。左面是家修理皮鞋的小舖。右邊的店門上了鎖，好像主人已經歇業多年。她猶疑了一會兒，便走進了修皮鞋的小鋪，但見一位滿頭霜白的瘦弱老頭，戴着花鏡，正坐在馬札子上綹鞋。

「請問王蓉在家嗎？」

那位補鞋的老工人摘下花鏡，胆怯地說：「您找她有啥事情？」

「您是王蓉的——」

「我是她爹。」老頭說着向她的皮鞋瞅了一眼。

「啊，王老先生。」吳純青禮貌地說：「我是王蓉的老師。」

「老師，請坐。」老工人趕緊站了起來，一拐一拐地往後面走，一面喊着：「小蓉，妮兒！妳老師來了！……」

吳純青坐在一只小凳子上休息，等了約莫兩分鐘，王蓉穿着一件破爛的小褂兒，兩隻手髒兮兮的跑了出來，她見到吳純青既驚且喜地說：「吳老師！眞想不到是您！您看，我正在厨房燒火，滿手都是灰……」

「妳怎麼不找賣饅頭的那小子幫忙？」

吳純青故意這樣逗她，果然逗得她哈哈笑起來了！接着，吳純青便將自己的來意向她講了一遍，王蓉只是靜心地聽着，兩隻眼睛流露出感激的光芒。等她聽罷了吳純青的話，她說：「這都怪我不好，給老師惹來那麼多麻煩。老師，我從小個性衝動，沒有修養，爲了我這個壞脾氣，惹我的父母生了不少氣，我娘就是被我氣病的。」

「不，這不能怪妳。妳表現了中國同胞的志氣。」吳純青誇獎她說：「那天晚上我在舞臺上演戲，也聽見那個日本女人在講話，她那種旁若無人的侵略者作風，誰也忍受不了！即使妳不駡她，也會有人駡她！」

「本來我心裏很難受，馬上要畢業了，在這個節骨眼上被學校開除，眞是功虧一簣啊。」王蓉說着低下了頭，揉搓着那兩隻煤黑的手：「後來想來想去，我也想開了。有一張初中畢業文憑又能怎麼樣？在這個年月裏，像我這樣的女孩，怎麼會有出頭的日子？」她的眼圈紅潤起來。

「王蓉，妳不能洩氣，妳不是立志成爲一個作家嘛，妳的前途遠大得很呢。」

王蓉頓時紅了臉，天眞地說：「老師，您別相信我的話，我是吹牛的。」

「吹牛？」吳純青哈哈笑了：「妳不是吹牛，我相信妳將來一定能寫出妳的文學作品。因爲妳用功，有文學天才，妳每天去圖書舘看書，我早就注意到妳啦。」她說着從皮包中取出三百元準備票，塞在她的手上：「這是學校送給妳的，算是一點補償金。」

王蓉推託不要，經不住吳純青的勸導，她終於含淚把錢收了下來。

「我想幫妳找個出路，妳願意麼？」如今，吳純青才談起了這件大事。

「眞的，您叫我上哪個學校？」王蓉高興得幾乎要跳起來。她拉着吳老師的手，性急地說：「學費太高我可出不起啊！」

「不要學費，而且學校還管吃管住。」她微笑着說。

「什麼？天底下還有這麼好的事情？」

吳純青凝望着她那天眞未鑿的神情，內心充滿了矛盾不安。「像她這樣純潔可愛的女孩，我怎麼忍心將她推到火炕裏去！」她忽然有一種犯罪的感覺。但轉念一想：除了走這一條路之外，又能走哪一條路呢？去皖北阜陽談何容易？不僅路費困難，甚至連去津浦線搭車的這段路程，沿途盡是盜匪，搶刼綁票的事件時常發生。

如今擺在王蓉面前唯一的生路，也只有去吳村參加「抗大分校」了。於是，吳純青用極其溫和的聲音，向王蓉解析着目前的時局，以及她今後的出路，接着她才提到「抗大分校」的事。

「我願意去！」王蓉爽快地說。

「妳眞的願意？」她有些驚訝。

「只要離開這個鬼地方，看不見日本鬼兒，聽不見日本話，我就高興！」

吳純青凝望着她那一對明亮的大眼睛，閃耀着無限的希望。於是，她謹愼地從衣袋內取出一封信——那是夏明親筆寫的介紹信，交給了她，並且叮囑她怎樣搭乘大車，以及應當隨身攜帶的衣物，王蓉都把它記了下來。臨走，吳純青還叮嚀着說：「到了那裏，妳講話要特別小心，人心隔肚皮，千萬不要隨便發牢騷，那妳會惹痲煩的。」

王蓉不停地點着頭。

「妳要努力體驗生活，豐富妳的生活知識，這對於妳將來的文學創作有幫助。一個人有理想，活着才有奔頭。妳的理想是成爲一個作家。……」站在門口，吳純青還這樣說。

「老師，我記住了。」

王蓉送她到了火神廟拐角的地方，才返回家去。吳純青叫了一輛黃包車，也回了學校。

那天下午，夏明叼着菸捲兒，走進「教務主任室」。他一屁股倒在沙發上，興奮地拍了大腿一下，「成功了！成功了！」

吳純青正在看學生作業，向他瞅了一眼，不解地問：「什麼成功了？」

夏明便將剛才田中顧問找他談話的經過，向吳純青講了一遍。他用誇張的語氣，描述田中顧問的住宅，充滿了東方精神文明的氣息。田中夫人跪在「榻榻米」上，替他倒茶、敬菸。他們從話劇「逼上梁山」談起，談到宋朝的文天祥，他說田中顧問還熱情洋溢地背誦起文天祥的一首詩，雖然夏明有些字彙聽不太懂，但是他却猜出田中背的即是「過零丁洋」那首絕命詩。

「他背這首詩是什麼意思？」吳純青聽得有些興趣，便想起這樣的問題。

「田中顧問吟到『人生自古誰無死，留取丹心照汗青』的時候，感慨萬千。他們說日本不少將軍，在華北、華南戰場上，發揚了偉大的武士道精神，這種精神跟文天祥的愛國主義精神一樣。」

「笑話，這怎麼能同日而語呢？」吳純青丢下毛筆，不滿地說：「文天祥發揚的是浩然正氣；他們日本軍是帝國主義的侵略者，他們怎麼能跟文天祥來比，那豈不是天大的笑話！……」

夏明猛烈地吸了幾口煙，覺得話不投機，便故意岔開話題，詢問有關訪問王蓉的經過。吳純青便將上午的事講了一遍。最後，夏明帶着批評的口吻說：「這件事妳辦得成功，不過美中不足的，妳爲什麼送給她三百塊錢？這是資產階級思想，妳給她錢，不是愛護她，而是腐蝕了她純潔的心靈。」

「這三百塊錢，扣我的薪水好了。」她賭氣地說。

「公家哪有錢？妳又不是不知道，下月初我去日本的旅費，還沒有辦法籌措呢！」

夏明一拍屁股，扭頭走了。

第十五章

夏明訪問日本的新聞，不僅轟動了縣中，而且也轟動了整個的縣城。街頭巷尾，茶餘飯後，到處都可以聽到有關夏明的謠言。有的說：夏明這次訪問日本東京，山東省僞教育廳長要召見他，說不定還會派他出任縣教育局長，接替韓南崗哩。有的說：夏明走了桃花運，田中顧問的老婆迷上了他，跟他有不三不四的關係，而那個日本娘們却是土肥原的乾女兒，因此夏明的政治前途一定是一帆風順。……謠言，像夏天的蚊蠅那樣氾濫着、傳播着，這樣反覆地加油添醋地攪拌着，最後已經到達了駭人聽聞的地步。

「你知道夏明是誰?這個人來頭可大哪。他是共產黨派到山東的學運頭目，厲害着哩!」有一個縣中學生這麼說。

「那他爲什麼當漢奸，跟敵人作朋友?」另一個不服氣地說。

「這大概是使的間諜計吧。」

吳純青每逢聽到這些流言蜚語，幾乎作嘔。過去，她看不起夏明，如今對他增添了厭惡的成份。夏明嘴上講的天花亂墜，但是一接觸到現實利益，那便暴露出他的貪婪自私的原始面目。他出國前夕，曾分別地將校務付託與總務主任、訓導主任和她三個人，換言之，他用這種相互掣肘，相互監督的方式來管理學校，以鞏固他的領導權。當然，縣中的教職員對於夏明的這套手腕，都看得十分清楚，他們表面上向他打躬哈腰，內心對他恨之入骨。連伺候他的工友老佟也這樣說：「俺還不是爲了混一口飯吃！要是時局一變，日本鬼一走，不砸死這個龜兒子俺不算人！」

那是一個星期天上午，吳純青正在後院洗衣服，丁天鈞來了。她趕緊擦淨了手臂，替天鈞冲茶。她見桌上放着一盒點心、一册新書，便問：「這是什麼？」

「送給妳的。」

「哈哈！」她噗哧一聲笑道：「要是老夏看見，他也要批評你資產階級思想啦。」

「妳不是喜歡吃綠豆糕？過八月節了，我剛才買了兩盒，挺新鮮呢。」他喝了一口茶，微笑地說。

吳純青拆開盒子，讓天鈞嚐了一塊，自己也將一塊綠豆糕塡進嘴裏。「這是什麼書？」

「魯迅的『兩地書』，剛出版的。」丁天鈞放下茶杯，親摯地說：「我知道妳苦悶，性子急。魯迅說的對：在進取的國民中，性急是好的；但生長在麻木的現實社會裏，却容易吃虧，縱使犧牲了自己，對社會人羣也毫無影響。這就是我送給妳這本書的原因。」

她把這本書摟在胸前，一面凝望着丁天鈞那一對深邃的眼睛，那眼睛裏蘊藏着無限的深情；從他們相識一年多來，她便熟悉着對方的那兩隻眼睛，它宛如一面鏡子，照出了他深藏在心中的感情秘密，那個秘密只有天知道、地知道，他倆知道。

「這本書我看過。」她低下頭去，拆除了外面的包裝紙：「你覺得魯迅說的對麼？要治這個社會，要靠一個『韌』，也就是所謂鍥而不捨的精神？」

「對，咱們的古人也說嘛，精誠所至，金石爲開，一個人只要專心去做，天下沒有走不通的路！」

吳純青凝望着他那嚴肅而認眞的神情，感到愛憐，也覺得好笑。她不以爲然地說：「老丁，跟夏明這種共產黨員做事，即使你鞠躬盡瘁、死而後已，你也不會得到報償的。這一年來，我把老夏看透了，你把心挖給他吃，他還嫌腥呢！」

「但是我們有什麼辦法？」丁天鈞皺着眉頭，苦惱地說：「除了他，誰會幫助我們？退一步說，老夏總比韓南崗强一些吧。」

只要一談到現實問題，吳純青就心灰意冷，整個的心宛似封凍的河床，再也泛不起絲毫的漣漪了。她站起來，去厨房接了一壺水，放在煤球爐上。這時丁天鈞追進厨房，上下打量了一眼：「還挺乾淨，够資格當太太了。」

「誰娶我呀？」她俏皮地瞅了丁天鈞一眼。

「我想娶妳。」他冒失地說。

吳純青低下了頭，捂着嘴直笑。心裏却禁不住噗噗地跳。她確實感到高興，儘管對方講的是那麼草率，好像開玩笑似的，但那畢竟是向她求婚的話啊。於是，她偷偷抬頭瞅了他一眼，發現他的面色凝重，心事重重，她頓時感到不安了。

「老丁，你怎麼啦？」

「我哥哥上個月結婚了，沒通知妳。妳不要見怪。我們家只請了兩桌客，都是雙方的親戚。」

「啊，你不說我還不知道呢。你嫂子是哪裏人？」

「尹家灣的。我舅父介紹的。」丁天鈞說着嘆了一口氣：「唉，年景不好，老年人逼着我們結婚，結了婚，拴住兩條腿，那怎麼能抗日革命？」

「老年人的想法跟咱們不一樣。」

吳純青說着走到後院去洗衣服，丁天鈞也順手摸了一只小板櫈，在她面前坐了下來。

「我哥哥爲了結婚，難過了一個多月。」他還是圍着這個話題轉。

「過些日子就會高興了。」她低頭搓着衣服說。

「啊，照妳這麼說，妳倒蠻有經驗哩。」

吳純青哈哈笑了。用手潑了他一臉水珠：「走！回屋裏喝茶去！」

丁天鈞掏出手絹，把臉上的水珠擦乾，他說：「咱們倆混在一起了，妳知道不？」

「還演話劇呀？」她抬頭問。

「妳眞的不知道？昨天上午，我接到通知，教育局派我去縣中作訓導主任，明天就去報到，這一定是老夏的意思。」

「那我要恭喜你了。」她誠懇地說：「你請客吧！」

「我不是請客了嘛。」

「什麼時候？」她天眞的問。

「綠豆糕。」他伸了一下舌頭，走進屋去。

「去你的，我又要潑你啦！」

吳純青一面笑着，一面把洗淨的衣服，一件一件晾在竹竿上，然後擦乾了雙手，回到客廳去喝茶，他們聊了一會兒，快到中午做飯的時候，吳純青打算去剁餡子，包餃子；可是丁天鈞偏要回家，她心裏很生氣，便刮了他一句：「你哥哥新婚燕爾，不敢在外面吃飯，你算老幾？瞧你急得像猴兒似的！」儘管這麼刮他，他還是急着趕回家了。吳純青有一種茫然若失之感。天鈞走了，她一個人哪有興致去包餃子，便隨便下了一碗麵條吃了。飯後她騎自行車去了圖書館。雖然是星期假日，看書的人並不多。她和尹壽亭打了招呼，便專心看起書來。

過了一會兒，尹壽亭把一份剛到的外埠報紙，遞給她說：「妳看，夏霸王的新聞，他在東京還發表『中日親善』的話呢，吊死鬼搽粉——死不要臉！」

吳純靑看過那條新聞，也有厭惡之感。

「小吳，聽說丁天鈞快結婚了。」

「眞的？」她驚訝地問：「你沒聽錯吧？是他哥哥結婚，還是他自己結婚？」

「他倆都要結婚。」尹壽亭忍不住笑道：「妳這麼一打岔，倒把我搞糊塗了。是這樣的，他們是雙胞胎，娶的對象也是親姊妹，兩人相差兩歲；原先是要一起結婚的，但是丁天鈞不肯那樣做，他哥哥上個月作了新郞，他可能拖到下個月結婚。」

「老丁爲什麼拖延婚期呢？」她心裏眞的扭絞不安了。

「老丁嘴上說是學校月考工作忙，那是騙他家裏人的話，其實他是爲了妳——」

她的臉有點發燒，禁不住埋怨了一句：「老尹，你別開玩笑了！」

「小吳，我怎麼能開玩笑？我把妳看作親妹妹一樣，所以才提這件事。妳知道麼，丁天鈞對妳非常好，你們是非常理想的一對兒。」尹壽亭誠懇地說。

「不，我不喜歡這個人！」她擺過臉去，內心有些痛苦。

「爲什麼？你們吵架了？」

「沒有。」她苦笑地說：「這個人猶豫不決，神經過敏，做什麼事情總是拖泥帶水，一點也不乾脆俐落。」

停了一會兒，尹壽亭說：「妳不能光看他的缺點，我覺得他的優點很多。」

吳純青便把上午丁天鈞去看望她的經過，向尹壽亭講了一遍。然後她激動地說：「你想一想，到了現在，他還在瞞着我，你說他氣人不氣人？如果他是眞心喜歡我，爲什麼他不——」吳純青這時噗哧一笑，低下頭去：「眞想不到一個愛好藝術的人，做起事來毫不藝術。」

尹壽亭却沒有笑，他思索了半晌，便說：「也許老丁有他的難處。等過兩天我去問問他。」

「他明天就到我們縣中當訓導主任了。」

「那你們混在一塊，可有好戲看啦。」尹壽亭這時才哈哈笑了起來。

第二天早晨，縣中的門口佈滿了警察、日本特務。吳純青進校門時，發現每個站崗的學生都有些憤怒的樣子。校內的環境面貌一新，從校門通往教學大樓的甬道上，插滿了五色旗和日本國旗。吳純青走到辦公室，才知道田中顧問今天上午來校講話，並且主持丁天鈞就任訓導主任佈達儀式。

她剛進辦公室，就有十幾名學生代表來求見她，學生們面色嚴峻，但却仍流露着敬愛她的神情。那天爲了校方開除王蓉，這些學生代表曾見過她一次，如今還是那位高三級的男同學向她報告的。

「吳老師！關於夏校長開除王蓉同學的事，您曾經向我們作了保證，您說學校不僅送給她錢，而且還介紹她去外縣市轉學，決不躭誤她的畢業——」

「對啊，我那天上午就去看她了。」她插嘴說。

「老師！」那個學生激動地說：「昨天下午，我們學校的訓導主任，還有王蓉，還有老佟，統統被日本憲兵機關抓起來了。」

「什麼？」她着實吃了一驚：「老佟？」

「校長室的工友。」後面一個同學說。

「你們怎麼知道的？」她的心涼了半截，彷彿下半身掉進雪窩裏。

「今天報上登的新聞，上面說他們是重慶派來的情報員。老師！您說這不是誣陷嘛！像王蓉、老佟那樣老實的人，怎麼會是情報員？老師，爲什麼說是重慶派來的？這到底是什麼意思？」

「目前我們的國民政府在重慶，所以說是重慶派來的。這些話，你們在外面可不要說，時局越亂，他們抓人越厲害。」接着，吳純青叮囑這些學生代表回去，保持冷靜，因爲校方一定會設法營救他們。

這些學生走了，吳純青去參加會議。原來預定是田中顧問來的，可是等到九點鐘，韓南崗和兩名僞教育局的官員來校參加了校務會議，並且主持丁訓導主任的佈達式。

韓南崗首先介紹丁天鈞和縣中教職員見面，他說丁天鈞是一位優秀的話劇演員，也是一位優秀的教育工作者；他這次接任縣中訓導主任，是經過夏明親自挑選，田中顧問親自批准的。大家聽了這話，便鼓起掌來。吳純青也跟着敷衍了一番。接着，校方的教職員提出了幾項無關疼癢的問題，也分別由韓局長和那兩名隨員作了答覆。散會之後，大家送韓局長上汽車，吳純青趁此機會悄聲問他：「昨天抓人的事情是怎麼回事？」韓南崗聽了直皺眉頭，便低聲說：「回頭再談。」等他跨上汽車的後座，却露出頭來說：「我下午有空，到局裏來談談吧。」於是汽車迅速地開走了，留下的是一股難聞的汽油味。

吳純青回到辦公室，拿起當天的報紙，將王蓉、老佟被捕的新聞，仔細看了一遍。她心裏非常納悶，按照最簡單的推斷，逮捕他們兩人不但是夏明的意思，而且是夏明親自部署的。

夏明爲什麼這樣做？實在使吳純青感到撲朔迷離。因爲任何人也決不相信這兩個人會是「間諜」。這時，丁天鈞走進來，他們倆也討論了一番，最後得出一個初步的結論：

關於老佟被捕，可能夏明怕老佟瞭解他的底細；如今趁着這個機會，夏明使用「借刀殺人」的方法，將這位伺候他將近半年的工友，清除出去，免除後患。吳純青還想起老佟在背後發過牢騷，對夏明的蠻橫作風表示不滿，那很可能這些話已傳到夏明的耳裏，所以才發生被捕的事。

至於王蓉被捕，實在找不出適當的理由。不過夏明開除王蓉那天，引起了全校的强烈不滿，幾乎釀成風潮。夏明決心拘捕王蓉，給她安上「重慶份子」的罪名，那一定想藉此來平息全校同學的憤慨心情。

「妳眞的想去跟韓蘭根談一談？」丁天鈞關心地問。

「他叫我下午去。不過，你的意思呢？」

「我認爲妳用不着跟他談。」丁天鈞激昂地說：「姓韓的有什麼權力？他還不是田中顧問的傀儡？再說，王蓉、老佟被捕，並不是一件小事；過去妳被捕過，我跟我哥哥也被捕過，可是咱們都沒有登報啊！現在他們倆抓進去，韓蘭根有什麼辦法釋放他們？妳跟老韓去談，那不是白談嗎！」

吳純青覺得他的話固然有理，但是如果不去設法解決，都怎麼能平息學生憤慨情緒？

「妳不要去，我求求妳。」丁天鈞瞪着深情的眼睛，繼續央求她說。

「啊？」吳純青的心軟了：「爲什麼他如此反對我去見韓南崗呢？莫非她擔心老韓向我求婚？」於是，她故意逗他說：「爲了營救他們兩個人，我一定得去見韓蘭根，說不定他看到我親自去，他會幫忙呢。」

「不要去！」他依然固執地說。

「爲什麼你反對我去見他？」她有些惱了。

「妳不知道？」丁天鈞賭氣背過臉去，囁嚅着說：「韓蘭根是一個色狠。」他說着走了。

吳純青凝望着他的背影，消失在穿衣鏡外。她癡迷地想：這眞是一個旣討厭而又可愛的人啊。他談起時局、文學的問題，爲什麼那樣的激昂、率直；但是一涉及到情感問題，他却顯得那麼懦弱、猶豫，好像一個剛涉足社會的孩子一樣。她笑了，偷偷地捂着臉笑了。……

門外傳來吵嚷聲。她吃了一驚。放下報紙，她走出門外，但見操場中站滿了高年級的學生，有一個在熱烈地講話，四週的學生不時報以嚷聲、掌聲。這時，訓導處的一個職員喘吁吁跑來：

「吳老師！您看怎麼辦？學生要鬧事啦……校門口站滿了治安軍，要是他們開槍怎麼辦？……」

「什麼，門口有治安軍？」她不滿地說：「誰通知他們來的？」

「沒人去通知，他們自動來的。」那個職員解釋說。

吳純青渾身沸騰了。她挺起胸膛向着校門方向走。那些躲在辦公室的胆怯的教職員們，那些站在操場上正準備罷課示威的學生們，如今都鼓着驚異的眼睛，注視着吳純青的行動；她正一步一步地走着……當她走到校門口，那些刺刀出鞘的僞軍，正虎視眈眈地監視着她。

「你們站在這裏幹什麼？」吳純青大聲問着。

停了一下。走上前來一個僞軍官，回答她說：「我們是奉命來保護學校的。」

「我們不需要你們保護。」吳純青不卑不亢地說：「我叫吳純青，我是這個學校的教務主任，我請你們回去。這裏的一切事情，我負責任。」

「妳能負起這個責任？」那個小僞軍官皺着小鼻子，皮笑肉不笑地問。

「我也可以負責任。」是丁天鈞的堅定聲音。他是剛走過來的。

那個小僞官招着腰間的寬皮帶，看看吳純青、看看丁天鈞，然後又向操場上的都些學生望了一眼：「只要你們能够勸導學生回教室去，不搗蛋，我們就撤走！不然的話，縣長下命令我們也不聽！」

吳純青聽了這些斬釘截鐵的話，便點了頭。她反身走向操場，後面的丁天鈞，像個保鏢似地尾隨着她。那些圍立在操場上開會的學生們，如今都以尊敬的目光迎接着她，而且鼓起掌來。吳純青舉起右手向下一壓，同學們的掌聲頓時停止，她走上了升旗臺，用着誠懇而低沉的聲音說：

「親愛的同學們！今天早晨，我已經跟同學代表說過了，千萬要保持冷靜，我決定想盡一切辦法營救他們。我知道你們熱情、焦急，恨不得馬上看見王蓉、老佟出來，這是不可能的事情啊！你們想一想，冷靜地想一想，你們罷課也好、示威也好，這能解決問題嗎？」

學生開始動搖了。有的準備向後轉，回教室去上課。但是仍有一半的同學，依然氣憤不平地站在那裏。

「老師！您看，治安軍爲什麼堵住校門，那不是明擺着向咱們挑戰嗎？」有一個學生，走到前面，向吳純青激動地說。

「他們站在校門口有啥關係？站累了，他們就會走，你生氣作什麼？」吳純青帶着開玩笑的口吻說：「他們來了大半天了，學校裏連一口水也沒端給他們喝呀！」

操場內轟起一陣笑聲。

「同學們，聽我的話，你們回教室去，我一定去交涉這件事情；如果我辦不好，我自動辭職！」

果然，同學們聽了吳純青的堅決的話，立刻回了教室。不久，操場上只剩下了吳純青和丁天鈞，他們相對一笑，然後慢慢地向辦公室走。遠遠地，她發現那些堵在校門口的治安軍，正在整理隊伍，大概馬上回營了。

「怎麼辦？妳眞的想去找韓蘭根？」丁天鈞問她。

「不去怎麼行？我已經在學生面前許下諾言啦。」

「我早就說了，即使妳去找老韓，也沒有用，妳怎麼還不明白，老韓沒這個權力，他根本幫不上忙；依我來看，解鈴還須繫鈴人，妳還是等着夏明回國以後再說吧！」

吳純青聽了一愣，不禁停住脚步，向丁天鈞凝望：「這怎麼辦？我已經答應過學生了，要是我不去辦這件事，他們一定會鬧風潮的。」

丁天鈞也發起愁來，他說：「那妳只好去找韓蘭根了，也許有一線希望。」

吳純青感激地注視着他：「好吧，我去找他。」

「妳小心點兒。」丁天鈞深情地看了她一眼，走了。她望着他的背影，內心湧泛起無限甜蜜的滋味。

教育局距離縣立圖書舘不遠，是一棟兩層樓的建築物，去年春天落成的。不用問，那是田中顧問下令建築的。樓下是會議室、辦公室，樓上是局長、副局長室，而田中顧問却佔了五分之四，可見那個騎在中國民衆頭上的日本鬼子是何等跋扈！

吳純青進了教育局，首先在樓下的詢問臺，登記了自己的姓名、職務與拜訪對象。那個詢問臺的小姐一看她是來見韓局長，馬上換了一副諂媚的顏色，而且立刻用電話報告了樓上的「局長室」。

不到一分鐘，一個穿着黑色制服的人，專程接她上樓。她踏着紅色地毯鋪砌的樓梯，走上二樓，但見樓梯口站着四名便衣警衞，灰色制服，腰間掛着盒子槍。兩旁的牆壁上，貼着不少標語，那是用中、日兩國文字寫成的：

「日華滿人民齊心建設東亞！」

「山東省人民歡迎日本軍！」

她厭惡地向前面走，看見靠樓窗的房前掛着一個木牌，上書「局長室」。走進去，只見兩個人正在俯案辦公。其中一個方臉的站了起來，低三下四地笑問道：「您是吳主任？」

吳純青點點頭。

方臉的請她在沙發上坐。

「請妳等一下。局長正在跟客人講話。」還是低沉而機密的聲音。說完，方臉的又繼續抄寫文件了。

吳純青坐在沙發上，翻閱當天的報紙，她又看見那上面登載的有關王蓉、老佟被捕的新聞，心裏非常氣憤。這時聽見裏面傳出一陣笑聲，那正是韓南崗的笑聲。隔了約莫兩分鐘，聽見屋內的鈴聲，那個方臉的急忙擱下了筆，站起來向她笑道：「吳主任，請進！」隨着對方的指引，她走進另一個寬敞的辦公室去。四壁的書橱、酒櫃內，擺滿了中日文的圖書，以及中日兩國的名酒。牆上還掛着日本天皇、汪精衞，以及山東省僞省長唐仰杜的像片。韓局長的辦公桌非常氣派，不僅寬大而且呈龍舟形，桌上擺滿了文件、卷宗。書桌後面豎着五色旗、日本國旗和僞滿洲國旗。

方臉的陪同吳純青站在桌前，正等待那個僞官僚從內室出來。她聽得一聲咳嗽，只見韓南崗叼着一支煙斗從裏面走出來。她向前走了兩步，和老韓握了握手，便在書桌旁的沙發上坐下來。

「對不起，讓妳久等了。」

「沒有。我剛來不久。」

方臉的退下去。不久，一個女侍端進來一杯咖啡，恭敬地放在茶几上，悄悄走了。

「我們學校的學生，對於這次老佟、王蓉被捕，有點不滿意，他們想鬧風潮，你是老校長，你不能袖手旁觀哪。」吳純青是個急性人，她開門見山就提出這個問題。

「這不是我的意思。小吳，這句話，我只能在這裏單獨告訴妳，換了任何的地方都會惹麻煩。妳知道不，咱們替日本人做事，不容易啊！」

「你是說，日本人逮捕他們，你預先不知道？」她喝了一口咖啡說。

「當然不知道啦。別說逮捕他們，即使上次妳被送到日本憲兵隊，我還是事後才知道的哩。

妳要弄清楚，日本人處理有關政治問題的事件，任何一個中國人都不敢過問。」

「那麼我非常納悶，日本機關拘捕老佟、王蓉，到底是誰提供的線索？為什麼早不逮捕，晚不逮捕，偏偏等到夏明出國的時候逮捕他們，這是什麼意思？」

韓南崗吸了一口菸，倒在沙發上笑起來：「哈哈！小吳，妳大概看福爾摩斯的偵探小說看多了吧，滿腦子充滿了莫名其妙的幻想。老夏不出國，他們照樣可以抓人，老夏在日本顧問的眼睛裏，也不過是一隻小耗子罷了，妳別在那裏編小說啦。」

吳純青聽了這些話，覺得也有幾分道理。她關心這個政治案件，特別是對於王蓉的被捕，感到有一種難以推卸的責任；同時她還向學生許下諾言，一定得設法將他們營救出來，如果辦不好這件事她怎麼有面子在縣中待下去？當她把自已的內心願望講完，韓南崗禁不住哈哈大笑起來！

「小吳，妳眞可愛，算我當初的眼光不錯，一直追求妳。」他用着低沉的聲音，越軌的眼睛向着吳純青說：「咱們結婚吧。請田中顧問替咱倆證婚；婚後，咱們一塊去吳村，拜望吳伯伯，我舅爺——」

「你胡說！」她把喝完的咖啡杯子住茶几上一摔，站起來想走，但覺得頭昏眼花，不得已只好重坐在沙發上。

「咱們結婚之後，我帶妳去日本度蜜月：咱們去武藏野看楓葉，去上野公園看櫻花，咱們要痛飲東京，妳看我藏的日本名酒——」韓南崗說着站起來，走近酒櫃：「白鹿、白鶴、菊正宗、富久良、泉正宗……還有月桂冠、大春、千代之松……」他回頭向倒在沙發上的吳純青看了一眼，便停止介紹日本名酒。走到辦公桌前，他按了兩下電鈴，接着走進來一名侍衛，他輕聲交代了一句：「把她攙上汽車，送到日本招待所去，我隨後就到。」

「不，我不去……什麼招待所……我要回學校……」倒臥在沙發上的吳純青，隱約地聽見了韓南崗的話，她大聲地吼着；但是，誰也聽不清她在說什麼，只是看見她的嘴唇蠕動，那是一個多麼美麗的嘴唇啊。

她在朦朧中，彷彿坐上一輛汽車，汽車在馬路上奔馳，她的心也在奔馳了，……她如今又回到那寧靜而樸素的吳村，一踏進那熟悉的門樓，她就大聲喊起來：

「爸爸！」

那位跛脚的老王，像一個幽靈似的從廊簷前走出來，向她齜牙一笑，黃豆般的淚珠從眼眶裏掉出來：「小青啊，妳可回來了，妳爸爸——」

「我爸爸怎麼啦？」吳純青焦急地問。

「他病了。」

「爸爸得的什麼病？」

「唉，」老王嘆了一口氣：「他想不開，啥事兒都窩在心裏，不願意說出來……他這是自己給自己過不去啊。」

吳純青是個急性子，她抓住了老王的粗糙的手：「王叔叔，你說，我爸爸到底得了什麼病？」

正在這時，那位滿鬢白髮的退休老教師，笑呵呵的從後院的圓門走進來。他手中抓着一隻貓頭鷹，眼睛似乎一直注視着天空，吶吶自語。

「他怎麼啦？」她問老王。

「他瘋了。」老王痛苦地說。

「誰欺侮他了，我一定報仇！」她咬牙切齒地說。

那位瘋了的老人，一步一步走向了她，嘴裏喃喃地說：「小青，算了。忍片刻風平浪靜，退一步海闊天空。妳報仇有啥用？我的病不是早已復原了嘛。」

「沒有。」她痛苦地嚷着。

忽然，父親將手中的貓頭鷹向天上一扔，那隻貓頭鷹立刻飛向了浩瀚的藍空。父親急了，老王急了，還有五爺、老佟、余四海、黑妞兒、王蓉……大家狠命地追捕那隻貓頭鷹；喊聲、怒罵聲、笑聲連成一片……吳純青拚命地向前跑，她覺得自己的心臟宛如一隻水桶，一直在肚子裏晃蕩；猛然間，她一個觔斗栽倒在地上，她覺得那肚裏的心臟破裂了，整個的血液流貫全身，她感到灼熱、灼熱，接着又覺得冰冷、冰冷……

不久，她彷彿被送上手術檯，有人剝去她的衣服、褲子……她狠命地喊着：「不行，我寧肯死也不開刀！」那些劊子手怎肯依從她？她聲嘶力竭，最後竟像一隻羔羊，任由他們宰割了。她躺在手術檯上，一直在怒罵、詛咒，她隱約地聽見一個熟悉的笑聲，誰在笑呢？她想了很久，最後才聽出那是韓南崗的笑聲。

「小心，老韓！外面傳說夏明從日本回來，就要接你的局長職務。」她的勸告。

「怕什麽。日本人統治華北，就是採取一分爲二、以華制華的策略，我早就看清楚了。哈哈！」靜南崗自鳴得意地說。

「你看清楚了，爲啥還跟日本人當漢奸、作走狗！」她氣咻咻地問。

「胡說八道，我是爲了保護淪陷區的青年。」

「呸，你別强詞奪理了！」她簡直要跳起來了！可是她渾身無力。這時，吳純青覺得一個人按住了她的手臂，那是一隻溫暖的手，她睜開了眼睛，發現丁天鈞挨坐在床沿上，正在凝視着她。旁邊，站着一個健康而美麗的姑娘，那是黑妞兒。桌上點着煤油燈。

「你們——」吳純青想坐起來，她向屋裏的兩個人說。

「我剛來一會兒。聽這位鄰居說，妳病了，是不是感冒了？」

黑妞兒走近了她，親熱地握住她的手說：「大小姐，您一定是貧血，要不然您不會在路上暈倒的。今天晚上他們把您送回來，您一直暈暈乎乎，什麽都不知道。剛才我爹給您喝了一包清心散。」

「謝謝你們。」吳純青感激地說。

丁天鈞端給她一杯溫熱的白開水，高興地說：「告訴妳一個好消息，王蓉、老佟都放出來了！這是妳的功勞，我就是爲了這件事來找妳的。」

她聽了這個好消息，點了點頭。接着，她的眼淚不由地奪眶而出，她激動地說：「老丁，咱們得報仇！報仇！」她說着竟然悲痛地哭了起來。

第十六章

這次佟凱、王蓉被捕，並不像吳純青和丁天鈞預料的是夏明幹的；相反地，這次却是韓南崗佈置的，他爲了打擊夏明的飛揚跋扈的氣燄，所以趁着他出國的時期，以莫須有的罪名拘捕佟凱、王蓉，讓日本顧問懷疑夏明的領導能力大有問題，不然爲什麼連「重慶份子」潛伏在他的身旁，他也不知道？

當田中顧問通過日軍憲兵隊決定拘捕老佟、王蓉那天，同時拍電報去東京勒令夏明即刻回國。這個決定不但使韓南崗感到渾身暢快，甚至連「新民會」的大小嘍囉，也一齊額手稱慶。人怕出名猪怕肥，這半年中間夏明紅得發紫，一步登天，就因爲田中的老婆渡邊美智子欣賞他，他簡直有接任教育局長、進而有當縣長的可能。你想，縣裏的那些漢奸怎麼不把他恨入骨髓！

當夏明搭乘飛機從日本返回南京的消息傳來，以韓南崗爲首的漢奸們召開緊急會議，爲了免除夏明回來翻案，乾脆來個「罪證不足」的名義，即刻釋放。這也是通過田中顧問發出的命令。反正拘捕政治嫌疑犯的案子，每天就有十數起，一個學校的學生、工友算得了什麼。當然，這些內幕不僅縣中的全校師生不知道，甚至連吳純青也蒙在鼓裏。

夏明回校之後，馬上召集教職員開會。首先由吳純青報告老佟、王蓉的被捕及釋放經過；接着老佟列席報告，他沒有唸過書，見到這個場面，更顯得慌張，因此講的話結結巴巴，誰也聽不明白，最讓人好笑的，老佟一直面帶笑容，好像鬧着玩似的，毫無憤怒或委屈的感覺。經過大家的熱烈討論，決定下列事項：

①學校定於後天上午十時召開「歡迎佟凱、王蓉蒙難歸來紀念會」，邀請全縣各界首長代表參加。會中夏明發表專題演說。

②會後組織慰勞組，慰問佟凱，並且前往王蓉同學家中慰問。贈送王蓉、佟凱每人準備票一千元，鮮花一束。

③決定恢復王蓉同學學籍。

④上電縣長、縣商會、教育局提出嚴正抗議，堅決反對今後再發生無辜逮捕教職員、學生事件。

會中，有人提出邀請全縣各界首長，是否邀請田中顧問及韓局長參加的問題，引起了熱烈的辨論。有的主張邀請；有的反對邀請；也有的同意邀請田中，卻反對邀請韓南崗；但也有的贊成邀請韓南崗，卻堅決反對邀請日本顧問。這麼一來，連夏明也感到爲難起來。

夏明是一個非常狡猾的人，他這次去日本考察，原有一個月的時間，但是他剛到東京兩天，便收到田中的電報，限他即刻返回。他回來之後，田中並沒有召見他，他去晉見田中夫婦，侍衛回答他田中顧問工作繁忙，改期接見。碰了這個釘子，夏明便已猜測出佟凱、王蓉的被捕，一定和「新民會」有關，而且韓南崗是重要的反對他的角色。夏明恨在心裏，因此立刻召集全校教職員開會，決定爲佟凱、王蓉舉行慶祝會，藉此向韓南崗作報復性的示威行動。剛才聽了大家的意見，他感到非常棘手。如果不邀請田中顧問，那麼韓南崗這些政敵一定從中挑撥，火上加油，將來的後果實在不堪設想；假使故意漏掉韓南崗，他今後一定打擊報復，處處刁難作對，左思右想，夏明終於下了決心，他說：

「咱們還是邀請田中顧問、韓局長參加；至於他們來不來，那是他們的事情。」

「我堅決反對！」忽然，吳純青激動地說。

場內的空氣頓時緊張起來，大家都摒住呼吸，注視着吳主任那張氣憤的通紅的臉，她的手還不停地顫抖著。如今，即使贊成邀請田中、韓南崗來校參加紀念會的教職員，也改變了他們原來的意見，堅決地站在吳純青的同一戰線上去，因爲他們瞭解她，她曾經爲佟凱、王蓉的被捕熬費了不少心血啊！

「我同意吳主任的意見，不邀請他們參加！」一個說。

「我也堅決反對邀請田中顧問、韓局長！」另一個附和着。

「我也一樣！」

「我們堅決反對……」

夏明等到會場的空氣漸趨平靜，便故意順水推舟地說：「我和各位的看法一樣。這次本校舉行紀念會，歡迎佟凱、王蓉蒙難回來，就是向教育局抗議的行動。不過，我在原則上一定支持各位的意見，不邀請他們參加，但是如果他們主動地參加的話，我們也不能把他們推出校門，這是從事教育工作者應有的修養與風度。」

吳純青聽了非常氣憤，散會之後，她扭頭走了。夏明追上了她，向她解釋：「小吳，妳怎麼這麼孩子氣？咱們跟老韓之間，要通過長期的鬥爭才行。我們對敵人的鬥爭，要講究策略，不是閉着眼睛蠻幹到底啊，那咱們會吃虧的。」

「依你來說，我們怎麼樣去跟老韓鬥爭？」她的心情逐漸緩和下來，她沿着花木扶疏的校園甬道，慢慢地向前走着。

「咱們的鬥爭策略，要鬥爭不破裂、投降不妥協，這樣才能得到勝利，這樣才符合魯迅所說的『韌』性。」夏明停住脚步，向她解說着其中意義：「譬如咱們跟日本人、漢奸搞鬥爭，不能破裂，一破裂了咱們不僅得不到好處，甚至連容身之地也保不住了。這是非常重要的原則上的問題。」

他們繼續向辦公室走。吳純青繼續問道：「什麼叫投降不妥協呢？」

「這是咱們對國民政府的鬥爭策略。抗戰前夕，咱們人少力薄，知識份子還對我們抱着懷疑態度，因此爲了生存，咱們必須向政府投降，你把我們編成十八集團軍也好，八路軍也好，反正咱們啞巴吃餃子——心裏有數！雖然表面上投降，可是實質上並不妥協，要堅持鬥爭下去，一直到勝利爲止！」

吳純青瞪着驚訝的眼睛，注視着這個共產黨員。她想不到對方竟然說出這樣的話。於是，她冷笑着說：「你們的這些策略，也許能够打敗敵人，不過我總覺得違反中國的傳統道德，太不忠厚了。」

夏明哈哈笑了起來！接着，他以嚴肅而冷峻的聲音說：「小吳，妳距離作一個共產黨員的標準太遠了，幸虧妳離開了『抗大』，不然的話，妳會被別人鬥得頭破血流的。」

「照你這麽說，我應當感謝你了？」她帶著嘲弄的口氣說。

「我不用妳感謝。」夏明走到辦公室門口，轉頭向她笑道：「進來坐一下，我從日本給妳帶來一件小禮物。」吳純青跟着他走進「校長室」，夏明從皮箱中取出一只精緻的絲織品的小盒，微笑着送給了她。

「什麽？」她不安地問。

「妳打開看看嘛。」

她揭開絲織品的盒蓋，只見一隻精巧的女用手錶，她的心在跳，眼睛也不禁亮了！「這麽貴重的東西，你還是送給別人吧。我不要。我這隻手錶還可以用。」

「小吳，妳那隻手錶款式落伍了，應該換新的啦。」夏明點上了一支香菸，蕭洒地笑着說。

「不，」她猶疑了一會兒，紅着臉說：「我不能接受你這麼値錢的禮物。」

「妳怕什麼，我還會出去宣傳嘛？咱們是……同志啊，咱們是患難的同志。」夏明壓低了聲音，向她解釋着說。

「可是，」她依然囁嚅着說：「不，我應該給你一點錢，因爲它很貴……你也困難……」

「別提這件事了。」夏明催促她說：「妳不是要去看望王蓉嗎？總務處去租汽車了。見了王蓉，別忘了告訴她後天上午九點半以前到校。」

吳純青回到辦公室，便帶着由五位師生組成的慰問組，帶了鮮花、慰問金，搭乘租來的汽車，直向運河沿駛去。到了火神廟，汽車彎進那條狹窄難行的泥巴路，忽高忽低，忽左忽右，坐汽車猶如坐船一般搖晃。吳純青癡迷地想：「假如有一天，我作了縣長，我一定先修這條路，讓住在這裏的窮人走路舒服些。」近一年來，她時常有這種奇異的想法，她常覺得作個優秀的政治家，比一個文學家、藝術家有益處，他可以直接造福人類。這種觀念是過去所沒有的。汽車停在王蓉的家門口，大家下了車，這時王蓉的父母誠惶誠恐地出來迎接。他們是老實巴脚的工人，自從發生王蓉被捕的事，把一家都折騰得寢食不安。吳純青認識他們，首先向前去打招呼：「王大娘，我們是專程來看望王蓉的。」

「吳老師，請屋裏坐吧！」王大娘急忙說。

王蓉的父親剛切開一塊牛皮，準備補皮鞋，因此修補店內有一股濃重的皮革氣息。他們進了屋，有的坐在板凳上，有的坐在木墩子上，把小店擠得滿滿的。

「王蓉呢？」吳純青問她父親。

「俺家小蓉去看她爺爺啦。」鞋匠咧着牙說。

「她晚上就回來。」王大娘緊接着說：「小蓉上次被抓進去一回，俺公公當時不知道，他並不擔心；這回小蓉抓進去，嚇得她爺爺兩天兩夜沒吃口飯，老人家見不着孫女，心裏着急啊！」她說着撩起衣角，擦淨眼眶的熱淚。

吳純青把校方開會的決議，大致向他們講了一遍。她掏出一個信封，從信封內取出一疊「華北準備銀行」的新鈔票，送給王大娘說：「這一千塊錢慰問金是學校送給王蓉的，請您收下。」同時，那位王蓉同班的女生代表將一束鮮花，雙手送給了王大娘，她感動得掉下了眼淚：「謝謝！眞不敢當。唉，要是學校能叫小蓉繼續上學，那比給俺錢更好哩。」

「我不是講過了嗎？學校准許王蓉繼續上學。」吳純青急忙解釋說：「復學，就是繼續上學。」

王蓉的父母聽了非常高興，他們送吳純青一伙人出了店門，許多附近的孩子包圍了汽車，像看西洋鏡似的新鮮有趣。大家陸續上了車，吳純青握住王大娘的手，叮囑着說：「後天上午開紀念會，您告訴王蓉，上午九點半以前到校。」她鑽進了車廂，一個頑皮的小孩說：「新娘子上車了！」引得車廂內外一片笑聲，吳純青笑得幾乎掉下眼淚來了……

是啊！吳純青整天都沐浴在春風裏。從早到晚，低頭看看手錶，仰頭看看秋空，心裏眞像開了花。自從她踏進社會以來，雖然認識了好幾個男朋友，但是誰也沒有送給她如此珍貴的禮物。你想，夏明萬里迢迢從日本爲她選購了一隻手錶，這份情意是多麼讓她感動啊！

過去，她對夏明的印象非常不好，她認爲夏明的缺點多、優點少：他狡猾、自私，作事兩面三刀、心狠手辣，幾乎沒有一點人情味。吳純青常想：「像夏明這號的人物，怎麼能喜歡文學呢？」夏明的文學修養，特別對於演戲方面的天才，確實高人一等，這是使吳純青、丁天鈞、尹壽亭佩服他的地方。夏明做事有魄力、有擔當，這是她最近才發現的。

「我們不要作書獃子。」有一次，夏明這樣對吳純青說：「書獃子，沒有用！」他說着哈哈笑了起來。

「那你對於一個人的讀書、事業有什麼新的見解？」

「讀書要看境界，事業要看氣魄。」

如今，她咀嚼着夏明的這句話，越嚼越甜，她幾乎對他產生了崇拜的心情。特別是最近碰上了韓南崗，發生那件讓她羞憤欲死的事情，她對身邊的男人都產生畏懼心理。可是，就在這個時候，夏明給她帶來了榮耀與溫情，你想，她是多麼感激啊！同時，她還產生一種強烈地報復心理，她恨不得夏明馬上接任教育局長，把那個尖嘴猴腮的韓蘭根轟出縣城、轟出山東，一輩子也別再回來！

次日上午，夏明接到教育局的電話，田中顧問在十點鐘接見他。當這個消息傳到吳純青耳朵裏，她非常高興，「這是你報仇的好機會，你得想辦法把韓南崗弄走！」她鼓勵夏明說：「量小非君子，無毒不丈夫。你要打赢這一仗，替咱們縣中的全校師生出一口氣！」

夏明聽了她的話，感到詫異，這個詭詐多疑的人，對於別人的任何反應，都非常注意。他愣了一下說：「不能衝動，小吳，一個會逮耗子的貓是不會叫的。」

夏明走後，吳純青心裏七上八下，坐立不寧。她深怕田中顧問阻撓縣中舉行紀念會，那不僅打擊了夏明的士氣，而且還會助長了韓南崗的威風；她更擔心田中顧問對於這次發生的事件感到不滿，既然「重慶份子」嫌犯窩藏在縣中，這豈不是夏明最大的恥辱？……吳純青越想越悲觀，最後她自我寬慰地說：「這是杞人憂天，也許田中去詢問他有關日本的事情哩。」

中午，夏明並未返校，她開始嘀咕起來。她叫工友給她要了一碗酸辣湯、兩個饅頭，便在辦公室吃了午飯，靠在窗口的沙發上休息，順便等待夏明回來。如今，她彷彿覺得和夏明坐在一條舢板上，順着急湍的河水行駛，他們有着同舟共濟、患難相共的命運。

正在她打盹時，聽得門前有輕微的脚步聲。

「誰？」她問了一聲。

丁天鈞帶着微笑走了進來，輕聲問道：「妳怎麼沒有休息？」

「我在等老夏。」她坦然地說。

「等他幹嘛？」丁天鈞有些愕然，也有點掃興：「妳最近好像變了。」

「眞的變了？」她咯咯地笑起來：「女大十八變，越變越難看，哈哈！」

丁天鈞倒在沙發上，點上了一支香菸，慢慢地吸着，一面注視着她的笑臉：「小吳，妳越變越好看，像一個成熟的蘋果一樣。妳別再迷糊了，妳也應該準備找對象啦。」

「找對象？」她竟然仰頭大笑起來。

「還有啥好笑的？二十五、六了，難道妳還沒有結婚的打算？」

「噢，我自己不急，你倒替我着急起來啦。」吳純青苦笑地將沙發上的毛衣，搭在自己的身上：「我不是早就說過，匈奴未滅，何以家爲？現在，我還是這句話。」

他嗤嗤地笑起來了。接着，他用着誠懇而充滿感情的聲音說：「這場戰爭不是三年兩年可以解決的，這是一場持久的戰爭。小吳，妳不能再拖下去了，拖到三十歲，妳結婚豈不遲了？」

「哈哈，你是不是想給我作媒？」

「是的。」他認眞地說。

「你把我介紹給誰？」

「就是我，怎麼樣？」他用手指着自己的鼻子，詼諧地說。

吳純青嗤嗤笑了：「你這叫『自我推銷』，未免太不謙虛了吧。」

「小吳，咱們相處那麼久，難道妳不瞭解我？我一直對妳有好感。我父母最近準備要給我成親，可能妳知道，對象就是我嫂子的親妹妹，年景不好，他們家也希望早一天把女兒嫁過來，可是……」丁天鈞皺着眉頭，痛苦地說：「小吳，我怎麼肯結婚？如果結了婚，兩條腿給綑住了，我以後怎麼能出外奮鬥？再說，我也捨不下妳呀！如果這一輩子我沒跟妳結婚，我眞不甘心！」

他的這一番話，着實感動了吳純靑的心，她木然地倒在沙發上，凝聽窗外的秋風掃枯葉的聲音。「怎麼辦呢？若是他在半個月之前講出這些話，我會毫不考慮地點頭應允的。雖然世界這麼廣闊，但是尋找像丁天鈞這樣瞭解她，熱愛她的男人實在太少了。但是現在却遲了一步。」她抬起頭來，以歉疚的神情對丁天鈞說：「老丁，我知道你對我不錯。可是，我配不上你。眞的，即使咱們倆勉强結了婚，將來也不會幸福的。」

「我不相信妳的話。」丁天鈞宛如被一聲巨雷，轟聾了耳朶，他的兩隻手捂住耳朶，痛苦地低下頭去……

「相信我說的話，天鈞，我決不會欺騙你。」吳純靑挨近了，誠懇地說。

「我眞想不到……」他用兩隻手蒙住了眼睛。從他的聲音可以推斷出他已經在流淚了。

「你怎麼啦？」她的手搭在丁天鈞的額頭上，輕柔地說：「我承認過去愛過你，甚至將來也是一樣。但是我總覺得配不上你，你的年紀太輕，咱們不能結合，只能作朋友。……天鈞，原諒我，聽我的話，你回去吧！給別人看見人家會笑的……」

他捂住了臉，轉過身去，然後邁起矯健的步伐，跑出去了！吳純靑注視着他的背影，癡迷地想：「他是多麽純潔呀！剛才我怎麽說出這種話，難道我刺傷了他的自尊心？」想到這時，她不禁熱淚盈眶了……

那天下午，吳純靑忙着指揮佈置會場，因爲預定明天上午十時擧行紀念會，歡迎佟凱、王蓉蒙難回來。主席臺前擺滿了菊花，禮堂四週掛着許多使人觸目的紅字標語，這都是由吳純靑擬定而經過夏明批准的：

「發揚本校的光榮傳統！」

「我們熱烈地歡迎佟凱、王蓉勝利返校！」

「一二三，三二一，縣中的榮譽數第一！」

「我們要像愛護眼睛一樣愛護縣中！」

每一幅標語，都配上了鮮明的美術圖案，因此更顯得美觀醒目。

吳純靑帶着總務處的幾位職員，二十多個學生代表，忙到黃昏時分才結束工作。這時學校已經放學，學校空蕩蕩的，只有極少數的學生還留戀在球場打球。吳純靑收拾一下東西，便走出辦公室，發現老佟正在擦玻璃，她問了一聲：

「校長還沒囘來？」

老佟搖了搖頭。

「他沒打電話？」

「沒有。」老佟回答說。

吳純青覺得奇怪，田中顧問召見夏明，怎麼拖延那麼長的時間？從上午九點多出了校門，說是十時正接見，可是到現在已是下午六時，夏明仍然沒有返校，難道韓南崗給日本顧問出了歪主意，把夏明押起來了？她有些緊張起來。走到街上，她感到六神無主，眼望一輪紅日正墜在西方的天空，將那一片棉絮似地雲朵塗上了金黃。她想起家中也沒有什麼菜，乾脆去飯館吃一頓吧。繞過一條街，便到了「清眞舘」。她上了樓，揀了一個靠窗的僻靜座位。伙計笑盈盈地迎上前來，問道：「怎點那麼久沒來照顧俺們啦？吳老師，您那個同事怎麼沒有來？」

「你說是哪一個？」她微笑地回答。

「瓜子臉，白白的，比您矮一點兒，徐老師！」

「啊，徐婉華呀，她——」吳純青急忙改口說：「她去南京啦。」

「您喝兩盅怎麼樣？剛出鍋的滷牛肉，俺給您切二兩，多加點葱花、香油，您——」

她見小伙計這種殷勤的樣子，覺得親近、有趣，便點了頭。不多一會工夫，酒已溯好，牛肉也端上來，她獨自淺酌細嚼，一面欣賞窗外的街景，這時附近的商店陸續掌了燈，街上的行人逐漸稀少，驟然聽到遠處傳來一陣轆轆的聲音，定睛看時，原來是一輛十輪大卡車，上面滿載着一羣日本兵。她急忙掉回頭來，伸起筷子挾肉，然後乾了杯中的殘酒。

「何年何月，咱們把這些侵略中國的强盜，消滅乾淨，也好讓咱們中國人痛痛快快喝個痛快！」

吳純青這樣遐想着，一面默默地觀察四週的客人，坐在斜對面的四個商人，不停地議論着最近的糧價，他們聲音並不大，但隱約地聽出目前通貨膨脹的危機；後面的一對中年夫婦吃餃子，一邊辯論麻將的事情：

「你應該打九條才對啊。打了九條，緊接着自摸六條，你算算看，多大的牌？」女的說。

「我怎麼能打九條？當然應該打五條，獨聽八條，這副牌多六番，我沒打錯。」男的嘴裏嚼着餃子，一面辯解着說。

「哼，你還聽八條呢，八條早沒有了，你等下一輩子再贏八條吧。」女的低聲埋怨他。

「我怎麼知道沒有八條了？」男的把筷子一擺，發出震耳的聲響。

「你發什麼脾氣？」女的警告丈夫：「打牌不能老是搭拉着頭，六親不認啊！你沒看見已經出來兩張八條了嗎？對門還吃了一張八條，你的上家明擺着是一副混一色的條子，你還想和八條，哼，等下一輩子吧！」

男的賭氣走了。女的也放下筷子，追了出去，結束了這場鬧劇。

吳純青的背後還有四、五桌客人，她並沒有回頭去看，只是低頭喝酒。正當她想喊伙計叫牛肉餡餅時，從樓下走上來四個穿軍裝的「治安軍」，皮鞋踩得樓板蹬蹬價響，一個個橫眉豎眼、虎背熊腰，他們竟然在吳純青旁邊的空位子圍坐下來。

「日他娘！剛才那個騷娘們把俺的半盒香菸摸走了，眞不要臉！」一個嗓們粗的說。

「喂，別這麼粗好不好？你沒看見隔座有小姐——」另一個說。

「怕個屌！不服氣跟俺乾兩杯，看看誰的酒量大？」

其他三名僞軍哈哈大笑起來。震得樓房咔吱咔吱直響。

伙計趕忙走上前去，先替那四個傢伙點火吸菸。接着問道：「請問老總喝酒要啥菜呀？」

「啥菜？」那個大老粗把桌子一拍：「雞巴毛炒韮菜，要熱的！」

又是一陣哄堂大笑。

吳純青的心噗噗直跳。她轉頭向那伙計招了招手。伙計向她點頭，但却痴立在四個僞軍的桌前，等候點菜。偏是那名蠻橫無理的傢伙故意刁難，吸了兩口香菸，抬頭問伙計道：「俺叫你炒的菜有沒有？」

「對不起，老總、大爺！」伙計急忙向他鞠躬，說好話。

「滾一邊子去！」那傢伙厲聲罵道：「誰是你大爺？老子還不收你這個侄子哩。」

這時，掌櫃的連滾帶爬從樓下趕上來，幫助伙計求情：「官長，您就抬抬手，讓這小子過去吧！這孩子從小沒爹沒娘、沒受過教育，您跟他一般見識幹啥？」掌櫃的轉頭罵了伙計一句：「還不去給官長泡一壺上等龍井茶，快點！」等伙計走後，掌櫃的又繼續低三下四地說：「老總，您四位賞光，那是看得起俺，您四位官長點啥菜？這兒有牛肚、牛心、牛肝還有醬牛肉；牛肉包、牛肉餃、牛肉餡餅，俺先給您四位切個大拼盤喝酒，怎麼樣？」

那個僞治安軍如今只得點了頭，不再搗蛋了。這時吳純青向掌櫃的招招手，掌櫃的帶着笑走向前去：「您還要點什麼？」

「多少錢？」她掏出錢包，站起來結帳。

「您不——」掌櫃的帶着歉意的笑聲問。

「多少？」她將一張一百元鈔票遞給對方。

掌櫃的眼睛霎巴了兩下，馬上算出酒菜的錢，然後從口袋裏掏出錢來找還給她：「謝了！」

坐在旁邊的一個僞治安軍，叼着菸捲兒，色迷迷地笑道：「你看見了嗎？人家小姐生氣了，光喝酒，不吃餃子，你還不趕快給人家賠不是？」

那個老粗唬地一聲站起來，搶先一步走到樓梯口，攔住了吳純青。這時那三名僞軍拍掌狂笑起來：「好，好，眞了不起！」

吳純青氣得滿臉通紅，她向左邊走，僞軍在左邊截她；她朝右面走，僞軍從右面攔她，她忍不住喊道：「你想幹什麼？」

「幹什麼？」僞軍咧開了大嘴，冷笑地說：「大爺有個習慣，沒有娘們陪酒，俺喝得不過癮！」

那三個野獸熱烈地鼓起掌來。

吳純青又氣又急，眼淚不由地奪眶而出。「文學有什麼用？藝術又值幾文錢？國家到了這般地步，這一羣狼心狗肺的民族敗類，還狗仗人勢欺侮自己同胞。現在什麼都沒有用，只有首先打倒日本帝國主義，咱們才能過安穩日子。」她這樣遐想着，依然忍氣吞聲站在樓梯口。

「小姐，妳別這麼不識抬舉嘛！等酒端上來，妳陪俺們坐一會兒，大爺高興了說不定還賞妳兩個呢！」那名僞治安軍兩手插腰，像一個喪門神似地攔住去路。這時伙計踏着樓梯，端着酒菜上了樓，那是給這四隻野獸送的。

「來吧，小姐，酒來了。」那個僞軍用手去抓吳純青的胳臂，她用力一甩，把那傢伙甩了一個踉蹌。正當他要發脾氣時，從裏面跳出一個身材矯健的姑娘，一把抓住僞軍的胳臂，一面向吳純青喊道：

「大小姐！您趕緊走！」

吳純青跑下樓，回頭一看，原來是黑妞兒。

第十七章

吳純青跑出「清眞舘」，眞像熱鍋裏的螞蟻，心裏慌亂極了！夜暮蒼茫，燈火閃爍，她上哪兒去求助呢？想起自己今天晚上來「清眞舘」吃飯，實在懊惱，如果她不喝酒的話，那四個僞治安軍也許不敢如此大胆，但事到如今，後悔又有什麽用？她知道黑妞兒正在跟他們格鬥，若是黑妞兒有一個好歹，她如何擔待得起！那些穿着草綠色軍裝的治安軍，都是些天不怕、地不怕的亡命徒。他們都是日本鬼子雇用的幫兇，專門欺侮、迫害中國百姓。這些傢伙到處惹事生非，不久之前，他們在運河沿跟一名警察發生爭執，幾個治安軍硬將那個警察剝去制服，五花大綁，丟棄在運河的波流中，直到肇事者揚長而去，附近的民衆才把那人撈起來，但那人已經氣絕多時了。

在日本侵略者盤據下的淪陷區，漢奸特務和黑白兩道人的橫行，老百姓敢怒而不敢言，因此吳純青常常在想：「如果抗戰再這樣拖下去，淪陷區的人民都會逼成瘋子了！」

她向着燈火輝煌的市中心走，思前想後，爲了救黑妞兒，她只有去求韓南崗，想到那個獐頭鼠目的傢伙，她心中就怒火三丈。但是到了這個地步，不求他又能求誰？吳純青走進「吉露茶莊」，先向教育局打電話，他們說韓局長回了宿舍。她又向老韓的宿舍撥電話，接電話的工友說他有應酬，還沒回來。

「他現在在什麼地方？」吳純青焦急地問。

「您是哪一位？」對方反問她。

「我是縣中教務主任吳純青，有要緊的事找他。」

「局長在日軍俱樂部陪日本人吃飯。」

吳純青放下話筒，慌忙地向外走。這時「吉露茶莊」的掌櫃的追出來，遞給她一封信，她一看信封上的毛筆字，就知道是父親寫的。她把信塞進衣袋，道了謝，在街口喊了一輛黃包車，直向「日軍俱樂部」奔去。

「日軍俱樂部」坐落在縣西大街，那是一座日式建築物。門口戒備森嚴。這兒除了專門供給日本軍人、官員和僑民住宿、宴會之外，只有少數漢奸可以進入，因此顯得非常冷清。韓南崗年已三十，他還在耍光棍兒，他時常弄些女人來此喝酒作樂。這裏的侍者都認識韓南崗，由於他縱情酒色，花錢大方，所以「日軍俱樂部」的工作人員，給他取了一個綽號叫「韓大頭」。韓南崗雖然有宿舍，但是一個月却有二十天住在這裏。

吳純青進了「日軍招待所」，韓南崗正在和田中顧問陪幾個日本人吃飯。侍者告訴了他，他帶着幾分醉意走到會客間，見了吳純青笑道：「小吳，妳來得正巧，陪我們一塊吃飯吧。」

吳純青便把來意告訴了他，並且請他趕快派人去勸解，如果去遲了，黑妞兒一定被他們打傷的。

「這跟妳有啥關係？走，咱們喝酒去。」韓南崗根本聽不進去，他拉着吳純青的胳臂就走。

「幹什麼？」吳純青甩開了他，不滿地說：「我是來求你幫忙的，你到底幫不幫忙，一句話！」

「咳，妳幹嘛那麼認眞啊。這年頭，哈哈，好花不常開，好景不常在……今朝有酒今朝醉……」

吳純青狠狠地瞪了他一眼，憤怒地走出了「日軍招待所」。她跨上了黃包車，吩咐車夫拉他去「清眞舘」。路上，她聽到從商店傳出的收音機中的歌聲：「好花不常開，好景不常在。今宵離別後，何日君再來……」那軟綿綿的歌聲，使人欲醉。她憤怒地想：「這是亡國滅種的音樂」。

「日本帝國主義眞是心狠手辣，他們利用各種手段來瓦解中國人民的士氣，然而身爲敎育局長的韓南崗，如今還恬不知恥地陪着敵人醉臥溫柔鄉，唱着亡國歌曲……」她激忿得熱淚盈眶，「走吧！離開這個鬼地方，即使當共產黨，也比蹲在淪陷區當奴隸强。」她到了「清眞舘」，早已人去樓空，只有兩個伙計在燈下擦拭桌椅。

「他們上哪兒去了？」吳純青見到伙計，便緊張的問。

「早就走啦。」小伙計輕鬆地說。

「那位姑娘沒吃虧?」

「咳，您怎麼看錯人啦?吳老師!那個姑娘是運河沿跑江湖的余春英，她是一個人把那四個老總打得鼻青眼腫、屎屎直流，早就散了!臨走，那四個治安軍還吹牛，說什麼明兒調隊伍包圍運河沿，要找黑妞兒父女倆報仇……」

「他們父女知道不?」她關心地問。

「怎麼不知道，當時他們父女倆還在吃餃子呢。」

吳純青離開「清眞舘」，又坐黃包車囘了住所。一進院子，她看見余家屋裏掌着燈，父女倆正在收拾東西。吳純青走進去，向他們表示了感激之意，接着她催促着說:「旣然那四個傢伙說了報仇的話，你們就應當留點神，免得受到無妄之災。依我的看法，你們爺倆暫時躲避一下，反正靠賣藝生活，哪兒也可以謀生，何必非要待在這兒呢?」

黑妞兒接着說:「剛才俺爺倆正商量這件事，爹的意思，想去濟南。」

「那也好啊。如果你們有啥困難，我一定替你們幫忙。」吳純青誠懇地說。

余四海吸了兩口香菸，長嘆了一口氣:「大小姐!不瞞妳說，俺爺倆實在捨不得離開這兒，因爲她娘病故在這裏，俺爺倆把這兒看成了最親近的地方!可是到了這個地步，俺爺倆不能不走了。」

「這是我給你們惹的痲煩。」她誠懇地說。

「不對，這是年頭趕的。」那位江湖藝人說。

「您打算什麼時候動身?」

「明天早晨就走。」黑妞兒接着說：「大小姐，俺眞是捨不得離開您，您對俺們那麼好——」

「不，我忘不了您們的恩情。」吳純青握住黑妞兒的手，激動得熱淚盈眶：「到了濟南，可別忘了給我寫封信來。」

黑妞兒也掉下了淚。不住地點頭應着。

吳純青坐了一會兒，便離開了他們，回到自己的房內燒開水，下麵條。等她熄燈睡覺時，已經快十二點了。這時，住在對面的余家父女，仍然在收拾東西，準備明兒淸早搬走。她越想越感到不安：「人家爺倆住得挺好的，要不是爲了我，人家怎麼惹出這意外的痲煩!」她摸索下了床，從抽屜裏取出錢包，那是她積蓄的兩千元準備票，她數出了一千元，然後才劃着火柴點亮了煤油燈，走出房門，隔着窗戶輕聲喚了一聲：

「春英!」

黑妞兒聞聲走出來，驚訝地問：「大小姐，您還沒睡呀?」

「明兒我不送你們了。我一大早要去學校，學校開紀念會，歡迎兩個剛從監獄出來的。」她低聲說着，一面把手中攢着的鈔票塞到黑妞兒手中，黑妞兒哪裏肯收，兩人推扯了半天，最後吳純青發了脾氣：「妳要是不接着，咱們從此一刀兩斷，誰也不理誰啦。這是我的一點心意。你們去濟南坐車，到了濟南租房子、住店，都得花錢！窮家富路嘛！快收下吧，我也得去睡覺啦。」

這樣連唬加勸，黑妞兒只得收下了錢，她也返回屋裏睡覺。

次日清晨，余家父女還沒有開門，吳純青就離家趕到了學校。她一進校門就去找夏明，「校長室」冷清清的，她在門口徘徊了一會兒，發現丁天鈞迎面走來，她緊張地問：「老夏還沒回來？」

「嗯。一定是被田中扣起來了。」丁天鈞低聲說：「剛才教育局打來了電話，不准舉行紀念會，並且派尹壽亭接替妳的工作——」

她聽了着實吃了一驚。心想：老尹從來沒在縣中教過書，他對於教學業務並不熟悉，教育局爲何派他來當教務主任？這到底搞的什麼名堂？如果尹壽亭作了教務主任，那麼把我安排什麼職務？是專任教師、還是免職？她陷入迷茫中。

這時，一位教務處職員慌張跑來，一面喊着：

「吳主任，電話！」

吳純青趕緊走到教務處，拿起話筒，聽到對方是一個男人的聲音：「吳主任嗎？我是教育局王科長。今天上午十點鐘，教育局韓局長、田中顧問到你們學校講話。請妳在十點鐘集合全校師生，在大禮堂開會。」

她原想問對方有關夏明的事情，但是還沒有來得及開口，對方已經掛斷了。「這是搞什麼鬼呀？」她茫漠不解地走出辦公室，將這件事通知了丁天鈞，丁天鈞也愣住了。

十點正，從外面開進來兩輛黑色轎車，一直駛到大禮堂門口，從車廂內鑽出來中村顧問、韓南崗、翻譯和教育局的人員。這時全校師生早已齊聚禮堂，等候他們。

韓南崗從目前的東亞局勢談起，他認爲只有中日和平、共存共榮，亞洲才有前途，亞洲人民才能過起幸福生活。接着，他向台下的吳純靑瞄了一眼，提高嗓門說：「吳純靑老師爲本校貢獻很大，縣裡這次聘請她做校長，這是本縣的光榮，也是縣中的光榮……」

掌聲四起，吳純靑却毫不動容。這時台上的韓南崗繼續講起靑年立志向學的道理。

她無意之間摸了一下衣袋，突然摸着父親託人捎來的信，那是昨晚路過「吉露茶莊」，掌櫃的給她的。當時她急着去找韓南崗，後來又和余家父女談話，竟然忘了這件事情。「等散會以後回到辦公室再看吧。」她一面想着這件事，聽得臺上的韓南崗正伸起拳頭，領導着全校師生喊口號，她只得隨着站了起來：

「中日滿親善萬歲！」

「友邦日本萬歲！」

「…………」

整個會場好似開了鍋的牛肉湯，吼聲一片。她聽見站在身旁的田中顧問，伸著拳頭，發出了難聽的不合節拍的吼聲：

「尤毫尼洪邦賽！」

「邦賽！邦賽！」

她想笑，却不能笑。她掉頭瞅了丁天鈞一眼，丁天鈞正捂着鼻子裝洋蒜，其實他正在偷偷笑哩。

韓南崗講完話之後，田中顧問便準備離去，可能這傢伙肚子餓了。田中走到吳純青的面前，和她握手，接着哇拉了幾句。站在田中身旁的一個小個子，操着膠東味的口音翻譯道：「田中顧問說：從現在起，這座學校的擔子便交給妳了。希望妳努力教育工作，爲加强日華親善、建設東亞新秩序而貢獻力量。」

吳純青也沒表示意見，只是報以淺淺的微笑。

田中顧問又向禮堂內的全體師生揮了一下手，大家鼓掌歡送他。韓南崗跟在後面，像個馬弁一樣，他還回頭朝吳純青望了一眼，低聲說：「有什麼困難，隨時找我。」吳純青應付了一句：「好吧。」直到她把這兩個傢伙送上汽車，她才鬆了一口氣。

吳純青回了辦公室，老佟跟着總務組林組長來請她去「校長室」辦公。她說：「過兩天再搬吧。」林組長笑道：「新的教務主任明天報到。」吳純青隨口說：「那我明天再過去。」

他們走後，王蓉來了。數日不見，王蓉顯得清瘦了些。她首先向吳純青表示感謝，並且提起前天她去看望祖父，沒有招待吳老師感到萬分抱歉。

「妳安心讀書，只要我在縣中，有什麼困難隨時來找我。」她親切地對王蓉說：「每天躲在圖書館看文學書，固然很好，但是也要注意自己的功課，馬上要畢業了，畢了業還是升高中才好。妳的身體不怎麼好，應該作適當的運動。……」她們談了一會兒，聽得上課鐘聲響了，王蓉才離她而去。

她如今懷着惶惶不安的心情，拆開了父親的信。她原以爲父親寫的長篇大論，但却是短短的幾句話。

青兒知悉：

久未見面，近況如何，甚念。年景混亂，千萬不可返家。如有適合對象，早些成婚，免我懸念。匆祝

近佳

父字 十月十八日

她謹愼地將信放進抽屜裏，心中非常難過，好像剛吃下油炸涼粽子一樣。「爸爸爲什麼不要我返家？那一定是八路軍佔據了吳村，他深怕我參加了共產黨。」她想起自己已經作了共產黨的同路人，替共產黨工作；如果父親聽到這件事，他一定傷心欲絕啊！

電話鈴響了。她拿起了話筒，聽到了韓南崗的討厭的聲音：

「今天晚上，我在『日軍俱樂部』請妳吃飯。妳聽我說，另外還有『新民會』的兩個朋友。

七點鐘，我派車子來接妳，妳在辦公室等着——」

「我有事情。」她堅決地說。

「什麼大不了的事情？哈哈，我是慶賀妳當了校長，這是天大的喜事啊！」

「我有幾個朋友請我吃飯，也是在今天晚上。」她故意這樣說。

「那有什麼困難？我派汽車把他們都接了來，大家在一起更熱鬧。酒菜、汽水、香煙，我一個人包啦。哈哈，爲了妳嘛，叫我跳河我也心甘情願……」

她再也忍受不住對方油腔滑調的糾纏，便厲聲地說：「請你放尊重一些，老實告訴你，我還不稀罕當這個校長呢！」

「咳，妳別那麼固執好不好？小青，妳想一想，吳村被共產黨佔了，妳孤獨一個人住在縣城，只有我一個熟人了；我不照顧妳怎麼行？將來和吳伯父見了面，我總得有個交代啊！……」

「去妳媽的！你別臭美啦！」吳純青幾乎要駡出來，但依然忍耐下去，回答說：「我實在抽不出時間，對不起，改日再說吧。另外，我有一件事情請問你，夏明現在到底怎麼樣了？」

「弄不清楚。」韓南崗淡淡的聲音。

「他不會是政治問題吧？」她試探着問。

「也許不是。」對方滑頭滑腦地說。

「當然不會是呀。你想一想，前些日子把佟凱、王蓉抓起來，誣賴他們是『重慶份子』，結果怎麼樣？還不是又乖乖地把他們放出來了，眞是寃枉。」

「吳校長，妳別在電話裏面談這些事情好不好？」韓南崗有些不耐煩了。

「這有什麼關係？夏明被捕，誰不知道？難道他也是『重慶份子』？」她故意這麼纏他，帶着幾分報復的意味。

「好了，好了，」對方終於宣佈投降：「對不起，我要去開會，改天再談。」接着，電話掛斷了。

她很高興，掛上了話筒，她哈哈笑起來了。

下課以後，吳純青因爲看公文、處理校務，拖到薄暮時分才離校返家。她原想到飯舘去吃，可是爲了避免無謂的糾紛，決心再也不去飯舘吃飯。她在廠石小巷慢慢走着，似乎覺得後面有人跟踪她。走到大街，心情暢快了些。她在「吉露茶莊」買了四兩龍井，剛出店門，碰見一個中年男人，那人把一頂禮帽壓到眉沿，似乎有意在等她出來。她心裏非常彆扭，「這是什麼年頭呢？難怪父親盼望我早日結婚，了却一番心事。」她邁開了大步向住所走，仍覺得後面那人在跟踪。過去，她也碰見過這種事情，可是沒有這次的跟踪者大胆。她轉念一想：「也許是我神經過敏吧！」這樣安慰自己，心情便逐漸鬆弛下來。她走到門口時，鼓足勇氣轉頭一看，那個戴禮帽的正站在巷口盯她哩。

進了院子，但覺空蕩蕩的，對門余家父女已經搬走，她確有無限寂寞之感。打開房門，她連忙燒開水、煮麵條吃。過去，徐婉華沒走時，時常向她開玩笑說：「趕快結婚吧！爲了不吃麵條，咱們也得趕快找對象。」一個人做飯，實在困難，不是喝稀飯、烙餅或蒸窩頭，就是下麵條。她覺得下麵條最省事，切一點白菜、葱花，用猪油嗆鍋，把水燒開了就能下麵條了。但是吃久了嗆鍋麵，怎麼不膩啊！

吃過麵條，她剛洗淨了鍋碗瓢勺，拿起報紙在燈下來看，却聽得有人進了庭院，她從脚音可以聽出是來找她的。果然，她聽見丁天鈞在門外的喚聲：「報告校長，妳還沒休息呀？」

「才七點半，我怎麼睡得着？」她隔着簾子回答說。

丁天鈞跨進門來，便壓低聲音說：「夏明確實被他們關起來了，這不是韓南崗搞的鬼，聽說日本特務機關接到南京的密令，才把夏明逮捕的。」

她聽了渾身發麻，便替丁天鈞倒了一杯茶，這才感慨地說：「我早知道老夏會出事兒，他太粗心大意了，一點也不謹愼。」

「這叫作左傾幼稚病。」丁天鈞點上一支香菸，靠在椅子上說。

「怎麼辦？咱們不能袖手旁觀啊。」吳純青皺着眉頭說。

「我就是爲了這件事來找妳的。」他彈了一下香菸灰，轉頭向吳純青說：「共產黨有人來找我，他們的意思想跟日本方面接頭，如果日方釋放夏明的話，他們就把內山次郎大佐送回縣城，作爲交換的條件……」

「內山次郎是幹什麼的？」

「聽說是日本的特務，過去在僞滿工作，事變以後來山東的。這小子大概在上個月縣城被圍，他騎馬去鄉下勘察地形被八路軍擄走的。」

「這件事我怎麼能幫上忙？我也不認識日本特務呀。」吳純靑誠懇地說。

「小吳，妳不是跟韓南崗挺熟嗎？老韓幹過『新民會』，他跟日本特務來往密切，只要妳把這個情況告訴老韓，那不就行了嗎？」

吳純靑聽了非常爲難。老實說，她如今像關在鐵籠子裏，逃不出去，她對現實的一切非常厭惡；尤其對於那個韓南崗，她恨不得喝他的血、剝他的皮才痛快！如今，丁天鈞勸她去找韓南崗接洽這件重要的事，她怎麼會願意呢？

「妳去找他吧！這是一件非常重要的大事，也是一件非常光榮的事。妳不僅是爲了老夏一個人工作，而且是爲了整個的共產黨。……」

她轉過頭去，注視著丁天鈞那一對英俊的、智慧的眼睛，驚異地問道：「你講得未免太誇張了吧！夏明，他有那麼重要嗎？」

「當然重要，要不然，爲什麼上級這麼重視這件事？在我想，假使妳能辦成功了，他們一定批准妳入黨。」

她冷冷地笑起來。丁天鈞見她態度冷漠，感到詫異不安，便站起來說：「小吳！隨妳的便，我把話轉告了，去不去做是妳的事情。實話說了吧，剛才我講的這些話，並不是我丁某人的主意，妳置之不理不要緊，不過妳得考慮一件事——」

「考慮什麼事？」她不滿地問道。

「考慮什麼事？吳村目前住着共產黨、八路軍，妳老太爺還住在吳村。」丁天鈞說罷賭氣走了。

她愣了半晌，想追出去向對方解釋自己的心情，但是她的雙腿沉重痲木，她幾乎癱臥在椅子上了……

這件事宛如一塊鉛壓在她的心中。她想起夏明的複雜的身分，既是中共黨員，又是「新民會」的漢奸特務，他不久之前還被日本文化界邀請前往東京訪問，他這種「脚踏兩條船」的作風，怎麼不使吳純青感到迷茫不解？……夜裏，她作了許多可怕而奇怪的夢：她夢見韓南崗、夏明兩人向她求婚，她猶豫了半晌，一直拿不定主意。忽然，天上捲起了一陣狂風，頓時天昏地暗、塵沙滿地，那夏明搖身一變，變成了一隻野狼，向着她撲來。她大聲喊叫：「老韓，救我！老韓！……」

這時，韓南崗伸出兩隻粗壯的胳臂，迎向前來，她迅速地撲進他的懷裏。可是，她覺得渾身刺癢、難受，抬頭看時，抱着她的不是韓南崗，却是一隻紅眼黃毛的大馬猴！

「爸爸，爸爸！快來救我！」

她在一片驚叫聲中醒了……

第十八章

天上烏雲四合，下起了連綿的秋雨。氣候頓時變得寒冷了。吳純青坐在「校長室」裏，感到非常孤獨難受。從前天晚上丁天鈞和她不歡而散，到如今兩人一直沒有講話，雖然在學校經常碰面，但是丁天鈞却有意躲避着她，這使她感到十分不滿。

有時，她實在忍受不下這種沉悶的局面，便拿起電話筒想給韓南崗打電話，但是猶豫了一下，最後又將話筒擱下了。「哼，難道爲了夏明，你們就逼著讓我飛蛾撲火，自尋死路嗎！我才不那麼傻呢。」

她從椅子上站起來，走近窗前，透過玻璃窗，她看見運動場上一片水窪，雨點洒在水窪上，現出千千萬萬滴水泡，看得她眼花撩亂。在迷濛的雨中，不知誰撐着雨傘走了過來，那人走進廊簷下，收了雨傘，她才發現那是校門口傳達室的工友。

「校長，您的信。」他站在門口，把一封剛寄來的信交給了她。

「啊，又是父親寫的！」她高興得急忙拆開它，但見信中寥寥的幾行字：

青兒見字知悉：夏明被捕，諒已知道。希速轉託局長代為說項，以早日促使夏明釋放。此間已決定將日軍內山次郎與他互換，若能辦成，則我將喜極而泣也。

父字十月二十三日

吳純青的心扭絞不安了。爲了父親，她還能再說什麼？即使赴湯蹈火，她也心甘情願。拿起電話筒，她撥通了韓南崗的電話。那個秘書問清了她的身分，等了約莫兩分鐘，從電話筒中才傳出韓南崗的聲音：「哪一位？」

「局長嘛，我是吳純青。」

「哈哈！小吳，妳升了校長，口氣怎麼變了？眞有點官僚味兒啦。」

「眞的嗎？我還不覺得呢，哈哈！」她故意裝作得意的樣子：「局長，我是無事不登三寶殿，又有事想麻煩你了。」

「哈哈，客氣什麼？有啥事儘管說吧，只要不是政治問題，哈哈！」

「對不起。」她倒眞的笑了起來：「哈哈，我談的正是一件政治問題。不過，下不爲例，只求你幫忙這一次——」

「啊？」韓南崗不敢吭氣了，顯然是心涼了半截。

「這樣吧，今天晚上六點半，我請你在蘭心西餐館吃飯，當面談，好不好？」

「這……」韓南崗吞吐着說：「現在談不行嗎？」

「你晚上有應酬？」

「這……沒有……不過……」

「滾你個蛋吧！」吳純青心裡在駡，嘴上却說了一句「晚上六點半蘭心見！」便掛斷了電話。

晚上，雨停了。經過一場連綿雨的冲洗，街頭巷尾顯得非帶清潔。路旁的樹木，格外令人爽目。吳純青爲了去蘭心西餐舘約會，特地坐了黃包車趕去的。路上，她聽到路旁低窪地帶的流水聲，許多孩子挽起褲脚在水中嬉戲。雨後的氣溫顯著下降，她坐在車上，將毛衣拉緊，以阻擋那刺骨的寒風

這座蘭心西餐舘開設不到一年，它是專門爲縣裡的漢奸新貴，以及少數發國難財的商人而開的。因此一般民衆只有望門却步。這家西餐舘除了供應西餐、點心以外，逢年過節，還有一些洋派的漢奸、富商在跳舞，男男女女，摟摟抱抱，使附近的百姓感到非常不滿。去年耶誕節時，蘭心西餐舘舉辦舞會三天，有人在玻璃窗上貼了兩句詩：「商女不知亡國恨，隔江猶唱後庭花。」

據說縣公署還派人偵察，但是人海煙波，到何處去抓貼標語的人呢？從發生這件事以後，蘭心西餐舘再也不敢公開舉辦舞會，只是偷偷摸摸，拉上鐵門在大廳內跳「黑燈舞」，因此這些男女客人簡直像鬼魂一樣。

吳純青下了車，懷着忐忑不安的心情，走進了西餐舘。這時客人已上了五成座。她揀了一個座位，那個穿藍色旗袍的女招待立刻端上一杯熱茶，笑瞇瞇地問道：「請問小姐幾個人？要什

麼？」

「兩客西餐。等我的朋友來了再上菜。」她一面用熱毛巾擦手，一面從皮包內掏出香煙，點上一支吸着。

西餐廳正播放着軟綿綿的流行歌曲，那低沉的醉人的聲音，彷彿從那些盆景的紅花綠葉之間流瀉出來的；讓人們忘却了外界的硝煙砲火，忘却了千萬正呻吟而飢餓的同胞；歌聲似乎宣告着人間如此幸福美好，花常開、月常圓、人長壽，青春男女正在高擧酒杯，及時行樂……「夕那惱腰鹿，夕那惱腰鹿……」現在，唱片播出了日本歌曲「支那之夜」，有幾個喝酒的小漢奸，還恬不知恥的打着節拍，隨着哼唱起來……

啊，慚愧啊！吳純青的臉紅了，有點發燒的感覺，她吸了一口香煙，將煙灰彈進了煙缸，默默地想：「假如父親知道我坐在這兒，他老人家是多麼傷心啊！假如縣中的同學，特別像王蓉那樣的學生，發現我坐在這兒，等待韓局長約會，她是多麼失望！……」正在此時，韓南崗走近桌前，放下皮包，坐在對面沙發上。

「對不起，妳等了很久吧？」韓南崗皮笑肉不笑地說。

「我剛來。」她說着抬頭瞟了女招待一眼，輕聲告訴她：「上菜吧。」

「妳怎麼學會吸煙啦？」韓南崗點上香煙，向她投以驚疑的一瞥。

「吸着玩玩兒，沒有癮。」她淡淡地說。

「吳村有什麼消息？」

「我父親托人捎來一封信，信上沒說什麼，只是說他還平安。」

「我五舅去濟南了。」韓南崗皺起眉頭，露出憂愁的神情：「要是五舅給共產黨抓住，那眞是不堪設想了。」

女招待端來了湯、麵包。他們慢慢吃着。吳純青首先提起她接任縣中校長，乃是韓南崗對她的提拔，她向對方表達了感謝之意。

「那裏的話，這是田中顧問的意思。」韓南崗嚼着麵包，低聲告訴她：「無論從工作能力、學經歷各方面來看，妳都有資格升任校長；再說妳委屈了很久，這也是情報部門的判斷錯誤……田中顧問提到上次拘捕妳的事情，還念念不忘，他覺得對不住妳。不過事情過去了，妳也不必記在心裏了，爲了這件事，日方將中村潔調走，可見他們作事還是很認眞的。」

「我倒不在乎這件事，不過，關於這次逮捕夏明，請你無論如何得幫幫忙。」她順水推舟地談起這個重要的問題。

「夏明的事情跟妳不同。」韓南崗一聽到談起夏明，他放下湯匙，擦了擦嘴，眼皮馬上搭拉下來。

「有什麼不同？」她故意問。

「妳是假的，他是眞的。難道妳還不知道？」韓南崗吸了一口香菸，聲音有些激動。

「你說他是眞的，到底他是什麽？」

「這不是我說的，這是日本情報機關的調查情況：夏明早在事變以前，就在北平參加了共產黨，他是『一二·九運動』的學生領袖。這小子非常狡猾，他在兩年前就打進了『新民會』，成了日本情報機構的紅人。妳想一想，連田中顧問還推薦他去日本訪問，可見這傢伙是多麽厲害！哈哈！天網恢恢，疏而不漏，這回把他關起來，他可插翅難逃了吧！」

女招待送上來沙拉拌白菜，韓南崗瞄了一眼，把菜盤推到一旁，表示不吃。他悠閒地燃着一支菸。吳純青低頭吃着，暗自盤算如何說服對方。於是，她抬起頭，向韓南崗說：「這個人確實令人討厭，不僅是你，凡是跟夏明共過事的，沒有一個說他是好人。不過，站在中國人的立場，咱們畢竟都是同胞啊！你說是不是？」

韓南崗無可奈何低下了頭。

「老韓，咱們是老鄉、老同事，所以我一定要提醒你：這場戰爭早晚一定結束，中國一定打敗日本，這是任何人也不敢否認的一個事實。到了那一天，你怎麽辦？你得給自己留個後步吧？」

韓南崗機警地向四週掃了一眼，然後注視着吳純青：「妳今天晚上約我出來，就是談這個？」

侍者送上了牛排，牛排吱吱拉拉，濺着油星。吳純青忙將餐巾擋住自己，然後擱在膝蓋上。

他們暫時停止了談話，用刀切牛排吃。客人陸續多了，靠近他們的一個四人座位，講着日本話，韓南崗悄聲說：「這四個都是日本憲兵。」吳純青偷偷看了他們一眼，繼續吃着。這時餐廳內播起了日本歌「愛馬進行曲」，那不倫不類的歌曲，在這間西餐舘內散播着，眞使吳純青感到啼笑皆非。她抬頭對韓南崗說：「共產黨來人找你們接頭，他們想交換人質。」

老韓變了臉色，壓低聲音說：「他們是誰？」

「夏明。」

「交換的對象是誰？」

「內山次郞。」

韓南崗宛如挨了一記悶棍，兩眼發直，傻呼呼地楞在那裡。

「趁熱吃吧！」她催促着說。

「妳眞是變了，我作夢也沒想到妳變的這麼快。」韓南崗嚼着牛排，低聲地說：「難道妳不怕我把妳檢擧，私通共產黨嗎？」

「隨你的便。」她瀟洒地說：「不過，我相信你不會告發我的。」

「爲什麼？」他注視著吳純青說。

「因爲咱們的關係不同。」她故意這樣說。

「妳提的這件事是辦不通的。即使我轉告了日本情報機關，恐怕也沒有用。」

「聽其自然吧。」吳純青認眞地說：「今天晚上我約你出來，就是談這件事情。不管如何，請你務必轉告日本情報機關。」

韓南崗吸着香菸，低頭凝思着。忽然，他抬頭一笑：「妳這頓飯是白請我了，我敢跟妳打個賭，日本人決不會答應的。妳不知道，日本人跟共產黨的關係非常複雜，它們有時候聯合、有時候鬥爭。老實說，日本特務非常厲害，他們早就摸清了老夏的身分，就是不驚動他，早在徐婉華出走之前，我們已經摸清夏明的底細了……」

「徐婉華跟老夏有什麼關係？」她故意問。

「他們都是共產黨員。徐婉華的身分暴露了，她在此地蹲不住，悄悄跑了，這是日本機關放她走的。」

「爲什麼放她走？」她不解地問。

「當然有條件了。」

她不再作聲了。她的心海裏裏泛起了波濤：「哼，中國還有什麼希望？敵人侵略了咱們的土地，殺害了千千萬萬中國的同胞，如今你們還不覺悟，還在那裏跟日本鬼子表面作戰，背後勾結，這眞是讓四萬萬五千萬同胞寒心啊！」她從煙盒中掏出了一支煙，擦着火猛吸着。

「小吳，咱們的關係不同，既然剛才妳給我講了知心話，那麼我也得向妳說兩句知心話。我知道妳富於民族熱情，堅決抗日到底。不過，妳必須看清一個事實，中國的武器比不上人家，士氣更不能跟人家相比，何況共產黨又在背後扯腿、搗蛋，妳想一想，中國盲目抗戰有什麼希望？那只有一條路——」

「什麼路？」她憤怒地問。

「死路。」他堅定地說。

吳純青立刻站起來，走到櫃臺去結賬。當她付清了飯錢向外走，韓南崗已經挨近了她：「我的車子在外面，我送妳回去。」

「不用了。」她露出勉强的笑容：「我還得買點東西。」

他們在「蘭心西餐館」門口分手，韓南崗鑽進車廂，汽車刹那間消失在茫茫的燈火中。吳純青慢慢沿着大街走，雖然她並不一定辦成這樁事，但是如今她却感到非常輕鬆愉快。剛走到街口，發現丁天鈞迎面走來，瞧他那副神情，使她覺得他是有意在此等候似的。

「談的怎麼樣？」丁天鈞問她。

「恐怕不太理想。」她說。

「上車，咱們去運河沿談去。」丁天鈞說着喊了兩輛黃包車，去了運河沿。晚上，運河沿鑼鼓喧天，非常熱鬧。他們下了車，吳純青跟着老丁走進一個棚子裏，揀了座位坐下。這時汽燈底下，一個打扮得十分俏麗的姑娘，正在唱「老媽開嗙」。旁邊站着一個四十出頭的男人，頭戴瓜皮小帽，樣子非常滑稽，他一面打竹板，一面伴唱着。

「妳在這裏等我，我一會兒就來。」丁天鈞講完，彎着腰走了。

吳純青覺得有點納悶。她一面暗自讚賞着那位姑娘的唱腔，眞是渾圓悅耳，可惜命運不濟，跑到這種髒亂的地方來賣唱。

那位姑娘扯開了喉嚨唱着：

「北京城也到不離，城門樓子到有八九十，那方圓佔了足够八百多里地。城門樓子上安著寶石。我們大爺是個宗室，他跟皇上是一個當家的，管着我們士爺就叫小把弟，那素常素往有點離嘻。皇宮內院蓋的出奇，黃窗戶按的本是那個黃玻璃……」

「走吧。」丁天鈞在後面拍了她一下，她站起來擠了出去，這時才發現一個怒眉大眼，像個殺猪的漢子，站在丁天鈞的身後。

「今天晚上，妳跟老韓接洽的經過，講給這位同志聽吧。」丁天鈞一面走，一面叮囑吳純青。吳純青便簡略地向那人講了一遍。那人還提出了問題，吳純青也作了回答。最後，殺猪的把兩眼一瞪，哈哈笑道：「這小子，敬酒不吃吃罰酒。等着瞧，不出三天，他們一定自動地來求咱們。哈哈！」

這個殺猪的講話可眞靈驗，次日上午，吳純青主持「校務會議」，介紹了新到任的教務主任尹壽亭，這時工友老佟悄悄地走近她說：「韓局長的電話。」她躊躇了一下，祇得暫時離席去接電話。韓南崗的聲音非常緊張，他說：「昨天晚上妳提出的那個主意，日本人表示歡迎。妳趕快通知對方，約定雙方交換人質的時間、地點。越快越好，今天晚上怎麼樣？」

「我怎麼能作主？這得看人家的意思。」她冷冷地說。

「小吳，這件事如果辦成功，我一定建議田中顧問邀請妳去日本作親善訪問。」

「我現在正在開會——」她要掛斷電話。

「好，我等妳的好消息。」

散會之後，丁天鈞就去辦這件事，直到傍晚他才返校。共產黨提出的條件是這樣的：

①雙方決定於十月三十日晚上六時，將人質送到縣城以南五華里的姚家莊，逾半小時則視爲放棄交換權利。

②雙方送人質時，不得携帶槍枝武器，人數以五人爲限。

③雙方不得以任何藉口，拖延或拒絕交出人質，否則交換人質條約立即廢除。

晚上散學之後，吳純青爲了保守秘密，單獨和韓南崗在蘭心西餐廳見面，他們代表雙方談妥了交換人質條件，決定後天三十日晚上執行。吳純青離開蘭心西餐廳，又返回學校將此事告訴丁天鈞，等她回家時已經十點多了。

晚上，對面剛搬來的那家打麻將，那嘩拉嘩拉的牌聲、打情罵俏聲，以及哼唱流行歌曲聲，吵得吳純青無法入夢。她暗自罵道：「這些不知死活的傢伙，爲什麼老天爺不長眼睛，敎他們一個個上吐下瀉兩頭拉呢？」她想起搬去濟南的黑妞兒，心裏有些難過，她計劃等夏明的事情辦妥之後，就搬到學校去住，免得再生這些夜貓子的閒氣了。

她剛翻了個身兒，迷糊睡了一覺，却又被對門的一個尖銳的女人叫聲驚醒。

「啊喲！你瞧我這副牌，聽八萬的清一色；我上那兒和去？你四歸一的八萬，死相！什麼玩意兒啊！……」

接着，是幾個男女的肆無忌憚的笑聲。

在一片嘩拉拉洗牌聲中，一個膠東口音的男人問道：「聽說筱桂花要來這裏登臺，有沒有這回事兒？」

另一個粗嗓門的說：「下月底從青島來，她是『新民會』請來的。」

尖嗓子女人插嘴說：「快打風呀？……我聽過筱桂花的全本鎖麟囊，眞不錯！……碰東風，……聽說她跟韓局長有一手兒……」

「那個韓局長？」膠東男人問。

「韓南崗。」尖嗓子女人笑起來：「哈哈！我打了七條，又自摸七條和回來，這副牌眞有意思……」

吳純青聽到韓南崗這個名字，心裏就討厭，她想起這次去找老韓，乃是爲了父親寫來的信，不然，她是不會去和魔鬼打交道的。這時，窗外的夜空濃雲密佈，剎時灑下雨來，她急忙起身關上窗戶，對面的搓痲將聲一陣陣傳來，她下了決心：「天晴了我就搬家！」

天麻麻亮，吳純青被一陣雷聲驚醒。她披衣下床，洗罷了臉，煮了兩個荷包蛋，她一面慢慢吃着，一面隔着窗戶眺望庭院的那株老樹，不停地滴着雨珠。這時又聽得對門的麻將牌聲，她想：這些男女到底是幹什麼的？怎麼一天到晚打麻將、混日子呢？如果他們用這種夜以繼日的精神，從事抗日生產的工作，那對於中國四億五千萬同胞一定作出貢獻的。

這天上午，吳純青正在辦公室和丁天鈞談話，從外面開進來一輛黑色的轎車，停在校園的樹蔭下，接着從車內走出來了韓南崗。

「他來作什麼？」丁天鈞有點驚惶。

「一定是爲了交換人質的事情。」吳純青說着走去迎接韓南崗。

果然她猜的一點也不錯，韓南崗一進門就談起明天晚上的計劃：「咱們去五個人，除了我們三個以外，還有尹壽亭，另外是一個日本人。」

「我也要去？」吳純青無可奈何地說。

「妳當然得去了。沒有妳，這場戲唱不起來。」韓南崗油腔滑調地說：「你放心。汽車把咱們送到姚家莊，後面有一個連的治安軍作掩護，治安軍後面還有日軍的坦克部隊。只要有個風吹草動，不等他們動手，這邊的砲火就把姚家莊轟平啦，哈哈！」

吳純青瞅了丁天鈞一眼，便問韓南崗：「明天晚上什麼時候去？」

「明天下午五點鐘，我開汽車來接你們。咱們先去日軍俱樂部，碰碰頭，開開會，吃點東西，馬上就出發。姚家莊距離縣城五華里，十五分鐘就到了。如果一切順利的話，六點半咱們就回來了。」韓南崗看看吳純青，又看看丁天鈞，帶着商量的口吻問道：「你們沒什麼問題了吧？同頭把這個計劃告訴老尹，一切保密，好吧，明天下午見！」他像一股旋風似地走了。

直到韓南崗的汽車開出學校，吳純青才想起一個問題：夏明出獄之後，他是返回學校工作，還是去共產黨方面？若是夏明繼續擔任縣中校長職務，她會立即卸下這個擔子的，老實說，她對於這次升任校長並不感到光榮，相反地還有一種被侮辱的感覺。但是，韓南崗已經走遠，她只有悶坐在椅子上發怔……

當天下午，尹壽亭邀約她和丁天鈞去他家吃餃子。為了避免同事們知道，他們一直採取保密方式，決定下課以後，尹壽亭先騎車回家幫助母親包餃子，吳純青和丁天鈞隨後坐三輪車去。

老尹的家在東門外，那是一片農村，沿着公路兩旁，種滿了瓜果蔬菜，秋風吹揚起公路上的塵沙，有時嗅到一股清新的牛糞氣息。過去尹壽亭的父親在世，他是一位誠懇的菜農，種着幾畝菜園，他將收穫的瓜菜，批發給菜販運到縣裏市場去賣，日子過得倒挺紅火。

尹壽亭從小是個書呆子，對於種菜一竅不通，自從他父親過世，為了生活，那幾畝菜園陸續賣掉，他母親替附近一家火柴工廠糊火柴盒。不過，老尹做人忠厚老實，省吃儉用，因此家裏生活還過得去。他母親是一個舊式的婦女，滿腦子盡是「抱孫子」的念頭，她一年到頭着急，可是老尹却根本沒把此事放在心裏。早在去年縣裏成立「業餘青年劇藝社」，她母親暗自高興，她以爲劇社中有幾個青年姑娘，日久天長，說不定兒子會戀愛上一個；但是白天想、晚上盼，始終沒有一點風聲。前幾天老尹被縣教育局派到縣中當敎務主任，母親聽了這個消息，當然歡喜，後來老尹對她說：「娘！過兩天咱包餃子，請兩個同事到家吃，您說好不好？」

「好啊！」母親說：「是男的還是女的？」

「老丁、還有吳小姐。」他說。

她聽了非常高興，因爲她看過他們的話劇。這天她天麻麻亮就起來，先到附近的菜園，挑選了一些最新鮮的黃瓜、韮菜，又買了兩斤猪肉。接着，她去雜貨店買薑、香油、蒜、酒、蝦皮、粉皮、麻醬……她想起現代年輕人講衞生，特地添置了幾個新碟子、一把新棗木筷子。她是個半大脚，走出走進，手忙脚亂，正當她準備剁餡子時，又想起客人進了門，洗臉沒有乾淨毛巾，她便擦乾了手，去村頭雜貨店買了兩個羊肚子毛巾。

太陽還沒下山，尹壽亭就騎着自行車回了家。他一進門，看見母親正在包餃子，他洗淨手，催促着說：「您去弄兩樣下酒的菜，讓我來包吧。」

「早就弄妥啦。」母親齜牙一笑：「涼拌黃瓜、海蜇拌粉皮，行不行？」

「行啊，又不是客人。」

他母子倆包齊了餃子，燒開了水，泡了一壺龍井茶，這時門外傳來丁天鈞的聲音，老尹急忙迎了出去。不一會工夫，兩個老友都來了，他們還提了一盒點心，那是送給老太太的。吳純青的嘴巴甜，一直偎在老尹他娘身邊叫「大娘」，把老太太樂得合不攏嘴。

「大小姐，你們去喝酒，厨房的事您插不上手，俺在這兒下餃子，您進去吧！」老太太不停地催促着她，她才進屋去坐。

喝酒時，他們談起明天晚上的事情。首先，丁天鈞對於這次日軍、共黨雙方交換人質的事，作了分析。他認爲這是有利於中國人民的事。

「這話怎麼解釋呢？內山次郎是日本特務，他的雙手沾滿了山東省人民的鮮血，本來八路軍早應該將他處決的；可是中共爲了緩和目前的局勢，減輕山東人民的痛苦，毅然決定釋放內山次郎，這種作法是爲了我們的長久利益着想……」丁天鈞舉起酒盅，繼續地說：「打持久戰，決不能只顧現實的利益。我想你們倆一定明白這個道理。」

「我不明白這個道理。」吳純青放下筷子，斬釘截鐵地說：「既然內山次郎是殺人不眨眼的魔王，爲什麼還釋放他？把魔鬼放出去繼續殺害咱們的同胞，這算什麼鬼主意？我眞不懂共產黨葫蘆裏賣的什麼藥？」

老尹站起來去端餃子，似乎故意緩和這尖銳的辯論。等他進了厨房，丁天鈞才低聲地說：

「妳不要忘記自己的身分、立場，妳是共產黨預備黨員，妳作了縣中校長，這是黨交付給妳的任務。幸虧老尹不是外人，要是在別人面前妳講出這種沒有立場的話，妳會受到鬥爭的。」

吳純青想發脾氣，但適巧老尹端上一盤熱騰騰的餃子，接着老尹舉起酒盅：「來，天鈞，咱們一齊敬吳校長一杯！」

她端起酒盅，仰頭乾了。她吃着韮菜、蝦皮拌豬肉餡的餃子，非常過癮。剛才的那番無謂的辯論，早已忘得一乾二淨，她陶醉在這淳樸可親的氛圍裏。

尹大娘笑瞇瞇地走近飯桌，向他們說：「俺也不會做，餃子口味不知道行不行？」

吳純青堅持邀請她坐下一起吃，老太太硬是不依，最後她喝了一小口酒，便又回厨房去了。吳純青聯想起自己的母親早已作古，心裏不免有些惆悵。等了一會兒，老尹又端來一盤餃子、一大海碗餃子湯，他說：「原湯化原食，吃了餃子別忘了喝湯。」

「明天晚上，如果發生任何情況，你們倆不要緊張，聽我的指揮。」丁天鈞放下筷子，又提起這件事情。

「不會有什麼情況吧？」尹壽亭淡淡地說。

「咱們不怕一萬，只怕萬一啊。」丁天鈞喝了一口餃子湯：「按說雙方交換人質，不會發生意外情況。可是咱們不能沒有一點應變的準備。舉個例子來說：對方把內山次郎送過來，這邊不放夏明怎麼辦？還有，要是雙方在沒有交換人質以前，發生槍戰，咱們應當怎麼辦？這些都是應該預先考慮的事情。」

吳純青聽了這些話，倒也覺得丁天鈞說的有理。她插嘴說：「明天咱們三個不去行不行？奇怪，爲什麼他們把這個差使安排在咱們身上？」

「這有啥奇怪？這是禿子頭上的蝨子，明擺着嘛！他們叫咱們陪着去，就是怕對方故意扯皮，弄不好，犧牲的是中國人！」丁天鈞激動的說。

「別談這件事了，趁熱吃餃子吧！」尹壽亭又端上一盤剛撈出鍋的餃子，催促着說。

「飽啦。」吳純青誠懇地說：「這頓餃子吃得眞是過癮。」

「妳別客氣，妳才吃了幾個呀？不行，我再給你加點醋。」他說着拿起對方的醋碟，朝碟內倒醋。

「啊，少來點兒！」她嚷着。

「這是濼口醋，我母親一直捨不得吃。」

正當年輕人笑鬧時，尹大娘端着一盞煤油燈走近飯桌，她埋怨兒子說：「你這個半吊子，幹嘛老是讓人家大小姐喝醋？來，吳大小姐，校長，您嚐嚐這一鍋餃子，您多吃幾個俺心裡才高興哪！」

「好，我吃，我吃。」吳純青故意敷衍着，低下頭去吃餃子。

「丁先生，您是個大男人，可別客氣喲。」老太太又開始催促丁天鈞：「這一盤餃子，您可包啦。可不能剩下，剩下的餃子沒地方擱哪。」

「好吧，我包圓啦！」老丁伸了一下舌頭，故意用誇張的動作挾餃子，惹得尹壽亭、吳純青直笑。

尹大娘見他們吃得開心，才回厨房去忙碌別的事務。這時年輕人停止了吃喝，吳純青悄悄地說：「現在酒醉飯飽，我們應該告辭了吧！」

「別慌，我早給你們叫了黃包車啦。」尹壽亭說：「你們喝茶行不行？剛泡的一壺龍井。」

「不能再躭誤了，明天還有不少事情哩。」丁天鈞這時站起來，準備向尹大娘辭行。老尹勸阻無效，只得出去叫車。不一會工夫，他折返回來說：「車子來啦。」於是吳純青、丁天鈞告別尹大娘，走出門外，兩人分別上了車。黃包車上了公路，他們回頭張望，還看見尹家母子站在門前揮手呢。

第十九章

汽車出了縣城，氣候變得寒冷多了。破棉絮般的雲片，在西方天上隨風搖曳，原野上呈現出一派肅殺的氣息。姚家莊通往縣城有一條寬敞的沙河早已乾涸，行人車輛便在河床上通行。汽車開到河床上，便煞住車，韓南崗首先跳下車來，他向車上的人喊了一聲：「到了！」

吳純青心中暗自吃驚，汽車停在沙河上，眼前一片荒涼，連個鬼影子也沒有。「若是對方帶了十幾個人，兩挺機關槍，把守住這個河床，那我們豈不束手就擒嗎？」她正在嘀咕此事，忽見姚家莊中走出幾匹騾子，後面還有一輛四輪馬車，不到兩分鐘時間，那些牲口車輛便在沙河對岸停住了。一共出現六個人，一個穿着灰色軍裝，一個穿的西裝，還戴着一頂禮帽，其他四人都是莊稼漢打扮。

韓南崗低頭看了一下手錶，自言自語說：「還差七分鐘，怎麼夏明還沒到，莫非車子在路上拋錨了？」

這時丁天鈞發牢騷說：「你們不是預先計劃出發之前，大家在日軍俱樂部開會嘛？我們在學校等了半天，結果你把我們直接帶到這裏，你們辦事未免太潦草了！」

韓南崗狠狠地瞪了丁天鈞一眼，轉過頭去，向對岸的人們瞄了一眼，這才輕聲責備地說：「你是代表、我也是代表，你沒資格批評我！我和你一樣，都得聽日本人的！」

後面傳來一陣轆轆的車聲，打破了這沉悶的空氣。還差兩分半鐘，那輛載送人質夏明的汽車到了。夏明跳下車子，先向大家一一握手；當他握住吳純青的手，悄悄地說：「我見了妳父親，一定把妳的情況告訴他。妳放心吧。」吳純青聽了這句話，不禁湧出一片別離的情緒。

這時，韓南崗揚起右手，向對岸的那個擧手的八路軍揮了幾下。然後，他一個人向前走，對岸那個人也向前走，不久他倆便會合在一起；吳純青靜靜地看着他們，他們似乎在商量什麼，然後兩人握手而別。夏明回來以後，滿臉帶笑，他向那個日本代表哇啦了幾句，那日本軍人聽着，忽然現出笑容：「腰老西！」他說着轉身和夏明握手，哇拉哇拉了幾句，夏明也用日本話和他講話，最後兩人相互道別。

「撒腰那拉！」

「阿里牙多！」

夏明說完又向大家一拱手，喊了一句：「再見！」然後轉頭向前走去。對面那個穿西裝、戴禮帽的矮胖子，也一步一步走了過來，他們會合一起，兩人還互相招了招手；當那個日本俘虜走近時，日本代表急忙迎上前去，來了一個九十度的鞠躬禮，並且諂媚地說：

「搞苦老撒馬呆西它！」

內山次郎陰冷地哼了一聲，他在日本代表和韓南崗護侍下，鑽進了那輛黑色的小汽車。然後發動馬達，轉了一個彎，開走了。

「咱們也上車吧！」丁天鈞無可奈何地說。

「妳先上。」尹壽亭向吳純青說。

汽車上了坡，她才發現附近的山坡上，站滿了荷槍實彈的僞治安軍。原來他們都是來護侍內山次郎的。

「這傢伙非常厲害。殺人不眨眼。連日本鬼子都怕他。」那個「新民會」的中國司機，向他們介紹着內山次郎：「這小子是北海道人，聽說那個鬼地方冷得要命，小孩兒冬天撒尿，尿出去的是冰條兒！」

丁天鈞故意逗他：「喂，老鄉，校長坐在車上，你得守規矩呀。」

那司機回頭向吳純青看了一眼，握着方向盤說：「對不起，校長！俺是老粗兒，講話沒分寸，您得包涵點。」

「沒什麼，小孩子撒尿有啥關係？不撒尿那不尿褲子裏啦。」吳純青這麼一說，引起大夥兒笑了。

「吳校長，久仰您啦。俺那一條街上住的鄰居，都知道您是一位了不起的老師！您幫助王蓉，俺那一條街都知道……王蓉這個小妮兒，挺孝順。……俺眞不懂，夏明爲啥開除她……」

他們聽着司機的話，都不作聲。吳純青盤算着介紹王蓉去縣立圖書館兼差，白天上課，晚上去工作，這樣不僅可以賺點錢維持生活，而且也能多看些書，增進她的知識。想到這時，她轉頭和尹壽亭商量了一下，老尹決定日內辦這件事。

汽車進了縣城，已是掌燈時分。那個「新民會」的司機先將吳純青送到巷口，然後再分別去送丁天鈞、尹壽亭。吳純青回了家，燒開了水，冲上茶。先切了半根葱白，用猪油嗆了鍋，再舀上一瓢水煮着。她挖了半碗麵，放在一隻大海碗裏，加水攪拌了一會兒，等鍋裏的水開了，她才用筷子攪拌的麵醬慢慢往鍋中撥下去，這是她最喜歡吃的「麵疙瘩」。

吃了麵疙瘩，聽得屋頂上沙沙價響，像炒豆子一般。她低聲說：「下冰雹了！」她原想擦試一下桌椅的，但是想起馬上搬進學校去住，她便意興索然。原來計劃明天搬家，上午總務處還向她請示這件事，當時她工作忙，再加上當晚還得去護送夏明，所以她那時說：「過兩天再說吧！」

她一回到家，聽到對面屋裏的麻將牌聲，她就恨不得馬上離開這個鬼地方。除了專心看書、寫東西或是睡熟了以外，只要她一靜下來，那刺耳的男女調笑聲、麻將牌聲，以及男的哼京戲、女的哼流行歌曲的聲音，便襲擊着她。有時她想：「我還教什麼書、當什麼老師？這個民族沒有希望了。你看這些青年男女，一天到晚醉生夢死，他們連猪狗都不如！猪可以供給人們作菜，狗還替人看守門戶，這些男女有什麼用？老天爺為啥不睜開眼睛，罰這些狗男女渾身發腫、七竅流濃呢！」過去她並不討厭麻將，每逢年節，她在故鄉聽到嘩啦嘩啦的牌聲，混合着門外的鞭炮聲，總是覺得非常悅耳，那彷彿像一首音樂，使她低徊不已……可是到了今天，她却對這種麻將牌聲恨之入骨了。他憤恨地說：

「這是亡國滅種的聲音。麻將牌一日不消滅，中華民族決不會抬起頭來！」

聽着對門的麻將聲，她聯想起故鄉的種種情景，禁不住熱淚盈眶了。「爸爸一個人住在老屋，他一定很寂寞吧？他的身體最近怎麼樣？……老王叔叔呢？……」她在夢中看見了父親，正在庭院中跟一個八路軍吵架，父親吼叫着，像個瘋子一樣，眼球幾乎暴凸出來。她跑上前去，摟住了父親，央求他說：「您別生氣了。這年頭變了……識時務者為俊傑，您何必自討苦吃？……」

父親聽了女兒的勸告，果然停止了吼叫，却放聲大哭起來！那是多麼令人心碎的哭聲！她跪在老人的身前，懇求地說：「爸爸，您別哭了，我求求您……」

老人不哭了，却發出了一聲嘆息：「唉！小青啊，記住爸爸的話：下一輩子作牛作馬，妳也別再作中國人了！」

忽然，一羣穿着灰色軍裝的八路軍，湧進了吳家的庭院。領頭的一個擧起胳臂，大聲吼叫一聲：「鬥爭他，反動派！」

一陣激烈的槍彈，貫穿了她的胸膛、四肢，她看見父親倒在血泊裏。「完了，我也快完了……」她覺得渾身發熱，肚子裏有沸滾的血汁湧泛着。她想起丁天鈞、王蓉、丁天銘、李大娘、余四海、黑妞……想起了尹壽亭、韓南崗、夏明、內山次郎，還有「蘭心西餐館」那位漂亮的女招待……接着，她聽見一陣男女的笑聲，聽見一個女人操着濟南口音說：「我本來想聽五餅，看見對門碰出了一副；摸上一顆三餅，隨手想把六萬打出去，聽二、五餅……哼，我一狠心，一不作、二不休，麻將就是要彈麻，結果我自摸五餅，哈哈……」

她早已醒了。躺在床上，凝聽窗外的風聲，混雜着對門的麻將牌聲，她用枕巾擦去眼角的淚，心裏作了決定：

「明天搬過去，不能再拖了！」

吳純青搬進學校宿舍，便在學生伙食團搭伙，一天兩頓饅頭，不是黃豆芽就是白菜燉豆腐。每到開飯時，老佟就把饅頭、小菜送到辦公室，她從小不愛喝稀飯，再說伙食團的稀飯等於麵湯，所以她不讓老佟舀稀飯，她寧肯喝茶。

雖然她如今聽不見麻將與吵嚷聲，但是精神上的壓力越來越重，使她幾乎喘不過氣來。自從內山次郎回到縣城，對於縣中的教職員、學生展開了思想調查工作。每天有幾名特務，來學校專門抽調師生談話。吳純青只有伺候他們的份兒，却對於任何事情不敢過問。有時碰到老師被調去談話，那麼全班的學生只好改上「自習」，這對學校的教學進度有極大的影響。

有一天下午，吳純青正在辦公室工作，老佟搭拉着頭走進來說：「他們找您去談話。」她聽了非常生氣，這些狗仗人勢的傢伙，根本沒把校長放在眼裏。但是，她生氣又有什麼用？

「您就委屈一下，跟他們談談吧。校長。」老佟也明白她的心意，所以這樣勸促着說。

她隨着老佟穿過校園，向體育舘走。那一棟房屋是去年剛蓋的，那時韓南崗當體育教員，他運用「新民會」的力量，在縣府撥出一筆經費蓋了一棟體育舘，舘內設有籃球場、排球場、教室和更衣室。專門在陰雨季節上體育課或是球類活動用的。目前，內山派來的特務就在兩個體育教室工作。

「在哪一間？」吳純青走到體育舘，問老佟說。

「那一間。」老佟指着靠球場的那間教室。

吳純青走進去，發現一個三十左右的時髦女人，指間夾着香煙，正低着頭看文件。旁邊，一個年輕的小姐在打字機前打字，發出啪噠啪噠的聲響。

「妳們找我？」吳純青走到桌前，有點不耐煩地問。

「吳校長！」那個女特務合上卷宗，伸出塗着蔻丹的手指，向旁邊一擺：「請坐。我有點事想和妳談談，就誤妳一點時間。」

「沒關係，妳說吧。」她坐了下來，她覺得對方的濟南口音非常熟悉，但是却想不起此人來了。

「吸菸吧？」那女人打開金質的香菸盒，在她面前晃了一下；她搖了搖頭，那女人便合上菸盒，重放在桌上。

「妳們來學校工作，我很歡迎。如果有什麼招待不週的地方，還請妳們原諒。」吳純靑口是心非地說。

「最多半個月，我們就走了。目前工作很繁重，我們來貴校給你們帶來不少麻煩，只要老師們不罵我們就行啦。哈哈！」

女特務仰頭哈哈大笑。她的笑聲給吳純靑獲得了回憶的驗證：「這不是那些狗男女打麻將的笑聲嗎？怪不得這個女人的濟南口音那麼熟悉。」

那個女特務講話乾脆俐落，她開門見山把目前縣城的局勢分析一下：如今四面都被抗日力量包圍，可以說是「四面楚歌」，爲了百姓「安居樂業」，必須要淸除反日份子，這縣裏每一個人都應當同心協力，爲地方除害。接着，她向吳純靑提出一個問題：「去年縣裏成立靑年劇藝社，到底是誰發起的？」

「誰發起的？當然是縣敎育局了。」吳純靑不高與地說。

「妳別衝動。請妳冷靜地想一想，到底是誰先提出這個計劃的？」女特務吸了一口香菸，眼珠滾動了一下：「這個文藝團體，最早是從縣圖書館成立的，敎育局並沒有發起組織這個劇藝社，這裏有原始檔案可查。」

「誰發起成立這個劇藝社，我確實想不起來了。當初我參加演話劇，只是爲了興趣，我並沒有想到其他的問題。」

那個女人從菸盒中取出一支香菸，擦着了火，她吸了兩口，便抬頭問道：「妳參加劇藝社，誰介紹的？」

「我自動報名的。」吳純青毫不考慮地說。其實，她是別人介紹她進去的。

「妳認識夏明？」

「認識。」

「妳對夏明這個人，有什麼具體的認識？」

吳純青有點惱怒。她說：「小姐！我作校長，每天工作很忙，我沒時間跟妳扯這些雞毛蒜皮的事情。妳們儘管調查好了，該怎麼辦就怎麼辦！我早就豁出去了！」她說着便向外走。

「回來！」那個女人喊了一聲。

「有話直說吧！」吳純青轉回頭來，不耐煩地說。

「吳校長，坦白告訴妳：剛才我們談的並不是雞毛蒜皮的事，而是一件大事！」那女人終於離開座位，一步一步走近了她。

「不管大事、小事，我作教育工作，根本不懂得政治問題。我跟夏明只是同事關係，其他的毫無瓜葛，不信你們去調查吧！」吳純青理直氣壯地說。

「妳不懂政治問題？哈哈！」那時髦女人又哈哈笑起來，好似剛和了一副「雙龍抱柱」一樣：「吳校長，如果妳不懂政治，妳怎麼一年之間，從教員升到校長的位置？如果妳不懂政治，妳怎麼喜歡看魯迅的作品、演曹禺的劇本？這妳該作何解釋呢？」

「作校長，那是教育局派任的，我並沒有去鑽營、活動……」

「妳沒有活動？」那個女人打斷了她的話：「不久以前，我們發現妳時常去『蘭心西餐館』，有沒有這回事？」

「有，我跟韓局長一起吃飯。我們過去是同事、老鄉，這不犯法吧？」

「哈哈！」濟南女人仰頭笑起來：「好吧，咱們改日再談！」

吳純青回到辦公室，氣咻咻地給韓南崗打電話，想把剛才發生的不愉快事件，向對方出氣。可是她連打了兩三次，始終接不通。正在發愁，丁天鈞走了進來，神色緊張地說：「糟了！內山次郎回來以後，就整頓縣裏的特務組織，聽說還逮捕了一個老共產黨，妳猜是誰？」

「誰？」她吃驚地問。

「前任教育局牛局長，現在他是新民會會長。」

「眞的？」吳純青確實嚇了一跳。那個腦滿腸肥、曾經到校作過「訪問日本報告」的牛紀東，任何人都討厭他，罵他是全縣「頭號文化漢奸」，誰能想到他竟是窩藏在日僞機關中的共產黨員？

「過去老牛跟日本人搞得非常親熱，互相利用，互相勾結；可能現在雙方有了矛盾，碰上內山次郎這個魔鬼，他回來就翻臉不認人了！」

「老韓呢？」她問。

「妳還關心韓南崗？那是一個標準的親日派、小漢奸！」丁天鈞氣憤地駡着，點上了一枝香煙。

「剛才我給老韓撥電話，一直接不通——」

「啊？」丁天鈞聽了吃一驚：「可能韓南崗被抓起來了！內山這傢伙是殺人不眨眼，六親不認啊。在內山次郎的眼睛裏，殺一個中國人跟殺一隻小雞子差不多。」

她賭氣把頭擺過去，她不願聽老丁的話，「哼，中華民族是世界上最偉大的民族，你把中國人比作小雞子，這是什麼心理！」然而，丁天鈞却誤會了她的心意，他以爲她和韓南崗依然保持感情。兩人悶坐了一會兒，丁天鈞懷着悵惘的心情，苦笑着說：「到了這步天地，什麼話也甭說了！只有夏明有福氣，他拍拍屁股走了；像徐志摩的詩一樣，揮一揮衣袖，不帶走一片雲彩。哈哈！」

吳純青望着丁天鈞的背影，消失在校園的假山後。她覺得丁天鈞這個人優柔寡斷，做事缺少果斷力，到了這個地步，他還說這些風涼話，有什麼意思呢？

是啊，她越想越感到前途茫然。如今「新民會」會長牛紀東被捕，到底牛某知道不知道吳純青和夏明之間的政治關係？若是不知道，那還沒什麼嚴重；若是他對「青年劇藝社」的內幕非常清楚，他再把內幕完全招供，那麼吳純青、丁天鈞、尹壽亭一定立刻被捕，說不定還會牽涉許多無辜的師生呢。

一個人在倒楣的時候，就像患了重病一樣，不僅精神委靡，連吃飯也沒有胃口。這樣拖了兩天，既沒有人來找她談話，也沒接到縣公署的電話，儘管表面上風平浪靜，但是吳純青却感覺隨時有發生海嘯的可能。這天晚上，吳純青正在操場中散步，上弦月掛在遠空，她獨自默默地沿着籃球場向前走。隱約地，她似乎聽見有一個人，從後面走過來。她停住脚步，以爲老佟找她去接電話：「是老佟嗎？」月影朦朧中，她發現走過來的是一位青年，漸漸的，她看清了，心裏逐漸鬆弛下來。她看見丁天鈞披着一件青夾襖，正一步一步走來。

「天鈞嗎？」她輕聲招呼着。

「我不是天鈞，我是天銘。」走來的人說。

自從暑假回故鄉途上，和丁天銘見了一面，以後她再也沒見過他，只是聽天鈞說他已經結了婚。

「你一個人來的？」她問道。

「是的。我來找您，誰也不知道。」

「你有什麼事情嗎？」她機警地向四週打量了一眼，月夜朦朧，遠處教室中有一點燈光，那是住校的學生在自修。整個的操場靜悄無聲，任何人也不會發現他們站在這兒談話。

「我們坐下來談好不好？」丁天銘低聲問着。

吳純青沒有作聲，她掏出手絹舖在草坪上，坐了下來。

「天鈞剛才被抓走了！」丁天銘一坐下來，就這樣說：「天鈞的性情，妳可能清楚，他作事猶豫不決，所以到頭來什麼也作不成。不過，有一點我一定得告訴妳，天鈞非常愛妳，他臨走前告訴我，叫我將妳護送到皖北阜陽去，我來找妳的目的，就是爲了這件事。……」

「什麼時候走？」她六神無主地問。

「今天夜裏就走。」丁天銘說。

「不走，難道他們會逮捕我？」她猶豫地問。

「這不是逮捕不逮捕的問題！吳校長，妳想一想，在淪陷區替日本人作事，不管怎麼解釋也不算正大光明；至於跟着共產黨走，這是一條冒險的路，天鈞一直爲這件事情苦惱，整天像一條蛇纏住他的脖子一樣，結果還不是被日本特務押走了！」

吳純青的眼眶不禁淌下了熱淚，她回頭向那教室大樓瞅了一眼，淚眼模糊，她隱約地聽見學生的天眞無邪的笑聲。「走，是那麼容易嗎？我怎麼忍心突然丢下這幾百個學生？」想到學生們，吳純青的心軟了！有她在縣中，孩子們還能够懂得中國人的光榮；瞭解當前中國四億五千萬同胞，正在危難中向日本帝國主義作英勇的戰鬥！若是她走了，叫這幾百個純潔可愛的孩子落到漢奸手中，那給國家帶來了多麼大的損失啊！

「我不能走。」她向丁天銘懇切地說：「過去，天鈞跟我談過十幾次，他像講故事似地哄着我，要帶我去皖北阜陽，他說那是自由幸福的地方。他說到了阜陽，找到你們的表舅，他可以幫我介紹作中學教員。將來，也許還可以從那兒去四川重慶。眞的，我可以發誓，這都是天鈞向我講的話，他的話就像北平天橋的把戲——光說不練！哈哈！」她忍不住笑起來了。

「吳校長，我不是爲我兄弟護短，他當初對妳講的這些話，都是心裏的實在話。可是，他辦不到！」

「爲什麼呢？」她不解地問。

「吳校長，難道妳還不知道？天鈞在北方上大學的時候，就參加了共產黨，介紹人就是夏明。他外表看起來十分樂觀，但實際上他非常苦惱，有時候神經兮兮地想逃亡、想上吊！……」丁天銘激動地用兩手捂住了頭，痛苦地嗚咽起來。

上弦月驟然被濃雲吞噬了去，操場上更顯得黑暗了。寒風蕭蕭地吹着，她不禁打了一個寒噤。

「你不要難過，既然天鈞被捕，我更不能一個人走了，那豈不是不講道義？過去，你、我，還有不少朋友，都蹲過監獄，有什麼可怕？咱們想辦法嘛！」

「不，吳校長，妳不知道。內山次郎是一個殺人不眨眼的魔鬼，他這次回來是報仇的。」丁天鈞抬起頭來，向那烏雲翻滾的夜空瞅望。氣溫逐漸下降，天上已飄起了一片片的雪花。

「下雪了，你回去吧！明天，我一早就去找韓南崗，不管用什麼代價，我們一定把天鈞救出來。」

丁天銘用着感激的聲音向她說：「謝謝妳。不過，妳自己也得保重。」

吳純青站在黑暗的操場上，望着丁天銘的背影消失了。很久，她才邁着沉重的脚步，淋着雪花返回宿舍。她也不開電燈，摸索着倒在床上。回想過去丁天鈞和她交往的情景，心裏不停地湧泛着波浪。「傻瓜！你既然喜歡我，爲什麼不直接對我說？幹嘛拐彎抹角託你哥哥來說呢？現在又不是宋朝……」她偷偷捂着臉孔在黑暗中笑了。睡意朦朧，她隱約地聽見有人哼民謠，那聲音聽起來多像李大娘啊。

「小二傻，騎着騾子牽着馬，

東莊就是他丈人家。

太舅子看見往家讓。

二舅子看見往家拉，

三舅子看見搬把椅子你坐下，

四舅子看見緊篩酒、慢篩茶。

小二傻，上馬棚裏去拴馬，

窗戶櫺裏看見她。

沙白的臉，官粉搽，

漆黑的頭髮紅綢紮。

絲綢子衫，太矊襠，

綠絲帶，一搭拉。

紅綾子小鞋拉線花，

看個日子娶打了吧。

她還聽見一片悅耳的嗩吶聲，混合着男女老少的歡笑聲，從遠處揚起，越來越近，彷彿已經到了她家的門前。她想這大概是作夢吧。記得老王叔叔講：夢見水就是財，夢見火就是災，夢到棺材一定升官發財，但是夢見娶媳婦那將大禍臨頭了……她正在癡想，忽然發現父親、老王叔叔、徐婉華、王蓉、黑妞，還有一大羣不認識的人，臉上笑嘻嘻的，好像來看熱鬧似的。

「你們是幹什麼？」她驚異地問着。

「小吳！恭喜妳當新娘了。」徐婉華走上前來，親熱地抱住了她。

「妳不是去延安了嗎？」她拉住小徐的手說。

「不是延安，是泰安。」

這時，屋內人的哄叫起來，原來從外面走進來一個年輕魁偉的男人，身穿絲綢棉袍，胸前繫着一朵大紅花。她驚喜地喊了一聲：「天鈞，你來了！」

「是呀，我來接妳上轎啊。」

「上轎？」她不禁笑道：「什麼時代了，還要坐轎？」

「這是老年人的意思。」他紅着臉解釋。

「今天是誰結婚？」她問。

屋裏的人都笑了！丁天鈞挨近了她，悄悄對她說：「今天是咱們倆大喜的日子，妳趕快上轎吧。」

驀然響起震耳的鞭炮聲音。劈里啪拉，人間天上，響成一片。她聽見有人奔跑，有人吶喊……那劈里啪拉的爆竹聲，宛如過年一樣，混合着一兩聲「二踢脚」的爆炸聲，震得屋內的門窗搖晃！

「東門外打起來了！」有人在嚷着。

吳純青醒了，仔細一聽，果然是縣城附近響起了槍砲聲，比上次的被圍更激烈些。她披上棉衣服，擰亮電燈，打開房門跑了出去。這時住校的老師、眷屬慌作一團，聚集在院牆一角看那東方夜空燃起的火光。

「校長，東門外打起來了！」有人和她談話。

「是啊，想不到的事呀，我擔心尹主任他娘倆兒！」吳純青囁嚅着說。

「尹主任住在東門外？」

「是呀！不知道他們逃出來沒有？」

槍砲聲忽斷忽續，像過年放爆竹似的，看砲火的人們逐漸散去。雪花漫天飄舞着。吳純青拖着沉重的脚步，走回房去。……她打算等戰爭平息下來，讓老尹母子搬進學校宿舍來住。

第二十章

戰爭在初冬的小城近郊進行着。一連兩天，不僅尹壽亭沒有到校，連住在東門附近的幾十個學生，也未曾來校上課；縣中的師生心情，都像熱鍋上的螞蟻一般，他們那有心情上課？他們的心早已飛到那硝煙瀰漫的東門外了。由於東門外的一片菜地，是縣裏蔬菜重要的來源，如今打起仗來，蔬菜斷絕，縣中學生伙食團的菜，改成鹹菜疙瘩。大家整天談論的只是有關這場戰爭的事：有的說，「殺人魔王」內山次郎這次回來，他調動了一個師團的日軍，發動冬季攻勢，想在一週內敉平縣城附近的抗日游擊武裝；也有的說「治安軍」最近向華北調防，碰上這個機會，八路軍想繳他們的槍械，所以發生這次戰鬥……謠言宛如雪片似的漫天飛舞，誰也弄不清到底是怎麼一回事。

吳純青如今眞是度日如年，她一方面照料校務，而且還得維護全校師生的安全。丁天鈞被捕、尹壽亭斷絕消息，她正處在孤立無援的惡劣環境中。但是，她是縣中的校長，學校每一件事，都得她親自過問，全校幾百個學生的事情，也得由她操勞處理；不當家不知柴米貴，到了現在，她眞是苦惱極了！

下午，雪停了，老佟氣咻咻地告訴她：「體育舘的那個女組長又找碴啦，她請您現在去談話。」

她覺得這些日本狗腿子實在可惡，戰事這麼緊張，人心惶惶，他們還是整天找麻煩，住在學校不走。「怎麼辦呢？」她找不着一個人商量對策。正巧總務組林組長有事來找她，她便把體育舘的那幾個小漢奸的事，講了一遍。總務組長林承山是個直性子，他說：「校長，咱們不能跟人家碰，這是雞蛋碰石頭，自討苦吃。這個年頭兒，誰不怕他們三分呢？」吳純青說：「依你看，咱們應該怎麼辦？」林組長用右手比劃出一個圓圈來，嘴中發出幽秘的笑聲。

「你這是什麼意思？」她不解地問。

「俗語說：有錢能使鬼推磨。這些小漢奸都是鬼，您爲啥不給他點錢，叫小鬼開路？」

吳純青聽了這句話，頓時覺醒過來。她是一個教師，滿腦子只懂得教育，如何啓發學生們上進，但是對於官場上的應酬，根本一竅不通。如今，她聽了總務組長林承山的話，茅塞頓開。她興奮地說：「老林，我忽然明白了一個道理。」

「什麼道理？」

「紅樓夢裏的賈政，是個標準的書獃子，人家當糧官不但昇官，而且發財，上上下下廣通人緣；可是賈政當了糧官，不但賺不了一文錢，而且幹不了半年就被別人告倒啦。過去我不明白這個道理，因爲我缺少行政經驗，作什麼事一板一眼，你想這怎麼行？……」吳純青激動地講着，心中猶如波浪起伏。她接着低聲問道：「你看，咱們應當送這些小鬼多少錢？」

林承山伸了一巴掌，笑了笑。

「五千塊？」她問。

「五萬。」林承山說。

「唉，」她搖了搖頭，感嘆地說：「這是什麼世界啊！」

「校長，不瞞您說，我在總務組待了三年，過去韓校長逢年過節，光送禮一次就送出二十萬元以上。夏校長也是一樣。妳不送禮他們找痲煩嘛。您想想，只要送了紅包，他們就滾蛋，這多乾脆！他們一天到晚待在學校，橫挑鼻子豎挑眼，不是懷疑張三是反日份子，就是說李四是重慶派來的諜報員，你想這種日子怎麼過？咱們是辦教育啊，咱們一天到晚受這些窩囊氣幹啥？……」

「對，對，你說得對！」吳純青爽朗地說：「老林，你幫我去辦這件事，把錢送給那個女組長，至於報銷問題，我將來同吳村去拿。」

「那倒不必，學校裏有保健費，這筆錢可以在保健費下開支。」林組長認眞地說。

「好吧，你快去辦吧。」

林承山走後，不多一會功夫，便將一疊嶄新的五萬元準備票，連同替吳校長寫好的致謝函送來，讓她過目。她看了既喜且憂，喜的是林組長辦事乾脆俐落，毫不拖泥帶水；憂的是把學生的保健費，白送給這些小漢奸吃喝玩樂，豈不有悖情理？這樣辦教育還有何希望？

「給他們送去吧！」吳純青終於這樣說。

傍晚快降旗時，那位打扮時髦的女特務，突然滿面春風走進了校長室，她一進門就熱情地握住吳純青的手，忙說「謝謝！」吳純青請她坐下，給她拿菸、倒茶，那個渾身散發着香水氣息的組長，首先將吳校長捧了一番。「有妳這麼一位優秀的校長，不僅是我們全縣老百姓的光榮，也是咱們婦女界的光榮！」

吳純青聽了感到肉麻，連忙搖頭。

「吳校長，我們這個調查組，今天晚上就走，我十分感激您的幫助和支持，我回去以後，一定把貴校的情況向內山顧問報告。」女漢奸吸着香菸，笑盈盈地說。

「以後還請您多關照啊。」吳純青口是心非地說。

「哈哈，您還客氣什麼？吳校長，哈哈，只要您撥一個電話，本組一定馬上照辦。」她說著笑嘻嘻地站起來告辭：「眞不好意思，剛才您還派人送來五萬塊車馬費，哈哈，實在受之有愧。」

「太少了吧？」

那個女漢奸仔細端詳吳純青的神情，以爲對方說的是諷刺的話，不覺有點臉紅；但接着發現吳純青的態度誠懇，這才使她恢復了平靜。驀然間東門外響起兩聲砲響，震得門窗直晃。吳純青皺起眉頭，問道：「這場戰爭沒關係吧？」

「不要緊。」女漢奸低聲地說：「沂蒙山區有個國軍的師，最近調到皖北，路過此地，所以跟日軍發生遭遇戰。最多再打兩三天就平靜了。」

「爲什麼呢？」她茫然不解地問。

那個女漢奸的眼珠轉動了兩下，機警地說：「這是軍事秘密，我本來不能說。不過，既然您很夠意思，咱們也不見外了。要是國軍硬攻縣城的話，八路軍會切斷他們的後路。所以國軍不能拖下去，您明白我的意思了嗎？」

吳純青點了點頭。她微笑道：「我關心的還是學校的問題，從前兩天東門附近開火以來，住在東門外的尹主任，一直沒來學校上班；東門附近的同學，也都沒到校上課……這幾天蔬菜來源斷絕，伙食團每天吃鹹菜疙瘩……」

你想，那位女漢奸怎麼會關心縣中師生的生活？她來此向吳校長辭行，還不是看在那五萬元準備票的份上，她一面打着哈哈，一面走出辦公室，仰頭看了一眼濛茫的夜空：「又下雪了，您請回吧！」說着扭頭走了。

吳純青望着女特務的背影消失以後，猛然想起了天鈞的事，她感到非常懊悔，如果藉此機會，再多送她一些錢，順便託她將丁天鈞救出來，那有多好！即使目前不能將丁天鈞釋放，但是搭上這一層關係，總是比較方便啊！

學校降旗以後，學生陸陸續續走了。吳純青剛要回宿舍，聽得電話鈴聲響了，拿起話筒，她聽見是韓南崗的聲音。雖然她討厭他，然而處在如此困難的環境，能接到熟朋友的電話總是高興的事啊。

「你最近怎麼樣？我打了幾次電話，一直找不着你，我還以爲你……」吳純青說着幾乎笑起來。

「妳以爲我被關起來了，是不是？」對方發出不溫不火的聲音。

「不是這個意思。」她扯謊說：「我以爲你去日本考察了呢？」

「別開心了，小吳！見面再談吧。六點半，我在蘭心西餐館等妳。」

還沒等吳純青講話，韓南崗却掛斷了電話。

吳純青回到宿舍，稍微打扮了一下，換了一件深藍色的旗袍，外穿藏青色大衣，不到六點三十分，她已趕到了蘭心西餐舘。

從雪花飛舞的寒冷的街上，驟然走進都裝有暖氣管的餐舘，頓覺渾身暖酥酥的，再聽那醉人的低沉的日本歌曲，看見許多男女在昏暗而柔和的燈光下，嚼着牛排、喝着美酒，相偎相依，充滿一片羅曼蒂克的氣氛，更使吳純青忘却了門外的料峭寒風，和那轟隆隆的砲聲。……她在盆景夾道的餐舘轉了一會兒，才發覺坐在最裏面的一個男人向她招手。她走過去，看見韓南崗的顴骨暴凸，雙目深陷，半月不見，他竟然瘦成韓蘭根了！

吳純青脫下大衣，坐了下來。她向韓南崗說：「你眞的沒蹲監獄？怎麼瘦成這個樣子？」

韓南崗拿起酒瓶，斟滿了她桌前的空酒杯，然後擧起自己的杯子：「先敬妳一杯。」吳純青喝了一口酒，詫異地問：「你最近到底怎麼了？是不是身體不舒服？」

他從香煙盒中摸出兩隻煙，遞給吳純青一支，接着點上了火。「妳吃什麼？」

「隨便吧，我最近胃口不好。」

他把女招待叫近桌旁，一面思索着說：「兩客炸蝦，炸得嫩一點。」

女招待走了。吳純青吸着紙煙，懷着惶恐不安的心情說：「老韓，你叫我出來見面，有什麼重要的事情？」

「等一會兒，慌什麼。」他低着頭，用手擺弄着香煙盒。

「是不是關於丁天鈞的事？」她開始緊張起來，便這樣搶先說。

「妳聽誰說的？」韓南崗抬起頭，凝望着她問。

「我是猜想。」她的心噗噗直跳。

「這件事太突然了，連我也想不到。」韓南崗斟滿了自己的酒杯，又想給吳純青斟酒，却被對方拒絕：「我作夢也沒想到他會落到這個下場！」

「什麼？」吳純青突然覺得有些頭暈，眼前宛如有千萬隻螢火蟲在飛舞，攪得她眼花撩亂。

「丁天鈞到底怎麼了？你說呀！」

女招待端來了炸蝦，暫時打斷了他們的談話。半晌，韓南崗催促着說：「小吳，趕快趁熱吃吧！」

吃過炸蝦，他們喝着咖啡，韓南崗感慨地說：「上次咱們倆在這裏吃飯，談的是公事，關於交換夏明和內山次郎的事情，其實這些跟咱們有啥關係？夏明這小子太聰明了，比狐狸還聰明，日本人說他好、共產黨也說他好，他這一輩子眞走運啊！如今，內山次郎囘來，倒楣的還是咱們這些傻瓜……」

她靜靜地聽着。

「從內山次郎囘來，縣裏搞的烏烟瘴氣，也許妳已經知道了。內山是個懷疑狂、殺人狂，他戴着有色眼鏡看中國人，他眞是一個標準的日本軍閥！可惜我作了教育局長，日本顧問都很器重我，不然的話，我眞想幹掉他，爲中國人除害！」韓南崗激動地手在顫抖。他停止了講話，點了一支香菸，默默吸着。

「牛紀東，牛會長眞是共產黨嗎？」她忽然提出這個問題。

韓南崗默默點頭：「牛紀東是土共，夏明是北方局派來的，他們長期鬧分裂，所以這次夏明用借刀殺人的辦法，把牛紀東幹掉，眞是心狠手辣！」

「牛紀東死了？」她驚訝地問。

「前天晚上，東門外戰事打得最激烈的時候，內山次郎派人把牛紀東秘密拉出來槍決了，陪同處決的還有……丁天鈞。」

「什麼，天鈞他……」吳純青嚇得幾乎叫了起來。

「妳不要難過。」韓南崗低聲安慰她：「本來我不想把這件事告訴妳，我知道妳愛他；假使有一天妳得到這個消息，妳會比現在更痛苦！」也說着遞給吳純青一支香菸，發現她的眼裏已充盈着淚珠。

餐舘內的客人早已滿席，這一片歌舞昇平的景象，恰與外面的風聲、槍砲聲形成強烈的對比。吳純青吸着香菸，腦海中浮現出丁天鈞那魁偉、英俊的身影，她想：「我要爲他報仇！是啊，他臨被捕的前夕，還關心着我的前途，他勸我設法逃出縣城，到皖北阜陽去。他怎麼會是共產黨呢？這不是天大的寃枉?!」吳純青掏出手絹，擦去了眼角的淚，沉痛地說：「老丁死的眞是寃枉，我決不相信他是共產黨。」

韓南崗喝了一口咖啡，用小勺輕敲着杯子，低聲說：「一點也不寃枉。小吳，連妳也和共產黨有關係，妳能否認這個事實嗎？當初縣裏成立『業餘青年劇藝社』，就是共產黨直接指揮的外圍組織，凡是參加的成員，都脫不掉這個政治嫌疑。」他說着抬頭向四週的客人瞅了一眼，壓低聲音說：「今天晚上，我請妳吃晚飯，就是告訴妳這件事情。妳得小心一點，最好不要沾上政治關係。夏明走了，丁天鈞去世了，妳和他們斷絕了來往，這是妳的幸運啊！是不是？」

「謝謝你的好意。」她口是心非地說。

「妳跟我還客氣什麼?」韓南崗握住了她的一隻手，她像突然受了驚嚇似的，渾身不禁打了一個寒噤，那隻手不由地縮了回來。韓南崗頓時變了臉色，他收起桌上的香煙，走向了櫃檯。待了一刻鐘左右，她還不見韓南崗回來，便喚女招待問道：「剛才我那位朋友上那兒去了?」

「您問韓局長嗎?」女招待笑盈盈地說：「他付了錢，坐汽車回去了。」

「哈哈!」吳純青終於噗哧一笑，她懷着啼笑皆非的心情，走出了「蘭心西餐舘」，叫了一輛黃包車，她趕回了學校。

剛到學校，老佟就告訴她，丁天鈞的胞兄剛才來過，他留下了一封信。吳純青懷着悵惘的心情，拆開信一看，信中寫着：

吳校長：今晚來訪，知您外出，甚憾。天鈞前天晚上不幸犧牲，噩耗傳來，我全家悲痛萬分，想您聽了這個消息，也一定會難過的。我家已接到縣公署通知，昨午將天鈞屍體領回安葬，因時局不寧，不敢通知至親好友，敬請原諒。匆祝

刻安

丁天銘上

當天晚上，槍砲聲停了，戰爭結束了。次日早晨，尹壽亭騎着自行車，趕到學校升旗，全校師生都以刼後餘生的喜悅心情歡迎他，歡迎那些住在東門附近的同學們。上午九時，吳純青主持

校務會議，她首先以沉重的心情，報告了丁天鈞遇難的消息。她報告的時候，幾次都由於過度悲傷，因而中斷，許多敎職員也感動得熱淚盈眶。接着，通過大家的討論，決定了以下三項工作：

①向已故訓導主任丁天鈞家屬致慰問信，並贈送慰問金三萬元。

②向縣敎育局提出嚴重抗議，抗議非法殺害丁天鈞老師。

③爲了紀念丁天鈞生前的演劇業績，建議將「業餘青年劇藝社」改名爲「天鈞劇藝社」，並積極開展演劇活動，以使本縣人民的文化生活，獲得蓬勃的發展。

散會後，不少敎職員圍着吳校長，熱烈地發表他們的意見。有的說，如果「抗議書」送到敎育局，韓局長一定阻撓這件事，那麼下一個計劃怎麼辦？是撤銷抗議，還是堅持抗議到底？如果堅持下去，預先應該作個初步決定才行，免得虎頭蛇尾，草草了事，那一定作得毫無成果的。

「那咱們就擧行罷課遊行，不達到目的，決不罷休。」一個職員說。

「對！對！」大家一齊表示贊成。

吳純青向尹壽亭望了一眼，只見他一直沉默無語，似乎反對這種作法。她離開人羣，走回辦公室，果然尹壽亭也跟着走了進來。

「我反對罷課遊行，這是一種自殺行爲。」尹壽亭一進門就這樣對吳純青說：「他們不知道，難道妳能不知道？內山次郞是一個殺人不眨眼的傢伙，他像餓狼吃羔羊一樣，撕一個、吃一個。他還怕你什麼遊行、罷課？這不是雞蛋碰石頭，自我毀滅嗎！」

吳純靑發了怔，無告地凝望着他。從去年她參加「靑年劇藝社」，認識了這個「好好先生」以來，她從未見他衝動過，無論遇到什麼困難，或是發生了火爆的場面，尹壽亭永遠笑咧咧的，以息事寧人的原則，作和事佬。吳純靑並不欣賞他這種性格，她喜歡那種作人明朗、作事爽快的人，像黑妞那種個性，小葱拌豆腐——一清二白，多麼可親可愛！……如今，一向黏黏糊糊的尹壽亭，爲什麼這樣强烈地反對罷課遊行？她迷茫了……

「我反對罷課遊行，爲了學生、爲了敎職員，也爲了妳。」尹壽亭坐了下來，重複着他的話。

「我瞭解你的意思。可是，咱們也不能太懦弱啊。如果韓蘭根——」她無意之間喊出韓南崗的綽號，不禁笑了：「我是說，如果韓局長阻撓咱們的抗議，咱們決不能屈服的。」

「校長，妳怎麼還弄不明白我的意思？韓南崗是中國人，還是從這座學校出去的，他憑什麼阻撓咱們的抗議？他如今泥菩薩過河——自身難保！問題就是如果咱們抗議，若叫內山次郞知道，那傢伙一定要派治安軍鎭壓的，到時候惹出紕漏，咱們一定倒楣：妳想一想：小不忍則亂大謀，……好了，我的話到此爲止，隨妳怎麼決定吧。」他說着站了起來，轉了一下走了。

吳純靑非常生氣，她覺得丁天鈞屍骨未寒，老尹竟然說出這種懦弱的話，簡直毫無道義可言。她閉上眼睛，天鈞那英俊而憨直的面孔，便在她的腦海中浮現出來。過去，他曾屢次用充滿感情的話，表示出內心對她的愛慕：然而她不知是什麼緣故，總是有意或無意的躲避着他。時光就在不知不覺中溜走了。這次丁天鈞被捕，她還以為像往昔一樣，說不定過了十天半月便被釋放出獄的。那天晚上，他的胞兄丁天銘來學校見她，說出了天鈞被捕之前，再三叮囑哥哥把她帶到皖北阜陽去，讓她能在青天白日國旗飄揚的地方，過著自由幸福的生活。當時，吳純青是多麼受到感動啊。誰能想到也許就在那個晚上，那位年輕純潔，全心全意愛着她的丁天鈞，會被劊子手拖出去槍決了……仇恨，宛如火焰般地燃燒着她的胸膛；如今她什麼甜言蜜語都聽不進去，只有「報仇」兩個用鮮紅的血汁寫成的字，充塞在她的心中。只要能為丁天鈞報仇，她什麼事情也願意作！只要能為丁天鈞報仇，她什麼黨派也願意參加！如今她幾乎失去理智了。……

果然，正如同大家所預料的，「抗議書」送到教育局，韓南崗就生了氣，立刻派了一位科員來縣中見吳校長，吳純青托詞有事，叫尹壽亭代表談話。他們談了幾分鐘，尹壽亭便把那個科員打發走了。

科員一走，許多教職員都擁進了「教務主任室」，打聽究竟。尹壽亭站起來走了兩圈兒，像一隻鬥敗的公雞，他有氣無力地說：「你抗議有什麼用？人家說得有道理嘛。你怎麼不睜開眼睛看看掛的什麼旗？唱的什麼國歌？喊的什麼口號？去年，華北政務委員會王委員長不是說過嗎：日本皇軍是中國老百姓的救星，友邦日本是咱們最親近的朋友；為了芝麻大的一點事，咱們抗議，這不是小題大作、故意引起外交糾紛嗎?!……」

屋內的人吼叫起來：

「什麼外交糾紛，這是亡國奴作風！」

「打死人還算小事？豈有此理！」

「王揖唐是什麼東西，大漢奸！」

「…………………」

忽然，吳純青氣沖沖走了來，她站在門旁，向屋裏的人環顧了一圈兒，大家立刻平靜下來。於是，她噙着淚花說：「你們不能跟尹主任吵，這是不對的。儘管你們不贊成他的意見，連我也不贊成他的意見，但是我們的基本立場不能改變，尹主任是咱們的同胞，是咱們學校的同事，如果咱們自相殘殺，那豈不是讓親者痛、仇者快嗎！」

屋裏的人都低下頭去。有兩位情感脆弱的女教員，偷偷地啜泣起來。屋內充滿了肅穆的氣氛。

「教育局來的人怎麼說？」吳純青走到尹壽亭的面前，輕聲問他。

「韓局長說，什麼都可以商量，可是不能抗議。他說內山次郎這次釋放回來，脾氣比過去凶惡幾十倍，他是說得到就做得到的魔鬼！」尹壽亭接着向吳純青說：「我把那個科員胡弄走了。我說我負責說服同事們。可是，大家都反對我，好像我成了你們的敵人，這像什麼話嘛！」

吳純青轉過身去，向那溟濛的天空望了一眼。接着，她轉身對尹壽亭說：「好吧，咱們撤銷抗議書，也不舉行罷課示威。不過，明天上午九點鐘舉行追悼會，咱們要鄭重地向全校同學宣告：丁天鈞是一位愛國的藝術家、模範的教師，我們永遠不能忘記他……」她說着轉身走了。她的肩膀不停搖晃着，彷彿發生了痙攣現象。屋內的許多教職員懷着關切的心情目送着她遠去……

這時尹壽亭發出沉重的聲音：「你們看啊，校長在哭了！我最了解她的個性，她外表冷峻，內心却是熾熱的岩漿，丁主任活着的時候，和她感情最好，可是吳校長爲了工作，她從來沒有考慮過自己的私事。你們知道不？縣裏對她印象並不怎麼好，當年支持她的人，不是坐牢、就是走了，韓局長恨不得她趕快走路，另外派人來接替她的職務。你們若是把我看成敵人，那眞是大水冲了龍王廟，自己人不認識自己人。……」

大家聽了很難過。

有人向他解釋：「尹主任，您別誤會，剛才我們是罵王揖唐，決不是對您！」

「是啊，誰要把您看成敵人，出門挨搶子兒！」

屋裏的人笑成一團。

「好了，別耽誤時間了。」尹壽亭扶了一下眼鏡，走到林組長面前，商量着說：「明天開追悼會，你趕快去佈置會場。另外別忘了派人通知丁主任的家屬，也派代表參加。」

「好，我馬上去辦。」

大家忙到快放學的時候，追悼會的會場才佈置完畢，林承山請來吳校長看一看，誰知她看見那幀放大的丁天鈞照片，就忍不住掉下了眼淚。

第二天早晨，陰沉沉的，偶爾從天上飄下一陣陣的雪花。縣中的師生寂靜地走進禮堂，除了沙沙地脚步聲，間或有一兩句指揮隊伍的催促聲，誰也不再講話，連平日那些頑皮的學生，如今也收斂起笑容，搭拉着頭，像一羣少年老成的「小大人兒」，有的女生眼睛裏還噙着晶瑩的淚花。

快到九點了，丁天鈞的家屬還未到校。吳純青帶着全校教職員，排隊進入禮堂，這時總務組林組長從外面匆匆趕來，走近吳純青身邊，悄悄地說：「校長，丁家的人不參加了。」

「爲什麼？」她迷茫不解地問。

「因爲受了縣公署的壓力。本來昨天下午講好了，丁主任的母親、大嫂來參加追悼會，可是到了晚上，他們就變卦了。今天早上我過去接他們，才知道上邊有壓力，不准他們參加。」

「丁主任的哥哥呢？」她低聲問。

「聽說去鄉下了，不在縣城。」

吳純青走到前排的座位旁，向臺角擔任司儀的學生擺擺手，追悼會便開始了。當那充滿悲愴的哀樂揚起時，全場的師生個個憂容滿面；唸「祭文」時，後面的不少同學都哭起來。這時，從禮堂前的門外，傳來一陣轆轆地汽車行駛聲，接着是煞車聲，脚步聲，兩個載呢帽，穿西服的中年人，步入了會場。誰也不去接待他們，他們便在前面椅子上坐下了。

「這是幹什麼的？」有人輕聲問。

「新民會的便衣特務。」另一個說。

正當臺上的尹壽亭報告丁天鈞的「生平事蹟」時，其中一個特務，拿着一封信，交給了吳校長。她打開一看：

純青校長：

剛才接到內山顧問電話，他對您熱心教育，促進中日和平親善所作的努力，極表欽佩。決定建議省方予以褒奬，並將推薦您於寒假期間赴日本考察教育。關於今日上午舉行的追悼會，務祈適可而止，不必擴大宣揚，以維繫中日友好感情也。匆此順頌

教祺

韓南崗上

看罷了信，吳純青把信塞進衣袋，繼續傾聽尹壽亭的報告。她覺得老尹的報告並不精彩，因爲低着頭唸文章，既缺乏說服力，而且毫無感情。她想：若是天鈞還活在人間，他聽了老尹的講話，也一樣是不滿意的。她這麼想着，彷彿丁天鈞就坐在身邊一樣。她的眼淚不禁奪眶而出了。

司儀現在宣佈：「請校長致悼詞」。

吳純青急忙擦乾淚水，緩步走到麥克風前，她向臺下師生看了一圈兒，幾百隻淚眼正向她凝望。

「同事們，同學們！雖然丁主任離開了我們，但是他並沒有死，他活在我們的心中，永遠活

在我們的心中……」吳純青講了這幾句話，臺下的哭聲揚起了。

「同學們！丁主任是我最敬佩的朋友、同事和老師，他純潔、熱情，而且作風正派；過去我們同臺演話劇，他演戲的時候，風流瀟洒，儀態萬千，但是他走下舞臺，却老實得像饃饃似的……丁主任是藝術家、文學家、優秀的教育工作者。今天我們開追悼會，要學習他的敬業精神，學習他的愛國精神。我吳純青只有一個人，無牽無掛、無畏無懼，我既不想升官發財，也不願出國考察；我堅持開這個追悼會，這不僅是我一個人的願望，也是全校每一位師生的共同願望。最後，我鄭重地再說一句話：丁天鈞老師倒下去，還有千千萬萬的丁天鈞老師站起來！……」

吳純青走下講臺時，臺下的師生已經嗚咽成聲了。

第二十一章

當天下午，吳純青帶了總務組長林承山、兩個學生代表，去慰問丁天鈞的家屬。丁天鈞住在西城附近的舊城巷，那是一條古樸而幽靜的蔴石小巷。行人走在蔴石窄路上，看那兩旁的灰色牆壁上，貼滿了五花八門的紙條或標語，有的新張貼的疊在舊紙條上。就像患連瘡腿上貼的膏藥，分不出時間和年代了。有勸人爲善的詔文、有兜售江湖野藥的廣告、有招募華工去「滿洲」的告示、有留着兩撇鬍子的日本「仁丹」商標、有宣傳祖傳秘方專治魚口便毒的藥方。還有寫在紅紙上的「天皇皇、地皇皇，我家有個夜哭郎……」行人路過舊城巷，眞似劉姥姥進入大觀園，使人有眼花撩亂之感。

快到丁家時，他們發現一羣民衆圍在大門口。吳純青暗自詫異，丁天鈞早已埋葬，爲什麼門前聚集那麼多人，莫非發生了什麼事情？這時林承山搶先走了幾步，却不料從人羣中擠出一個彪形大漢，滿臉酒氣，咧着大嘴笑道：「喂，什麼的幹活！……巴格牙魯！」

周圍的人們哈哈笑了。

吳純青聽那人的怪聲怪調，心中便有幾分警惕。她走向林承山身邊，輕聲叮囑說：「躲開他，這是流氓，故意來找碴的。」

「校長，您進去，我來應付他。」林承山說。

吳純青回頭向兩個學生擠擠眼，示意叫他們在原地等候，免得受到驚嚇。她剛跨進門檻，不料那醉漢從身後撲來，發出一聲吼叫：「站住！」

吳純青吓得幾乎摔倒在地上，她挾緊皮包，因爲裏面放着三萬元慰問金。這時，老林從後面跑來，一把抓住醉漢的胳臂：「校長，您別管，您去辦您的事！」

吳純青跑進去，只見丁家的幾個親屬躲在屋裏，陪那位悲傷的丁大娘談話。她不認識丁大娘，但是老太太去看過她演戲。吳純青抓住她的手，親切地說：「大娘，我們代表縣中全體師生來看望您，您別過分傷心，自己身子要緊。」

「謝謝，謝謝。」丁大娘熱淚盈眶，不停的點頭。

她從皮包中拿出慰問金，放在老太太的手上：「這三萬塊錢，是大家的心意，您老人家收下吧。」

「這怎麼行？這……」老太太竟然嗚咽起來，立刻引起旁邊的年輕女人的泣聲。

「大娘，您別這樣，您要這樣，……我們怎麼回去？……您身子要緊，天這麼冷……」

丁老太太點頭。

她深情地凝望着丁大娘，迷茫地想：「天鈞長得多麼像他媽呀！」擦乾了眼淚，她低聲說：「大娘，我得回去，外面還有人等我。」

「謝謝，吳校長，俺不送了。」丁老太太說。

吳純青走出堂屋，穿過那幽靜的小院，剛走到門樓附近，便聽見外面吵嚷聲，她慌張地走出大門，看見林承山正和那個醉漢打架，旁邊圍了很多看熱鬧的民衆。她正要衝過去拉架，却被兩個學生擋住。一個說：「校長，您千萬別過去，那個流氓帶着刀子！」

這時，林承山的臉孔被流氓抓得血糊淋漓，可是他依然抱緊流氓的後腰，兩人誰也動彈不得，一直在原地喘氣。正在吵嚷中，忽聽得巷口趕來兩名巡警，吹着哨子，轉眼間跑到現場，一人抓一個，把林承山和那個流氓帶走，吳純青非常着急，她跑上前去向巡警交涉，那個巡警不耐煩地說：「到局子裏再說！」吳純青那兒肯依，她說：「這些鄰居看得清清楚楚，明明是這個無賴喝了酒，故意攔路欺侮人，你怎麼把我們林組長也帶走呢？」那個巡警說：「有理三扁擔，無理扁擔三：現在正是『治安强化運動』時期，誰叫你們在這兒惹事打架。」

吳純青惹了一肚子氣，帶着兩個學生回了學校。他見了尹壽亭，便將剛才在舊城巷發生的事情講了一遍，尹壽亭聽了也很生氣，只是坐在椅子上發愣，却拿不出主張來。吳純青有些發火，她說：「你得想個辦法，趕快把林組長接出來呀！」

「我有啥辦法？」老尹歪着腦袋說：「局子裏我又沒有朋友，妳比我認識的人多，妳打個電話給韓南崗不就解決了嗎！」

自從那天晚上在「蘭心西餐館」吃飯，韓南崗不辭而別，從此她再也沒有和他打過電話，她曾下了決心：即使發生了天大的事情，上刀山、下油鍋，她也不會求助於他！如今，林組長被公安局抓去，這該怎麼辦？……吳純青猶豫了半晌，最後終於拿起話筒，撥通了教育局長的電話。

「喂，妳是那位？」這是「局長室」的秘書聲音。

「我是縣中吳校長，我請局長講話。」她說。

「您有什麼事情，能不能先告訴我？」對方這樣說。

她耐住性情，將林承山的事情講了一遍。那個秘書陰死陽活地說：「這件事很難插手。現在正在推行『治安强化運動』，我們教育界首先應當身體力行啊。妳想一想，當老師的當街打架滋事，破壞治安，這怎麼爲人師表呢？妳說對不對？……」

「去你媽的！」啪地一聲，她掛斷了電話。

放學的時候，林承山竟然回來了。他臉上貼滿了白色的藥棉、膠布，在耳朵上還塗着紅色藥水。他坐在校長室的沙發上，講着被抓進公安局的情況，許多教職員圍立在四週靜聽着。

「那個流氓根本沒有喝醉，他一到了局子，講話頭頭是道，我根本說不過他。他硬說是我先動手打他，他才還手。他剛說完，還有證人替他作證，就像兩個人預先串通好的。」

「那個證人什麼時候去的？」吳純青問他。

「誰知道呀？我看八成是跟着一起去的。那小子也是一個彪形大漢。」

「咦，這件事非常奇怪。依你推測，這個流氓到底是那一路的人？他爲什麼找咱們打架？」吳純青提出了這個問題，這是一直壓在她心底的謎。

於是，大家你一言、我一語的議論起來。有的說：「這流氓一定和丁家有過節，所以存心搗亂。」有的說：「他們可能是想搶錢的。」也有的說：「這個流氓一定是新民會派出的打手。」

吳純青等大家靜下來，囑咐林承山回家休養幾天，並且送給他兩千元醫藥費。

這天晚上，天上又飄起了小雪。吳純青正躲在宿舍看書，老佟趕來告訴她：有個客人想見她。她披上一件舊大衣，到了辦公室，只見一個胖糊糊的壯漢，濃眉豎眼，嘴唇厚敦敦的向外翻着，油花花的，像是剛吃了肉似的。

「您是？」吳純青有點怯生地問。

「忘啦，吳校長？」那個人咧開了嘴，向她笑道：「上一次在運河沿見面，丁天鈞介紹咱們認識的，爲了老夏跟內山次郎的事情……」

她猛然想起來了。這不是「殺猪的」嘛！她說：「請坐，請坐。」

「殺猪的」坐下來，點上了香菸，將右腿盤在左腿上，向門外掃了一眼，然後吸了兩口菸，壓低聲音說：「老丁死了，妳又是開追悼會，又慰問家屬，還搞什麼抗議，這未免過分鋪張了吧！」

「你的意思。——」她不耐煩地問。

「這不是我的想思，妳必須弄淸楚。這是人民的意思。」他不客氣地糾正着吳純靑的話：「從抗日戰爭以來，死了千千萬萬的人民羣衆，難道妳不知道？一個中學教員算什麼？何況他還是——」

「還是什麼？」她插嘴問。

「叛徒。」對方斬釘截鐵地說。

「他背叛了誰？」吳純靑氣憤地問。

「黨和人民。妳懂了嗎？」

「我不懂。」她堅決地說。

「殺猪的」站起來，吸着紙菸，走向門前，朝那黑魆魆的操場望了一眼，然後轉過身子，壓低聲音向吳純靑一字一句地說：「少給叛徒搽胭脂抹粉，多替人民羣衆作點貢獻。妳別以爲自己作事別人不知道，幾萬個眼睛瞪着妳！」

吳純靑氣得滿眼冒金星，恨不得立刻把他攆出去，她渾身不停地顫抖，舌頭也不聽使喚了：

「你沒有事兒了吧？」

「我還有事。」「殺猪的」向她發出神秘的微笑：「最近有人去吳村，要不要給妳父親、還有王叔叔捎個信？」

她聽了這句話才恍然大悟，怪不得這傢伙那麼傲慢，原來父親的生命掌握在他們手上啊！她不由地害怕起來。

「殺猪的」見她不作聲，扭頭便朝外走。她追上前去，問他：「假使以後有事找你，怎麼辦？」

他轉回頭來，濃眉毛皺成一團：「不必找我，撥個電話就可以了。」

「電話號碼多少？」她追問了一句。

「殺猪的」轉過身來，用着懷疑的神色凝望着她：「妳有什麼重要的事，現在說吧。」

吳純青思索了一下便說：「剛才你告訴我，丁天鈞是叛徒，我還是不懂你的話，老丁是一個愛國主義份子，他痛恨日本帝國主義、痛恨漢奸，你們爲什麼誣賴他是叛徒？」

那人有些嫌煩，低頭看了一眼手錶：「這樣好了，過幾天放了寒假，我專程來找妳談這個問題，這不是三句話、兩句話講清楚的。好吧，改天見！」他說着把衣領翻上去，匆匆地投入那風雪的黑夜中了。

「殺猪的」走後，吳純青思前想後，但覺天地幽冥蒼茫，自己宛似被囚在一間看不見牆壁的黑屋子裏，她聽到門外風雪潑洒，越感到前途茫茫。她冒着雪花趕回宿舍，揷上房門，不禁幽幽地啜泣起來……

由於戰亂的影響，教育局通知全縣學校提前放了寒假。如今，偌大的校園盡被白雪封凍，既聽不見學生的歌聲或吵嚷聲，也看不到學生的蹤影，只有幾家住在宿舍的教職員家屬，點綴着一點生命的氣息。

上中學時，吳純青從「三國演義」上看過關羽「身在曹營心在漢」的一段故事，當時她少年幼稚，還體會不出那位英雄的眞實情感，如今她才逐漸接近了關羽的內心的感受。最近她時常去縣立圖書館看報紙，華北的、華南的、日文報、英文報，她並不僅是爲了關心時局，而且想從報上透露出的情況中，瞭解從山東趕往四川的途中，有沒有戰爭的阻撓或危險。

「老師，您到底要看什麼消息，讓我來幫您找。」王蓉這樣對她說。

「不必了。」她微笑着搖搖頭，口是心非地說：「我隨便看看各地方的新聞。」

自從她介紹王蓉來圖書館工作以來，王蓉的文學有了不少的進步。她像女兒坐在母親面前似的，向她講述自己近來看了什麼文學作品，喜歡那些作家？她還從櫃子裏拿出一册剪貼簿，那是她在報紙副刊或是雜誌上發表的散文或小說。吳純青平常工作繁忙，沒有時間關心王蓉的事，現在她看到王蓉的文學成績，她是多麼高興啊！

「妳喜歡謝冰心還是丁玲？」吳純青問她。

王蓉那天眞的眼睛翻動了一下，爽快地說：「丁玲。」

「什麼原因？」

「丁玲的作品潑辣、大膽、有刺激，哈哈……我覺得男女平等，女人應該要敢作敢爲才是嘛。」王蓉低下頭去，翻着書桌上的一堆雜誌：「至於謝冰心的作品，我看她的『寄小讀者』，光是愛呀愛的，就像小孩離不開媽的奶頭，眞沒意思！」

吳純青仰頭笑起來了。她想：「這女孩子的性格是多麽像我呀？難道她也和我一樣走上錯誤的路？」她這麽一想，心情變得沉重起來。王蓉見她不作聲，央求地問：「老師，我說的對不對？」

「啊，也對，也不完全對。」吳純青模稜兩可地說：「愛母親是人的天性。小狗、小貓也愛母親，看不見母親牠們着急、哭叫，見了母親撒歡，這是非常適宜少年兒童的作品。丁玲的小說，刺激、大膽，但是它的內容並不健康，對於青年有不好的影響；因爲一個青年應該接受苦難，不能唉聲嘆氣發牢騷，那是弱者的表現。」她站來走向玻璃窗前，指着庭院中種植的松樹說：「妳看松樹，不畏風雪嚴寒，它才値得自豪啊！」

王蓉靜心地凝聽着她的話，兩隻天眞的胖子閃耀着光芒。

「既然妳喜歡文學，妳應當各方面涉獵別人的作品，吸取人家的優點，排斥人家的缺點，這樣才能對自己有幫助。」吳純青喝了一口熱茶，繼續說下去：「千萬不要作書獃子，書獃子是可憐蟲，沒有用處！一個作家要關心家事、國事、天下事；有了飽滿的思想感情，那才能創作出感人的作品。」

王蓉不住地點着頭。

「王蓉，我介紹妳來圖書館兼差，並不是讓妳多賺幾百塊錢，貼補生活；我是希望妳在這裏多看些文學作品。」

「我知道您的意思。」王蓉紅着臉，帶着微笑：「老師，我剛來的時候，簡直就像一隻小老鼠，掉在糧倉裏，又高興，又惶恐，我眞不知道怎麼吃下去？」

「慢慢地吃，選擇的吃。先吃妳習慣的東西，然後再吃最有營養的東西。」吳純青說着轉頭眺望窗外的天空，正飄落着蝴蝶似的雪花。她說：「光看書不行，還得去外面體驗生活，這樣妳讀過的文學作品，經過消化過程，它才對妳眞的有益處。」

她們一直談到傍晚下班的時候，才一塊兒走出縣立圖書館。騎上自行車，兩人逆着北風慢慢沿着大街向前行。快到分手時，吳純青興奮地說：「先別回家了，我帶妳到清眞館吃餃子去。」

「老師，不必了。我還是回去吧。」王蓉煞住車子說。

「家裏有事情嗎？」

王蓉搖了搖頭。

「走吧。」吳純青將車把一拐，轉向了縣城的中心區去。

自從半年以前，她在這裏碰上「治安軍」，挨了一頓羞辱以後，她再也不敢單身在外吃飯。

或許是落雪的緣故，登上樓梯一看，非常清靜，竟然一個客人也沒有。她選的還是過去常坐的靠窗座位，那小夥計端着兩杯熱茶，滿面春風迎上前來：「吳老師，您有半年多沒來啦。聽說您當了校長，小的恭喜您啊，唉！」他機警的朝樓梯口瞟了一眼：「那些兵大爺咱們惹不起呀。從那回鬧事以後，好多老顧客不敢上門。人家惹不起還躲不起嘛。」小夥計把抹布往肩膀上一搭，低聲的唸叨着：「切個小拼盤，篩一小壺酒先喝着，怎麼樣？」

「我早就戒酒了！」吳純青笑道。

「好，您不喝酒，來四十個餃子、一碗酸辣湯，好不好？」

「好，」她滿意地說：「不够吃再說。」

吳純青非常喜歡王蓉，由於王蓉家境貧寒，努力用功，而且她的爽快性格，確實有些和吳純青相似。她倆聊了一會兒，牛肉餃子端了上來。吳純青拿起筷子，從旁邊伸過來一隻毛茸茸的大手，嚇了她一跳。她抬頭一看，只見一個喝得醉醺醺的中年漢子，咧着肥厚的嘴唇，向她笑道：

「行行好吧，給俺一點錢。」

吳純青擱下筷子，從衣袋內取出五塊錢，送給醉漢。但是，那醉漢並不接受，却冷笑地說：

「妳給俺多少錢？」

「嫌少？」她耐住性情，又加了五元送給對方。

「一共多少？」醉漢問。

「十塊。」她有點生氣地說。

「不行，妳未免太看不起人啦。」那醉漢索性從旁邊移過來一把凳子，坐在她們的旁邊。悠閒地拿起夾在耳朵上的香煙頭，擦着火柴，吸起煙來。

「你要多少？」吳純青心裏有點嘀咕，便沉着地問。

「三萬。」

「什麼？」王蓉一皺鼻子，發出一聲尖叫：「三萬？」

「妳這個小閨女喳呼啥？三萬塊準備票還算多麼？」那醉漢把臉轉過來說：「吳校長，俺可是先小人後君子，三萬塊錢是現鈔，俺可不要什麼支票、借條；妳回去拿錢，俺在這裏吃着餃子等妳。妳要不來，俺就——撕票！」

「你想綁票？」吳純青厲聲問他。

「俺看上這個小閨女啦。」醉漢色瞇瞇直笑。

「你憑什麼欺侮人？我是個窮教員，既不是財主，又不是資本家，你爲什麼向我勒索？」

吳純青怒氣沖沖吼叫起來。

「咳，妳吵什麼？俺又沒摸妳——」那醉漢說着拿起筷子，挾了一個牛肉餃子，擱在醋碟裡，咬了一口，砸砸嘴說：「妳沒錢？鬼才相信妳的話。」他把那個餃子吞下去：「丁天鈞死了，妳送三萬慰問金，還開追悼會，那些錢妳是從那兒弄來的？俺給妳要三萬，嘿嘿，這還算多？妳別睜着眼睛說瞎話啦。」

吳純青聽了醉漢的話，頓時明白過來，他和那天在舊城巷碰上的流氓是一夥的，都是有意來找碴的。若是硬跟他碰，吃虧的還是自己。於是，吳純青用着和藹的口吻說：「你在這裏吃餃子，我帶這個學生回去，停一會兒我托人送三萬塊錢給你，好不好？」

「不好。」醉漢一點也不醉，反而非常刁鑽狡猾：「妳把我當三歲的小孩兒？哈哈，我說吳校長，妳的算盤打得倒蠻精，妳想來個肉包子打狗——有去沒回；拋下俺在這裡給妳付賬，呸，妳把大爺看成傻瓜了？瞎了妳的狗眼！」他一拍桌子，濺得桌上的酸辣湯四溢。

「你想怎麼辦？」吳純青問他。

「把這個小閨女押到這裡作人質，妳回去拿錢。」醉漢又吃起餃子來。

「唉！」吳純青急得流下了眼淚。這時嚇得面色蒼白的王蓉，低聲地說：「老師，您一個人先回去吧。」

吳純青沒有作聲，心裡在說：「我回去上那兒弄三萬塊錢？學校放了寒假，總務組的職員都不住在學校，別說三萬塊錢，我連一萬塊錢也湊不起來啊。」

那醉漢把筷子往桌上一摔，然後朝吳純青瞅了一眼，不耐煩地說：「吳校長，妳到底怎麼辦，別再拖時間了！」

「實話告訴你，放了寒假，我怎麼湊出三萬塊錢？你這不是強人所難嘛。這樣行不行，我先寫個字據，欠你三萬塊錢，等明年開學之後，我再還你。」

那醉漢聽了吳純青的話，竟然認眞起來：「幾分利息？」

「你還要利息？」她幾乎想笑出來。

「不要利息怎麼行？裏裏外外、上上下下，俺都得花錢，這年頭兒有錢走遍天下，無錢寸步難行……」這個無賴竟然搬出這套「流氓哲學」大肆宣傳起來。

「好了，好了，你要多少利息？」

「公公道道，兩分利息。怎麼樣，够意思了吧？」

吳純青懷着屈辱的心情，掏出鋼筆，找了一張紙，當場寫了一張莫名其妙的「欠款字據」，她寫罷拿給了那個醉漢。

那醉漢接過去，端詳了一眼，冷笑說：「妳可別打歪主意，哈哈！沒有用！上自縣長，下至販夫走卒，俺通吃三道。除非妳吳純青插翅飛出山東省，跑了和尚跑不了廟，哈哈！」那醉漢說罷朝她倆一擺手，來了一句日本話：「開路衣馬斯！」

吳純青下樓時，發現樓梯口站着一個流氓，出了飯舘，也發現一個黑道人物，坐在門口吸香菸。她們騎上自行車，直到路口才分手，這時無邊的夜幕已籠罩了這座苦難的小城。

吳純青回到辦公室，工友老佟慌張地說：「剛才從外面開進來一輛汽車，在學校轉了一圈兒，又開走了。」

「誰來了？」她問。

「不知道。」老佟說。

「你休息去吧，沒關係。」

老佟走後，她喝了一杯茶，覺得有些飢餓，這才想起到現在還沒吃晚飯。她走出校門，在斜對面小飯舘買了兩個花捲，帶回來吃着，又看了一會兒報紙，正想關燈同宿舍時，聽得一陣汽車聲音，接着有人走了進來。吳純青抬頭一看，只見韓南崗披着一件藏青色呢大衣，笑嘻嘻地脫去手套，向她笑道：「剛才妳上那兒去了？」

「去吃飯了。」她應酬着說。

「走吧，我請妳喝咖啡去。」韓南崗在屋裡轉了一圈兒，便這樣說。

吳純青忍不住笑道：「剛吃了兩個涼花捲，再去喝咖啡，這算那國人的習慣？」

「走吧，我有好消息告訴妳。」韓南崗是個浮躁人，他是很難坐得住的。

「不行，我太累了。」她堅決地說：「什麼好消息，難道現在不能說嘛？」

韓南崗搖了搖頭，露出不高興的臉色：「妳這個人怎麼這樣固執？明天又不上班，妳有什麼顧慮的？」他說着看了一下手錶：「妳瞧，現在才七點五分，還早的很哩。」

她猶豫了一下：「你帶我去那兒喝咖啡？」

「老地方——蘭心！」韓南崗作了一個「肉麻當有趣」的滑稽動作；他的濃重的魯西口音，把「蘭心」說成「難腥」，吳純青幾乎要吐出來了！她說：「不去那種地方！」

「咳，妳別忘了『蘭心』是縣裡最 High Class 的地方，那裡的情調，有點像東京銀座的酒館，非常詩意。」

吳純青聽了渾身起雞皮疙瘩，便故意諷刺他說：「你不是說，內山顧問請我在寒假期間去日本考察嗎？怎麼現在沒消息了？」

這麼一說，韓南崗立刻面紅耳赤，那個瘦皮猴似的臉，只剩下兩隻眼睛了。現在，他看起來是多麼像韓蘭根呀！「妳聽我說，去日本……考察，因爲名額限制，爲了這件事，內山顧問跟日本文敎省（日本稱「部」叫「省」）……吵了一架。」他結結巴巴地說。

「內山在山東，他隔着十萬八千里跟東京吵架，是不是？」吳純青故意揭他的謊言的底牌。

「長途電話嘛。」韓南崗不滿地說。

「你聽見了？」

「我……當然聽見啦。」韓南崗一屁股坐在沙發上，點着了香菸：「小吳，妳別生氣。明年暑假，我要不把妳送去日本訪問一個月，我一定切腹自殺！」

吳純青心裏好笑。她想：「這小子一定又要什麼花招，故意在騙我了。哼，別說是去日本考察，就是請我去日本當校長，我也不稀罕。他們把中國搞成四分五裂、家破人亡，凡是有良心血性的中華兒女，都有不共戴天的仇恨，那裏還有什麼心情去日本訪問？」

韓南崗見她不作聲，已有幾分陶醉。他斜睨了吳純青一眼，諂媚地說：「我知道妳的脾氣，妳是刀子嘴、豆腐心，妳跟妳父親的性情一樣；表面上，妳是神聖不可侵犯，但是妳熱情豪放，平易近人，妳是標準的文學家的氣質，我所以敬佩妳就是這個緣故。……」

她不耐煩地問：「你說這些話是什麼意思？」

韓南崗鼓足勇氣說：「小吳，咱們倆年紀都不小了，應該結婚了。再過半個月就過春節，咱們山東人有句俗話：有錢、沒錢、娶個媳婦過年！……」

「好吧。」吳純靑用着沉痛的聲音說：「老韓，你別再提這件事了。等咱們打敗了日本帝國主義，我再嫁給你，行不行？」

屋內的空氣頓時陷入封凍狀態。只聽見門外的風雪，漫山遍野地飛舞、呼嘯着。

第二十二章

雪花不停的飄舞着，老北風終日打着胡哨。偶爾在那溟濛幽暗的半空中，響起一聲炸雷般地爆竹聲，這聲音使人才想起了春節的來臨。

縣城的糧價越抬越高，由於四鄉非常混亂，再加上大雪封途，糧價好似插了翅膀，一天要漲好幾次；隨着糧價的飛漲，煤炭、花生油、蔬菜、粉條、猪牛肉、布疋、棉花等物品也跟着漲價。街頭巷尾，行人非常稀少，那些披着破蔴袋片沿街討飯的乞丐却越來越多了。

吳純青原想趁着寒假的機會，返回故鄉過春節的。她曾向車站打聽一下大車的情況，近幾個月來，由於石塢鎮早被國軍佔領，因此往西鄉的大車不敢通行；如今吳村一帶是八路軍的地盤，只要往來的車輛繳納「過路費」，有時還可以冒着風險闖過去。吳純青正在猶豫不決，突然收到父親從故鄉輾轉寄來的一封信，勸她寒假期間務必留在縣城，至於什麼原因，信上却沒有寫清楚。這更給吳純青的心靈上增加了懷鄉的惆悵與悲哀。

臘月二十二日的上午，尹壽亭騎着車子，頂着刺骨的寒風，從東城郊外趕到學校宿舍來找她。見面就說：

「小吳，明天過小年，我母親誠心叫我來邀妳。」

吳純青聽了不禁笑起來：「什麼小年、大年，咱們還作興這一套幹啥？你放心，過年的年貨都準備妥當了。住在學校的老師們都知道，那兒我也不去，我一個人關上屋門睡大覺。」

雖然尹壽亭磨蹭了半天，還是沒有說服她。

當天下午，總務組長林承山來看她。她把那天晚上在清眞舘碰到醉漢的事講了一遍，老林聽了非常生氣：「這傢伙八成也是那個姓毛的派出來的。」

「那個姓毛的？」她茫然不解地問。

「運河沿上的大流氓。您忘了，他還來學校找過您呢。」

吳純青痛苦地說：「我眞納悶，爲什麼共產黨這麼妒恨丁天鈞？丁天鈞犧牲了，咱們開追悼會、送慰問金，難道還有錯麼？可是他們三番五次打擊我們、欺侮我們，這到底是什麼意思呢？」

「咱們不能白送他這三萬塊錢。別人可以不管，我林承山一定要管到底。」老林氣吁吁地說。

「你怎麼個管法？」她關心地問。

「晚上，我去運河沿找老毛，我向他攤牌，學校裏的經費我最清楚，那有三萬塊錢？他要不肯的話，我去縣公署告狀！」

「不行，」吳純青尋思了一下，制止他說：「可能他們跟日本鬼子一個鼻孔眼兒出氣。」

「那我去濟南告他們。」林承山堅決地說。

吳純青聽了非常感動。但是，她仍舊不放心，勸導老林不可粗心大意，跟這些地痞流氓打交道是很棘手的。老林點頭應着。騎上自行車，他投入了風雪潑洒的歸途。

這場雪一直下到臘月二十五日，天才放晴。積雪開始溶化，氣候顯得格外寒冷。這天上午，吳純青正在辦公室看報紙，接到韓南崗打來的電話。

「冷不冷啊？小吳。」

「還好。」

「我這房子裏裝了暖氣管，日本三菱公司的名牌，暖和得很。」

「你的福氣好。」

「天兒冷，我想到妳。妳來我這兒聊天，怎麼樣？我派汽車去接妳。」

「不行，我皮膚過敏，不能進暖氣房。」

「那我就關上它。」

「何必呢？」

「這是同甘苦、共患難的表現嘛。」

吳純青心裏在罵：「滾你的吧！誰跟你同甘苦、共患難，眞是馬不知臉長！」

「小吳，妳怎麼不吭聲了？」

「對不起，同事正等着我，我要出去買東西。」她啪地一聲掛斷了電話。躺在椅子上，她閉上了眼睛，熱淚不禁奪眶而出。她想起一個青年婦女，處在這種惡劣的環境中，前有狼、後有虎，眞是寸步難行啊。她想若是和丁天鈞去了皖北阜陽，如今正過着自由幸福的生活，也許等到明年春暖花開時，他們會在嘉陵江畔舉行婚禮。吳純青抬頭向那白雪封蓋的遠山發怔，如今丁天鈞的屍體埋葬在那雪山的旁邊，而自己却坐在這間寒冷的屋裏做白日夢……她感到懊悔，但懊悔又有什麼用？

快到晌午時分，吳純青見天色轉晴，只是寒冷了些，她穿上大衣想去外面吃飯，藉此排遣寂寞。走到「吉露茶莊」，進去秤了四兩龍井，正要出門，掌櫃的笑咧咧地走了出來，手中拿着兩封信，一面對她說：「吳老師，您好久沒來了，過年不回去嘛？這是您的信，前些日子從西鄉捎來的。」

「謝謝。」她高興地接過信，一看信封上的字，就知道是父親和夏明的信。她和掌櫃的聊了幾句家常話，才高興地走出茶葉店。站在騎樓下，她望着那濕漉漉的大街，盤算上那兒去吃午飯？她向着斜對面那條石板路眺望，猛然想起了「悅賓樓」，從徐婉華走後，她再也沒去那家飯館吃飯。她把信謹愼地塞進大衣口袋，一面朝飯館方向走，心裏猜想這兩封信的內容，她在半月前接到過父親的信，父親勸她寒假期間最好留在縣城，不必返家過年。「難道他改變了主意，催我回家過年？」

她接着聯想起路途的紊亂、車輛的通行困難，以及寒假期間學校的一些瑣碎事情……她越過了街口，看見前面掛着的「悅賓樓」紅匾招牌。「夏明的信寫的什麼？他可能不知道天鈞的事情？」她對於夏明的印象非常壞，但是自從他走後，她反而有點懷念他了。走進飯舘，她點了一碗羊肉粉絲湯、一張剛出鍋的油餅。或許年關將屆的緣故，許多做買賣的、公務員發了獎金，所以飯舘生意特別好。這家「悅賓樓」的羊肉火鍋有名，每到冬天的開飯時間，經常高朋滿座，熱鬧非凡。吳純青最喜歡吃羊肉粉絲湯，辣糊糊的，羊肉細嫩可口，粉絲熟而不爛，再來一張烤得恰到火候的葱油餅，那眞是最享受的一頓午餐。

吳純青坐在靠門口的一角，慢慢吃着。等她吃罷準備付賬時，伙計微笑向她說：「剛才那位先生替您付過了。」

「誰？」

伙計向裏一指，但見一位年約五十開外的人，商人打扮，獨自在那兒喝酒、吃羊肉火鍋。吳純青覺得有些蹊蹺，走近一看，原來是余四海。她驚喜地問：「您什麼時候來的？春英呢？」

余四海雖然是一位跑江湖的藝人，但是在年輕婦女面前，却顯得木訥拘謹。他搭拉着頭，好像犯了錯似的，不敢抬頭凝望對方一眼。他說他們父女昨天才從濟南來此，住在運河街七號，一個窮朋友家。剛才余四海到原來住的地方，溜了一趟，一來想去看望吳純青，二來是想租房子住，結果却被那些打麻將的年輕人轟出來。余四海說着笑起來了。

「春英沒出來？」她追問了一句。

「她身子不舒服。路上奔波，天氣又這麼冷，受了風寒，我已經給她吃了藥。她可能還在睡覺。」他拿起酒壺，斟滿了一盅酒，送到吳純青的面前。然後端起自己的酒盅：「吳大小姐，俺敬您！」

「不敢當，余大叔請！」吳純青擧起酒盅，一乾而盡。

「吳大小姐，您不知道，俺春英最佩服您啦，她很想您。」余四海低着頭，撥弄着火鍋底下的炭渣說。

「我也想念她。」她誠懇地說：「現在我住在學校宿舍，等春英好了請她過來玩，我一個人也怪悶得慌。我回去就打電話，托我的學生幫你們找房子，您放心，萬一年前租不着房子，你們就暫時搬到學校來住，宿舍裏還有空房子。」她說着站起來：「您慢慢喝酒，我先回去了。」

吳純青懷着興奮的心情，趕回學校，她就給縣立圖書館的王蓉打電話，托她在火神廟附近租兩間房子。那兒距離運河沿很近，作生意往返非常方便。

王蓉提起那天晚上在淸眞舘碰到醉漢的事，最好托人出面解決，不然將來實在難以應付這種意外事件。吳純青告訴她，總務組林組長可能日內去處理這件事。

掛斷電話，吳純青趕快掏出那兩封信。她首先拆開父親的信。信中寫着：

青兒如見：半月前寄上一信，想已收悉。目前家鄉情況極糟，每日開會、勞動不得安寧，如妳回家度假，一定氣得半死。故再托鄉親捎上此函，務必留在縣城，忍耐度日，不可返回吳村。如有適當機會，不妨到四川去工作，雖遠離故鄉，但海闊天空，當可發展青年雄心壯志也。……

吳純青看了這封信，恍然大悟，原來共產黨佔據吳村並不得人心啊！她感到非常痛苦，她曾把茫漠的希望寄托在那個集團，因爲她的同事、朋友徐婉華、夏明、丁天鈞、尹壽亭，都和那個集團有關係。她想起丁天鈞的無謂犧牲，心裏猶如刀割般地痛苦。於是，她用顫抖的手，拆開了夏明來的信。

夏明首先談到牛紀東、丁天鈞的死，「將使黨和人民獲得重大轉機」。他繼而批評從抗日戰爭以來，牛紀東一直採取「右傾投降主義」，因此縣城的組織發展，形成了癱瘓狀態。夏明在信上具體分析了山東省的「戰略形勢」，他說：

「我省處於華北敵後戰場的東西端，成爲華北與華中兩大敵後戰場聯繫的樞紐。它在戰略上，在華北不僅能夠配合鄰區作戰，更可以配合華中的新四軍行動；同時山東省的山區，與晉察冀的五臺山、晉冀豫的太行山相互呼應，形成鼎足之勢，使我堅持冀魯豫大平原的軍民，在東西兩面都能得到有力的支援與依托。因此山東省根據地的發展是非常重要的。」

接着，夏明在信中傳達了中共「開展敵後城市工作」的指示。夏明寫道：「牛紀東已死，我也返回鄉村，妳成了縣城的文化上實際領導者與組織者。過去，在牛紀東錯誤領導下，城市工作完全失敗，使黨與城市的工人羣衆、知識份子、中間階層、敵僞軍隊之間，形成了長期隔離的現象。特別是對於國民黨的統戰工作，產生了像丁天鈞那樣的托派份子，他的死是罪有應得的。」吳純青看到此處，心中震撼起來，她繼續看了下去：「早在抗戰爆發前夕，我黨即作了最正確的抗戰方針，即是七分發展、二分應付國民黨、一分抗日。換句話說，此時此地，正是壯大我黨我軍的最好機會。」

「丁天鈞的所謂愛國主義思想，實際上就是陳獨秀的托派思想。我希望妳能利用機會，對此一問題作澈底的檢查。目前形勢大好，黨開展敵後城市工作，就是要依靠鄉村，打入城市、蒐集材料、瞭解狀況、尋找關係；妳應該積極地利用韓南崗的關係，爭取日方內山次郎、田中武雄及渡邊美智子的信任，擴大我黨在縣城的勢力，配合我軍的行動……」

吳純青不願再看下去了。她把信狠命地揉成一團，扔進字紙簍去。「托派份子」？她思索着夏明給丁天鈞安上的莫須有的罪名，非常激動。一個純潔的青年敎師，無私地把一切投身在愛國的工作上，最後被敵人槍決，結果却落下「托派份子」的罪名。這還有什麼公理可言？這個集團還有什麼留戀與希望?!她繼而聯想起自從爲丁天鈞舉行追悼會以後，一直受到流氓歹徒的勒索騷擾，這更證明了是夏明一伙指使的。

「走吧！」她噙着熱淚，暗自催促自己：「離開這個鬼地方，到那有陽光的大後方去，過有理想有意義的生活。」

傍晚時分，王蓉騎自行車趕來學校，她說在火神廟附近給余家父女租了兩間房子，還有半間廚房。房子構造雖是茅草土坯房，但是蓋了不到兩年，冬暖夏涼，非常舒服。房東住在同一個庭院裏，當初蓋這棟新屋準備娶兒媳婦的，不料他兒子在結婚前一個月，被「新民會」的特務擄走，說他跟「重慶方面」有往來，如今兩年多下落不明，聽說早已被秘密處決。她母親在火神廟求籤，籤文說她兒子並沒有死，由於遇見「貴人」，如今住在「西南方」，而且娶妻生子安家立業。正因為這個緣故，房子一直租不出去。

「他要租多少錢？」吳純青問。

「一個月兩百五，押金一千。我說窮人那家有押金？房東笑了笑，就說『算了！』。」王蓉得意地說。

「妳這個丫頭，眞小氣。」吳純青親暱地對王蓉說：「咱們還是給人家押金，這筆錢我付給他。」她說着從抽屜裏取出一千元準備票，交給王蓉。並囑咐她去運河街七號，見到余家父女，把租房子的事情告訴他們，希望他們趁天晴搬過去。

余家搬到火神廟街的第二天，已是臘月二十九了。那天早晨，吳純青剛從菜場回來，黑妞就來看她。她見黑妞長得又壯又美，喜歡得合不攏嘴。黑妞把帶來的禮物，擱到桌上。吳純青說：「妳來看我，我就高興了，何必還破費呢。」黑妞紅着臉說：「這是我從濟南帶來的酸棗、柿餅，不值錢，千佛山上出的，我特地帶了一點給您嚐嚐。」

「濟南最近有什麼變化？」

「還是老樣子。窮人越來越多。十王殿大樓附近，到處都是四鄉逃來的難民，他們搶糧店，警察也管不了。」黑妞說着皺起眉頭，發起愁來。

「在那邊生意也不好做吧？」吳純青關切地問。

「是啊。濟南的南崗子、北崗子、勸業商場、大觀園，到處擠得滿滿的，抽稅很重。再說濟南的物價比這邊高，一斤小米煎餅要二十三塊五，窮人眞沒辦法混啦。我父親左思右想，最後才決定搬回來。」

「回來的好。」吳純青親摯地說：「搬進新房子，你們還滿意嗎？」

「滿意喲。」黑妞的大眼睛樂得直轉：「我父親昨兒買了幾張年畫，貼到牆上，他高興極了，那住過這麼暖和的新房子！」她說着從棉襖袋裏摸出了一張揉皺的千元大鈔，雙手送給吳純青：「大小姐，您收下這一千塊押金。您別看俺窮，這一筆錢還出得起呢。」

吳純青見她性格爽朗明快，也就把錢接下了。黑妞臨走再三囑咐，明天晚上來接她去吃餃子。她推辭到親戚家吃午飯，黑妞回答得乾脆俐落：「不管您上那兒吃年夜飯，反正我一定來接您。」說着，她走出房門，跨上車子，揮手一笑，走了。

吳純青望着她騎車的背影，消失在校園的樹木假山之間，她愉快地想：「這是一個多麼健壯可愛的女孩子啊！誰要娶到了她，那眞是幸福啊！」

正在她慨嘆時，看見一輛黑色小轎車，沿着校區的柏油馬路駛近辦公大樓前面，從汽車裏鑽出一個穿呢大氅的男人，她看了躲也不是，不躲也不是，正在無法應付這尷尬的場面時，那個男人向她齜牙一笑說：「小吳，剛才那個騎自行車的女孩子是誰？」

「你問這個有什麼用意啊？」她冷笑地問。

「哈哈，妳別想那麼多。」他笑着從大衣袋內掏出一盒日本香菸，拿起一支，擦着了火：「那女孩兒既不像學生，也不像教職員，怪面熟的。」

「她是我的朋友。」吳純青轉身向辦公室走，走了一步，却又停住。

「幹嘛的？」

「運河沿賣藝的。」

「小吳，妳怎麼跟這種人來往？妳別忘了妳是縣中的校長。」

「韓南崗，你以爲自己作了教育局長，就比別人高了一截是不是？」吳純青不服氣地問。雖然她的態度還保持溫和，但講話的聲音却是無比强硬，因此使韓南崗有點招架不住。他低頭向辦公室走，囁嚅着說：「妳怎麼講話老是像抬槓？司機坐在汽車裏面，要是被人聽到的話，……」

「我要出去。」吳純青站在原地，警告他說。

韓南崗轉囘了頭，現出非常狼狽的神情，他用低沉而帶着央求的聲音說：「讓我進去坐一會兒行麼？不管怎麼說，我還是教育局長吧？」

吳純青無可奈何跟了進去。

韓南崗一屁股倒在沙發上，掏出香煙，換下嘴中的煙蒂，向房間四週巡視了一遍，最後眼睛停在一幅錦標上，那是去年牛紀東以「新民會長」身分贈送縣中的。「小吳，那個錦旗趕快摘下來，把它毀掉。開了學，日本顧問要是發現這面錦旗，他們一定發脾氣。」

「嗯。晚上我找老佟把它摘下來。」她向牆上瞄了一眼說。

「妳這種脾氣，只有我韓南崗原諒妳。換了任何一個人，都跟妳相處不下去的。」韓南崗搭拉着頭，吸了兩口香煙，慢吞吞地說：「不錯，我追求妳，妳看不起我，就一直給我釘子碰。但是妳應該知道，如果不是我的話，別說妳還當校長，恐怕妳早就去見馬克斯了！」

吳純青的心噗噗直跳。如今，她猛然想起夏明在信上說的話：「妳應該積極地利用韓南崗的關係，爭取日方對妳的信任，擴大我黨在縣城的勢力，配合我軍的行動……」於是，她坐在椅子上，頓時感到室內空氣稀薄，好像她被關在一間鐵屋子裏。她是多麼渴望插上翅膀，飛出這個飄揚着五色旗和太陽旗的苦難小城啊！

「牛紀東、丁天鈞怎麼死的？」她突然提出這個問題。

韓南崗吸着香煙，吃吃地笑起來。吳純青感到納悶，也有點不滿：「你笑什麼？」

「明天過年啦，妳怎麼提這件事？」

「你剛才不是說我快見馬克斯了麼?既然成爲一個唯物主義者，我還迷信什麼?」她也笑起來了。

韓南崗默聲地站起來，走近窗前，凝望那外面的濛茫的冬景：「他們的死，不是日本人幹的。」

她大吃一驚：「誰幹的?」

「共產黨。」他斬釘截鐵地說。

「胡扯，我不相信你的鬼話!」吳純青咆哮地說。

「當然妳不相信。連我起初也不相信。」韓南崗轉過身來，走近沙發。「內山次郎同來的第二天，就決定逮捕牛會長和老丁。當時我還以爲他是一般的政治調查。等到把他們處決以後，內山次郎竟然受到日本情報機關的處分。後來我才知道，內山次郎中了共產黨的計!」

「什麼計?」吳純青驚訝地問。

「借刀殺人計。」

「啊?!」她的心幾乎從口腔內跳躍出來。淚水，默默地流在她的面頰，她嚐到了鹽質的人生滋味。

「小吳，妳不必傷心，傷心的日子還在後頭哩。」韓南崗坐下來，用着充滿感情的聲音，安慰着她：「過去我不是對妳說過?中國，沒有希望。妳也許以爲我不愛國，所以才說出這種話。

小吳，我摸着良心對妳講話，雖然我跟日本人作事，我的心還是向着中國呀！因為我的父母是中國人，我的身上流着中國人的血。可是，妳冷靜地想一想，從抗日戰爭以來，咱們中國人明爭暗鬥，自我摩擦，這樣抗日抗下去，抗到那年那月才能勝利？哈哈，妳說中國還有什麼希望?!」

她默默凝聽着。她想起前幾天接到夏明的信，夏明在信上說：抗戰前夕，共產黨就制定了「抗戰方針」，那即是「七分發展、二分應付國民黨、一分抗日」。她痛苦地想：「共產黨把抗戰當作發展武力的機會，這樣搞下去，抗日有什麼希望？中國有什麼希望?!……」她用手絹擦着眼角的熱淚，激動地說：「我認為中國老百姓一定會覺醒的！中國有希望，中國一定强！」

韓南崗把頭轉向窗外，似乎掩避他的笑臉。窗外的一株老槐樹，彎曲地伸向了房簷，那乾禿的樹枝上，飄舞着一羣雪白的飛蛾；不，那不是飛蛾，那是雪花啊！韓南崗驚愕地站起來，走到窗前向外眺望：「又下雪了！明天過年，天晴多好，我還準備約妳去遊泰山哩。」

「下雪有什麼關係？登山賞雪，更有詩意。」站在韓南崗身後的吳純青，微笑着說。

「妳眞的想去遊泰山？」老韓轉過身子，喜出望外：「咱們今天晚上搭火車去泰安，明兒一大早登山，妳願意不願意去？」

「我當然願意去。不過——」

「不過什麼？」他打斷了吳純青的話，失望地說：「妳又反悔了，我知道妳不會那麼乾脆。」

「我不騙你，明兒有人請我去吃年夜飯。」她板着臉，一本正經地說。

「誰請妳？」

「剛才你碰見的那位賣藝的姑娘。」

韓南崗哧地一聲笑了！

「怎麼，瞧不起人家是不是？」吳純青冷笑地問。

「我眞不懂，妳怎麼交朋友這麼氾濫？三教九流、青紅兩幫，都有妳的朋友；妳到底是從事教育工作？還是想在黑社會裏混？」或許韓南崗如今已知道追不上她，惱羞成怒，便說出這種激動的話來。

吳純青却沒有作聲，只是淡淡的笑着。門外，雪花越下越緊，她想起厨房裏還有一大堆事情，雖然一個人過年，她也準備了兩斤肉、一串香腸，早晨還從菜市場買同來一隻雞。她尋思了半晌，這才慢慢地說：「爐子上我還燒着開水，原來是想宰雞的。你坐一下，我先同宿舍去。」

韓南崗一聽這話，分明是下逐客令。他只得站了起來，望着白茫茫的校園說：「妳忙妳的去吧。」他說着兀自走出去。吳純青也不去送他，却拐到後院宿舍去了。走進厨房，用鐵鉗捅了一下煤球爐子，她灌了一壺水放上。準備磨刀宰雞。想起明天黑妞接她去吃年夜飯，她禁不住躊躇起來。「我是去呢還是不去？如果不去的話，黑妞一定噘嘴不高興，說不定爲了過年包餃子，忙碌了大半天。若是去她家吃年夜飯，我還燉雞作什麼？乾脆留到初二宰牠也不遲。」她這麼一想，索性休息會兒再作午飯。躺在床上，想起剛才韓南崗來邀她去登泰山，忍不住好笑。她最厭惡這種「緊迫盯人」的男人，讓人產生一種畏懼的感覺。她想起韓南崗的不告而別，却覺得自己有些過分失禮。「管他呢，對待這種討厭鬼就得狠一點，誰還想跟他保持什麼友好關係？」這麼一想，她的心便踏實了。

睡了一覺醒來，雪意正濃。吳純青沏了一杯茶，順便把饃饃蒸上，她開始洗菜、切肉忙碌起來。自從放了寒假，她便自己做飯吃。她最愛做大鍋菜，菜裡有凍豆腐、粉條、白菜、肉塊和蝦米，做一次能吃好幾頓，菜燉熟了，饃饃蒸透了，她舀了一大碗菜，嚼着熱騰騰的饃饃，一面欣賞着窗外茫茫的雪景。「若是天鈞還活着的話，我和他在一起圍爐賞雪，那該是多麼快樂啊！」她想着想着，眼圈禁不住濕潤了……

第二十三章

春節在此起彼落的爆竹聲中過去，縣中開學了。吳純青恢復了忙碌而有秩序的生活。她最懼怕度假日，尤其是漫長的暑假。去年暑假，她是在演話劇、教暑期進修班度過的，那時她還有幾個志同道合的朋友在一起，而今年的暑假怎麼捱過去？每逢想到這件事，她便泛起了愁腸。想起黑妞暢快地批評過她：「吳大姐，您愁什麼？天塌下來還有大個兒頂着呢！再說您發愁怎麼能解決問題？」她一想起余春英的話，便立即煙消雲散，重新露出了歡樂的笑容。

自從去余家吃過年夜飯回來，那一對跑江湖的藝人給她影響很大。他們像山野間生長的青藤，靠着陽光、雨水的滋潤而茁壯起來，因此最經得起强風暴雨的襲擊與摧打；他們從來不皺眉頭，或是唉聲嘆氣，即使明天沒有錢買米，揭不開鍋，他們也不會發愁的。因此黑妞見到吳純青發愁，感到非常納悶：「吳大姐，妳愁什麼？」她苦笑着搖搖頭，是啊，連她自己也不知道。

從舊曆初一到元宵節，天氣一直不錯。運河沿的市場格外熱鬧。余家父女每天忙到天黑才收篷回家，生意作得很好。儘管吳純青半月沒見到黑妞，可是余家父女的生活情況她是清楚的。

元宵節的晚上，吳純青原想去運河沿逛夜市，順便看望黑妞。剛想出門，工友老佟帶着一個客人來見她，她一看是「殺猪的」，心裏涼了半截，却强作笑容歡迎他：「毛先生，請坐。」

「殺猪的」坐在沙發上，抬頭朝牆上打量了一番，然後從茶几上的香菸筒中取出一支菸，擦着了火，向吳純青瞄了一眼：「怎麼，準備出去？」

「不要緊，你有什麼事吧？」她也點上了一支菸吸着。

「我早就想來的。一天到晚窮忙，抽不出時間。」他低下頭，把菸灰彈進菸缸裏。「老夏的信收到了吧？」他說着抬頭向吳純青盯了一眼，發出低沉而詭秘的笑聲。

「收到了。」她低聲說。

「黨最近積極開展城市工作。妳是知識份子，妳應該起帶頭作用才對。」他說着機警地向門外瞅了一眼，校園內靜悄無聲，只有對面教室中傳來幾個學生的笑聲。

「是啊，我接到老夏的信，急得熱火燎辣的，我一個婦道人家，這種事找誰去商量？……」

還沒等她把話說完，「殺猪的」就插嘴說：「妳怎麼不去找我？到了運河沿，妳一問老毛，連三歲小孩兒也認得我呀！妳不接近羣衆怎麼行？哈哈，吳校長，妳得把知識份子的架子收起來才行啊！」

吳純青聽了這句話，非常生氣。她想：「如今我還不是黨員，你們就對我這麼厲害，若是我眞的入了黨，那還眞得成了受氣包呢！」老毛見她不作聲，便猜出了對方的心思，於是他換了一副笑臉說：「其實，妳吳校長有最好的工作條件，妳只要去做，一定對黨和人民有好處。」

吳純青聽了感到莫名其妙，她吸一口香菸，慢慢地說：「我不懂你的話，我也不知道自己有什麼條件。」

「吳校長，」他忽然興奮地站起來，走向窗前，朝外面的夜色瞅了一眼。然後轉回了頭，壓低聲音說：「韓局長不是追求妳嗎？爲什麼妳不利用這個機會，跟他們打成一片？田中顧問、內山顧問，妳都可以去接近啊。咱們巴結還來不及，妳爲什麼……揑得那麼緊幹啥？」

「我討厭韓南崙那種人！」她理直氣壯地說。

「討厭是妳自己的事，接近他是爲了黨和人民。王昭君爲了漢族人民的生命財產，她還主動的嫁給匈奴王呢。妳爲什麼不向王昭君學習？」

她想把「殺猪的」轟出去。但是，她最後終於忍了下來，用和藹而堅決的聲音說：「這件事我可以考慮。不過，我今天晚上有事情，咱們改一天再談吧。」

老毛悻悻的站起來，低着頭朝外走，嘴裏不停地嘮叨：「我沒時間再跟妳談話，我只是傳達上級的指示。也許妳對這種談話方式不習慣，這倒不要緊。妳得積極吸收青年知識份子，作爲黨的力量……」

「殺猪的」騎自行車走後，吳純青感到渾身像出浴般的舒暢。她披了一件呢大衣，圍上白絨巾，出了校門，向着市區散步。街上，行人雖然不太多，可是由於提花燈的孩子，三五成堆，偶爾還聽到一陣鞭炮聲，因此增添了無限喧囂昇平的氣象。吳純青一面走着，囘想起剛才「殺猪的」說的話，覺得實在討厭。「叫我向王昭君學習，滾他的蛋吧！」

她走到前面丁字路口，發現許多提燈的孩子，還有婦女，爭先恐後朝公園方向跑。「他們去看什麼？不是耍龍燈，就是踩高蹺？」她隨着人潮向前走。走過一條濕漉漉的𥑮石小巷，但見公園內燈火輝煌、鑼鼓喧天，老遠就看見都些「治安軍」扮演的踩高蹺的，穿着花花綠綠的古人服裝，隨着有節奏的鑼鼓點兒，在草坪上轉圈兒、耍故事，不時逗得人們捧腹大笑！

吳純青討厭「治安軍」，不願進公園去，只在公園門口轉了一圈兒。正待折返囘去，聽得踩高蹺的竟然唱起流行歌曲來。他們一唱，圍在四週的孩子們也隨着吼叫。鑼鼓點照舊敲打着，唱的却是不倫不類的「何日君再來」，你說怎麼不讓人噴飯！

「好花不常開，好景不常在。

愁推解笑眉，淚洒相思帶。

今宵離別後，何日君再來？

喝完了這杯，請進點小菜，

人生難得幾囘醉，不歡更何待。」

唱到「過門」的時候，鑼鼓頓時停住，羣衆也鴉雀無聲。在那耀眼的兩盞汽燈下，吳純青看見那個扮演大肚子老婆的，踩着高蹺，兩臂伸直，一扭一扭地說：

「來，來，來，老鄉！哈(喝)完了這杯再說吧！」

由於這個人的鄉音過重，更逗得四週的人羣大笑起來。

於是，鑼鼓點重新響起，踩高蹺的一面舞着齊聲唱道：

「今宵離別後，何日君再來？」

那海潮似的笑聲，將吳純青湧向了燈火昏弱的街上。夜風呼嘯，把路旁的枯樹枝吹得嗤嗤價響，她不由地裹緊了大衣，邁着匆促的步子向回程走。一輛黑色的轎車嘶地一聲停在她的身邊，從車窗裏露出了韓南崗的瘦皮猴臉：「小吳，上那兒去？」

「回去。」她楞了一下說。

「這麼早，回去幹嘛？我請妳喝咖啡去。」

「快八點了，我回去還有事情——」她故意推辭說。

「今天是元宵節，妳回去有什麼事？上車吧！」

吳純青見對方態度堅決，便不得不停住脚步。她躊躇着說：「上那兒去？」

「老地方，蘭心！」老韓的聲音像喊口令一樣淸脆。

她上了車，汽車穿過一條大街拐進一個巷口，便到了。一進店門，頓覺室內暖和如春，洋溢着一片歌舞昇平的氣息。他們坐下，點燃上香煙，一面吸着，一面欣賞那些醉生夢死的男女，在紅燈綠酒的煙影中載浮載沉……

「剛才妳上那兒去了？」坐在對面的老韓，輕聲問她。

「看治安軍踩高蹺。」

「什麼地方？」

「公園。」

「嘻嘻。」韓南崗哧地一笑，把臉擺向朦朧的燈影中去：「天這麼冷，跑到那個鬼地方去多受罪？」

熱騰騰的咖啡端上來了。她加了糖片、牛奶，默默地喝着，繼續觀望那紅燈綠酒中浮沉的人們。不久，燈影中的男女鼓起掌來。原來有一對穿着時髦的青年男女，走向麥克風前，隨着樂曲的伴奏，唱起了「天長地久」的歌：

「紅遮翠障錦雲中，人間鸞鳳御爐香。

縹緲隨風，今宵花月都美好，春氣溢深宮。

願似這金釵寶鳳，雙翅交飛在禁中；

願似這玲瓏鈿盒，百歲同心情意濃。

看雙星一年一度重逢，

似這般天長地久，願彼此恩愛相同……」

韓南崗叼着香菸，轉頭向她親暱地望了一眼，低聲說：「怎麼樣？比那些當兵的唱得好吧？」他回頭指着那個女歌手，讚揚着說：「那個女的，嗓子不亞於周璇，聽說最近百代公司還給她灌了唱片。咱們的縣長，不聽她的歌，吃不下飯。」

吳純青聽不進這些庸俗的話，所以她的臉上毫無反應。她的心飛向了遙遠的北方，想的是那個醉心音樂的徐婉華，「她現在還好嗎，也許已經結婚了吧？」是啊，站在麥克風前的歌手，長得是多麼像小徐啊！吳純青靜靜地凝望着前方，聽她唱道：

「你別來無恙？依舊意氣如虹。

犂田辛苦，雨雨風風。

恨盈盈，一水如隔關山重重。

不能相依朝夕，只有靈犀一點通……」

吳純青不忍再聽下去，她感到寂寞難受。徐婉華走了，丁天鈞死了，夏明也離開縣城去了西鄉；只有她還像一隻蜉蝣似的，在這座黑暗無光的城市混日子。擺在她面前的一條生活的路；陪着韓南崗喝咖啡、哼流行歌曲、喊「皇軍萬歲」，這也是夏明、老毛等陰謀家爲她安排的一條路……吳純青越想越有趣，終於她噗哧一聲笑了！

「妳笑什麼？」韓南崗不解地問。

「眞有意思，哈哈。這就叫開展城市工作。」她想。

「是啊，人家唱的好嘛。」韓南崗不懂她的心思，只是附和着說。

她喝了一口咖啡，聽見麥克風中傳出一個男人的聲音：「我向各位報告一個好消息，現在請來了百代公司歌后美納小姐演唱『銀花飛』。」

話音剛落，立刻轟起了一陣春雷般的掌聲。

一位穿着藍色旗袍，旗袍上閃耀着點點鱗光的美人魚，邁着婀娜的臺步，含笑走近了臺前。

那些紅燈綠酒中浮沉的男女更瘋狂地鼓掌了！

「阿里耶多！」美納小姐向全場輕聲致謝。

吳純青靜靜地想：在中國的土地上，在中國人聚會的西餐舘，唱歌的人竟以日本話向自己的同胞講話，如果這樣混下去，中國還有什麼希望？中華民族還有什麼前途？……這時，韓南崗瞪着兩隻貪婪的泛紅的眼睛，豎起兩隻細長的耳朵，凝聽着美納小姐唱的歌：

「銀花飛，銀花飛，銀光穿透了繡羅幃。
張燈賞雪紅樓裏。淺斟低酌，羊羔美酒。
不等到桃花流水就鱖魚肥。
誰知道，哀鴻遍野。冰天雪地，無食又無衣。
銀花飛，銀花飛，銀花催放那小梅開。
胭脂軟點朱唇際。人面花容，爭艷鬥麗。
更襯出紅紅白白正好春歸。

誰知道，流離辛苦。冰天雪地，無食又無衣。

銀花飛，銀花飛，銀花閃爍到鳳頭鞋。

纖纖細步爛銀地。搏雪成球，撲雪留痕。

歸來也融融一室把獸爐圍。

誰知道，嗷嗷待哺。冰天雪地，無食又無衣。」

美納的這首歌唱完，餐廳內爆起一片激烈的掌聲。吳純青的眼眶噙着淚花，不停的鼓掌，她沉浸在那動人心弦的歌詞裏。坐在對面的老韓，怎麼能揣摩出她的心思？還以為她只是喜愛那位歌手哩。

「她唱的不錯吧？她外號叫小周璇。」他諂媚地介紹着說。

「這首歌詞寫的不錯。這裏的人淺斟低酌，羊羔美酒；外面的人冰天雪地、無食無衣，這眞是一個强烈的對照。」吳純青說着，拿起了大衣，輕聲對韓南崗說：「時候不早了，送我回去吧。」

韓南崗一肚子不高興。從溫暖如春的蘭心西餐館出來，外面是一個寒冷肅殺的冬夜。他們剛鑽進汽車，一個披麻袋片的叫化子，伸出乾瘦的手，向韓南崗低聲哀求着：「行行好吧，大爺，賞給俺一塊錢吧。」

「滾，討厭鬼！」韓南崗吼着。厭抑在他心底的對吳純青的不滿情緒，如今都發洩在那個可憐的乞丐身上。

「不要駡人家！」吳純青急忙掏出兩塊錢，遞給乞丐，那乞丐剛縮到路邊，汽車嘶地開過去了。

「這些叫化子，用不着同情他們。有的是天生的賤骨頭。」韓南崗握着方向盤，冷笑地說。

「你不同情他們，沒有關係；可是，不必駡人家，他們是中國同胞，是咱們老鄉啊！」吳純青的聲音帶着嗚咽，顯然對於老韓的觀點非常不滿。

「在日本，也有要飯的。但是人家的乞丐懂得禮貌，懂得分寸，不像咱們中國——」他說着絕望地搖着頭，嘆了一口氣：「唉，再過一百年，中國也不行！」

吳純青把臉轉向窗外，向那飛馳而過的寂靜的街景張望。夜風打着胡哨，她覺得非常寒冷。汽車駛到縣中校門附近，她告訴韓南崗說：「停車吧。」老韓煞住了車讓吳純青下去。他狠命地轉動方向盤，汽車轉了一圈兒，奔向濛茫的夜色中去……

「滾吧！」吳純青站在校門前，向那消失在冬夜街頭的汽車瞄了一眼。「日本的乞丐懂得禮貌，懂得分寸，呸！你怎麼不去當日本人？不要鼻子！」她掉過頭來，看見那門口掛的縣中校牌上，還刻着「韓南崗題」四個大字。她想：「讓這種毫無國家民族觀念的小漢奸當教育局長，淪陷區的青少年怎麼會有前途？」仰起了頭，但見一輪彎月正被烏雲吞噬了去，刹那間大地更顯得黑暗可怕了。吳純青邁着沉重的脚步走回宿舍。

臨睡覺的時候，她忽然想起一件要緊的事。那個姓毛的今晚來校，她忘記向他提起流氓勒索三萬元的事。開學快一星期了，那個流氓尚未露面，林承山也沒有提這件事的進展。想着，想着，她又發起愁來。

農曆二月初二是週末，上午九點，吳純青接到一個男人打來的電話，她一聽聲音，心裏禁不住直嘭嘭直跳，那個醉漢終於找上門來了。

「吳校長，早！今天是二月二，龍抬頭，金銀財寶往家流。先給妳拜個晚年，恭喜妳萬事如意，升官發財！……」

「你有什麼事？」她實在聽不進這種油腔滑調的話，便直截了當地問他。

「什麼事？難道您貴人多忘事？頭年裡咱們在清眞舘的那筆賬，連本加利，您今天還給我吧！」對方馬上換了難聽的聲音。

「一共多少？」她忍氣吞聲地問。

「三萬塊錢，外加兩個月的利息，二六一千二，哈哈！乾脆抹去了零頭，妳給我三萬一千塊就行了。怎麼樣？够意思吧？」電話筒裡傳出來一陣狡猾的笑聲。

吳韓青猶豫了一下：「下禮拜一上午，你來學校拿錢，行不行？」

「不行！」對方堅決地說：「今天二月二，好日子。吳校長，放乾脆點。這點錢有什麼了不起？喝酒醉不倒，吃飯撐不着。今天下午五點半，妳把這筆錢送過來，咱們就一刀兩斷！」

「送到什麼地方？」她問。

「請妳記一記，好不好？」對方停了一下：「下午五點半，妳派人帶着現款送到運河沿附近的火神廟。五點半，別忘了這個時間，你們把現款包在紙包裏，放在廟裏的焚紙爐枱上，扭頭向外走，不准回頭，聽清楚了？」

「聽清楚了。」吳純青慢慢地說。

「吳校長，咱們可先把話說在前頭，免得妳做出損人害己的事。」對方咳嗽了一會兒，清理着喉嚨作了說明：「妳要是紙包裏包的不是鈔票，或是預先告了密，我們可就不客氣了！」

「你這個人太多心啦。」吳純青冷笑着說：「三萬塊錢有什麼了不起？你不是說過這句話嗎？哈哈！」

「不錯，我說過。」對方老氣橫秋地說：「可是先小人，後君子，這是江湖上的老規矩。吳校長，妳要是告密，咱們就先幹掉吳老先生，再回來派人收拾妳！」

她的心搐動了一下。握着電話筒，她渾身顫抖，再也說不出話。

「好吧，下午五點半見面。」對方說。

「再……見。」她茫然地放下了話筒。

中午快放學的時候，總務組林承山有事向她請示，她順便把早晨接到的電話，講了一遍。林承山聽了非常生氣，却拿不定主意，只是囁嚅着說：「寒假的時候，我托人去找那個姓毛的流氓頭，他根本不理人。如今刀把子握在人家手裏，咱們爲了平安無事，只有送錢吧。」

吳純青嘆了一口氣說：「這是什麼年頭啊！」

林承山回去，不多功夫折轉回來，用白報紙包了三萬一千元準備票，放在桌上。「這是三萬一千塊。校長，您看派誰送去？」

吳純青有些爲難。如果林組長主動提出來願意去送錢，她當然高興；但是如今林組長並沒有提出這個志願，她只好順水推舟地說：「依你看，誰去比較合適？」

林承山吸了一口香菸，眼睛霎巴了幾下，驀然站立起來，斷然地說：「這樣決定吧，下午五點半，我準時把這筆錢送到火神廟去。」

林承山走後，吳純青忽然想起一個意外的情況：當林承山送了錢去，對方若以卑鄙的手段將他擄走，那豈不是節外生枝、更增添了痲煩？她朝着烏雲蓋天的灰空瞅望，頓覺四週佈滿了荊棘與毒蛇，根本尋不到講理的地方。想着，想着，她不由地氣憤得流下了眼淚。

中午吃過飯，吳純青剛想回宿舍去午睡，發現黑妞騎着自行車趕來。這個性格爽朗的姑娘，像一股春天的郊野中的旋風，一下子就把吳純青心底的煩惱吹散了！

「吳大姐，」黑妞親熱地叫着：「妳猜俺來找妳幹啥？今兒格二月二、龍抬頭，俺爹叫俺來邀妳到家吃飯，妳猜吃什麼？」

「餃子?」

「不對。」

「炸醬麵?」

「不對。」

「是不是吃羊肉火鍋?」

「也不是。」

「我不猜了。」吳純青皺起了眉頭，故意發脾氣說：「眞難猜。」

「好了，好了，妳甭猜了。讓我告訴妳吧——吃狗肉!」

果然，吳純青哧地一聲笑了。

「這是俺爹特地托人去買的。俺爹分了五斤，都是上肉。從今兒早上就燉上啦。俺爹買了一大堆佐料：花椒、蒜苗、白乾酒、醋，吳大姐，妳可一定得來喲。」黑妞見她高興，越發得意地講起吃狗肉的事。

吳純青閉上了眼，那無邊的風雪天，她陪着王叔叔在爐邊飲酒、賞雪，嚼着那燉得稀爛的狗肉………「他如今還好嗎?父親呢?」她想起吳村的街道、房屋，想起村前的封凍的冰河………吳純青又回到現實的環境中，想起今天下午五點半，她還得將公款送到流氓的手中，而且不准聲張、不准報案，這個烏烟瘴氣的地方，怎麼能使她心情暢快?

「吳大姐，妳怎麼又皺眉頭啦？妳不是說以後再也不唉聲嘆氣了嘛？」黑妞埋怨着說。

「唉！」吳純青嘆了一口氣，苦笑着說：「春英，我是多麼羡慕妳啊。身體壯，精神好，不懂得發愁、苦悶；那像我似的一天到晚愁不完——」

「妳到底有啥發愁的事？能不能講給俺聽聽。」黑妞央求她說。

她點上了一支香煙，默默吸著。

「妳愁什麼？是缺吃的、少穿的，還是有人欺侮妳？」黑妞歪着腦袋，追問下去。

吳純青猶豫了一會兒，便將寒假期間，碰上那個流氓的經過，以及剛才派林承山去送錢的事，一五一十向黑妞講了一遍。黑妞聽得臉色一會兒白、一會兒青，最後她蹭地一聲跳起來，激動地說：「俺長了這麼大，還沒見過這樣不講理的人，俺今天非要從他手裏，奪回那三萬塊錢不可！」

「不，這件事妳不必管。」吳純青勸阻她說。

「俺是管定了。」黑妞斬釘截鐵地說：「吳大姐，俺同去了，妳晚上一定來喲。」

黑妞走了，吳純青覺得非常懊悔，她不應該將此事交給林承山去辦；而且更不該告訴了黑妞，讓黑妞氣得半死，萬一她和流氓發生衝突，釀成不幸事件，那是多麼不值得的事情！

她坐在沙發上，肚裏像塞了一塊鉛，沉重欲墜。眼望着壁上的時鐘，一分一秒地溜走。不知什麼時候，她竟然睡熟，待一覺醒來，已經五點了。她趕緊洗了一把臉，向門外瞟一眼，但見烏雲四合，天上飄起了小雪。她披上大衣，匆促地出了校門，喊住一輛黃包車，她上了車就說：「火神廟，快些。」

吳純青躲在車廂裏，前面蓋上了黑色的油布簾子，爲的是擋風雪。她看不見街上的景致，但却朦朧地看到過路的人影。看了看錶，估計着時間，她將在五點半以前趕到火神廟。那個青年車夫似乎瞭解她的心事，抄着車把拚命地向前跑。

車子經過運河沿，吳純青撥開衣袖，發現手錶才五點二十一分，她非常高興，她記得繞過前面的河堤就到了。黃包車停到廟附近，她就下了車。她故意向街上走，爲的是怕引起對方的注意。走了十幾步，悄悄看看錶，五點二十八分，她的心噗噗直跳。便回頭朝廟裏走，廟內空寂無聲，只有那幾棵參天的柏樹，迎着風雪發出沙沙地聲響。她加快了脚步，穿進了一個半月形的偏門，迎面掛著一隻黃色的木牌，上書「洗手處」。她索性進了廁所，躲避一下再說，原來那廁所建在一片土坡上，廁所外面有洗水池。吳純青隔着花磚砌成的牆孔向廟院窺望，一目瞭然。這時正是下午五時三十分，雪花飈得正緊，她忽然看見從廟門走進來一個人，她心裏有點歉疚之感。

這時默默地想：「林組長，我給你添了痲煩，等過去這件事以後，我一定好好請你的客！」她看見林承山走近了焚紙爐，把手中拿着的一包錢，老老實實地擱在水泥枱上。接着，林承山向廟中瞅望了一眼，便又邁着蹣跚的步子走了。

風呼呼的吹，雪花越下越緊，她凝立在花磚牆後，凝望着焚紙爐枱上的那一包錢，心裏眞不是滋味。低頭看看手錶，五點三十一分。忽然，從柏樹後面走出兩個男人，走在前頭的身材魁梧，就是那個「醉漢」；跟在後面的是「殺猪的」老毛，他們大搖大擺走到焚紙爐枱前，醉漢便以謹愼的動作，拆開了裹在外面的那層報紙，彷彿懷疑裏面包的是炸彈，等他拆下來露出一小綑鈔票，才輕鬆地回頭向「殺猪的」一笑。於是，老毛不客氣地把鈔票塞進了腰袋。

吳純青痛苦地低下了頭，耳邊響起了那個流氓頭向她講過的話：

「黨最近積極開展城市工作。妳是知識份子，妳應該起帶頭作用才對。」

「……韓局長不是追求妳嗎？爲什麼妳不利用這個機會，跟他們打成一片？」

「王昭君爲了漢族人民的生命財產，她還主動的嫁給匈奴王呢，妳爲什麼不向王昭君學習？……」

正在吳純青遐想時，那兩個站在焚紙爐前的無賴發生爭論，好像醉漢向老毛要錢。這場「狗咬狗」的鬧劇，刹那間便草草收場，醉漢怒氣沖沖走了。

風吹着牆外的老柏樹嘩嘩作響，雪花越下越緊。她看了看手錶，五時三十四分。這時那老毛瞪着兩隻賊眼向四週巡視了一遍，偌大的廟院空蕩蕩的，他便邁開脚步朝廟門走。快走到廟門，迎面來了一個戴墨鏡的女人，黑棉襖、黑棉褲，油黑發亮的辮梢上紮着紅頭繩，越發顯得美麗動人。

「這不是黑妞兒嗎？」她的心噗噗跳起來：「她來這裏幹什麼？」

黑妞兒停住脚步，似乎向老毛詢問什麼事情。忽然兩人鬧翻了臉，黑妞兒連推帶拉將老毛拽到牆角。老毛怎肯示弱，突然從腰間掏出一把明晃晃的匕首，慢慢向黑妞兒身前挪動，當兩人相距僅五步左右，老毛忽然握着匕首直向黑妞撲過去，正在千鈞一髮之間，黑妞兒的身子一偏，右脚騰地而起，只聽得噹啷一聲，她把對方手中的匕首踢落在磚地上。那流氓剛要彎身去拾匕首，不料黑妞兒來了一個掃襠腿，把他踢翻在地，那一包鈔票掉出來了。吳純青歡喜若狂，依然站在那兒不動。

黑妞兒撿起流氓的匕首，以及那一包剛帶走的鈔票。低頭用脚踢了老毛兩下，老毛却賴在地上不起來。黑妞兒轉過身去，一陣風似地颳出了廟門。

「這姑娘眞是好樣的！」

吳純青讚賞着黑妞兒，慢慢走下了土坡，進了邊門，懷着緊張的心情走出火神廟。

「去黑妞兒家吃狗肉，還是回學校去？」她想起躺在廟內的老毛，心裏禁不住噗噗直跳。她瞭解人的後腦勺的部位叫作延腦，是非常脆弱的。如果人摔在地上傷及延腦，輕則引起腦震盪，重則可以致死。那個流氓摔在地上已過了兩三分鐘，仍然不動，莫非出了問題？吳純青越想越怕，迎面走來一輛空車，她一擺手，跨上黃包車，匆匆地趕回了學校。

晚上，黑妞兒冒着風雪給她送狗肉，黑妞兒把提盒往桌上一放，從背上的一個黑色布包拿出一包鈔票，微笑着說：「三萬塊錢，我一動也沒動。妳收下吧。」

這是多麼讓吳純青感動啊！她熱淚盈眶，抓住黑妞兒凍得冰冷的手，埋怨着說：「妳送狗肉來作什麼?」

「吳大姐，妳這個人不守信用。」黑妞兒說着用手捂住了嘴，哧地一笑：「妳爲啥不來，害得俺爺倆等妳老半天!」

「我有什麼心情去吃狗肉?」她壓低了聲音對黑妞兒說：「妳的掃襠腿可眞厲害，那傢伙八成被妳摔成腦震盪，一命嗚呼了!」

「嗚呼了更好，省得他找俺報仇。」黑妞兒蕭灑地說。

「這件事千萬別聲揚出去。好在誰也不知道。若是給另外那個流氓知道了，那可麻煩啦。」吳純青叮囑着說。

「不會的，妳放心。」

「春英，」吳純青握住她的手，從紙包取出五千塊錢塞給了她：「這是我的一點心意，妳收下吧。」

黑妞兒輕輕一推，却將她推了一個趔趄，差一點摔倒地上。「妳這是幹啥?」

「妳不拿着，我於心不忍啊!」吳純青解釋着說。

「別講這些周吳鄭王的話了，俺要是拿個蹦子兒，俺同去買藥吃!」黑妞兒把鈔票往桌上一放，就向外走：「狗肉冷了可不能吃喲，吃了拉肚子可別賴人!」

吳純青想去送她，黑妞兒身輕如燕，早已蹬着自行車跑遠了……

第二十四章

雪停了，街頭巷尾到處都有流水，那是溶化後的雪水，匯集成了一道道的小河。白茫茫的陽光照耀着小城，城內的楊樹、槐樹開始吐出了嫩芽。那些終日深躲在房裏的老年人，如今也走到向陽的屋簷底下，聽鳥聲啁啾，聽孩子們天眞的歌唱——

「可愛的春天到，
草如茵，花含笑，
楊柳飄搖。
蝴蝶樂舞蹈，
黃鶯試音調，
春天多麼好。」

但是，吳純青的心裏却沒有春的氣息。春天似乎離她遠遠的。自從報紙上發表了火神廟的兇殺案，謠言像柳絮隨風飄揚到每一個角落。有的說，死者是內山次郎手下的特務，他一定是被重慶份子暗殺的；有的說，死者和運河沿的一位戲班花旦有染，他可能是被花旦的情夫派人幹掉的；還有的說，死者生前橫行霸道，得罪了江湖上的高手，他是被人點穴致死的……在那荒亂的年月，死去一個人像死掉一隻狗，轉眼間便被人們遺忘了。然而，從老毛死後，吳純青像掉了魂似的，心神恍惚不安。那個活着的「醉漢」並未來校找過她，她也沒有接到找麻煩的電話，但是她却感到精神上的無形壓力。白天校務繁忙，不覺什麼，到了晚上，當她倒在床上時，那個「殺猪的」躺在地上慘死的灰白的臉、暴突的眼珠，以及嘴角流出來的血絲與唾涎，便栩栩如生地展現在她的眼前。有時，她竟然嚇得從床上爬起來，點了煤油燈，坐在桌前發呆，直等到睏得實在睜不開眼睛時，才捻熄了油燈，回到床上去睡覺。這種精神上的折磨，日久天長，她變得面黃肌瘦，只有兩隻烱烱的大眼睛，越顯得突出而美麗了。

有一天，尹壽亭對她說：「妳最近怎麼瘦了？是不是有病？妳應該去醫院檢查一下才好。」

「沒什麼，胃口不好。」吳純青淡淡地笑着說。

任何人也猜不出她的心事，甚至總務組的林承山組長，也不知道。「火神廟事件」過了三天，吳純青便將那三萬一千元還給了林承山，當時林承山還執拗地說：「校長，您何必自己掏腰包墊呢？等過些日子，我想辦法以其他的名目報銷。」

「不要這樣做，咱們千萬別作違法的事情。」吳純青認眞地說。

「可是這筆錢是流氓敲詐的，您不能白墊出來呀！」

「小聲點！」她警告林承山，神經兮兮地說：「以後別再提這件事啦。林組長，你知道嗎？我心裏煩得要命，這年頭兒錢算什麼？有人就有錢，……破財免災……」

吳純青非常苦悶，她像一隻蠶似的把自己封閉在不見天日的繭裏。她怕聽到死亡、凶殺、流氓，以及火神廟之類的名詞，聽了她即毛骨悚然，呼吸緊促，好像吃錯了藥中毒一樣。如今，她是多麼盼望有人來安慰她啊！

週末，黑妞騎着自行車來看她，見她面黃肌瘦，精神恍惚，問她得了什麼病？她搖頭說：「沒有病」；黑妞追問她有什麼心事？起初她還裝聾作啞，一問三不知，禁不住黑妞的盤問，最後她便將如何碰上那個「醉漢」，以及親眼看見黑妞把老毛打翻在地、一命嗚呼的經過講了一遍。黑妞瞪着兩隻水汪汪的眼珠，聽得如醉如癡，終於板起臉孔、皺着眉頭說：「吳大姐，妳這個病可不輕啊！」

「怎麼，妳想嚇唬我？」

「吳大姐，妳是有學問的人，能不能聽俺的意見？」

「當然聽。」

「妳是眞聽，還是假聽？」

「眞聽。」

「吳大姐，妳掉了魂啦。那天晚上在清眞舘吃餃子，妳就嚇掉了魂兒，妳要是再拖延下去，那可麻煩啦。」

「怎麼辦呢？」

「今天晚上六點半，咱倆在清眞舘碰頭。還是坐在樓上的老座位。妳甭管，俺幫妳把魂兒召回來。」

黑妞走後，吳純靑有些懊悔，既然自己不相信這些鬼話，何必答應人家去淸眞舘吃飯？是的，她總覺得精神恍惚不安，神不守舍，彷彿是一根隨波逐流的萍草一般。她曾思索過這個問題，這不是知識份子所稱的精神苦悶，而是長期地在敵人佔領下的精神面貌；這正如同終年看不到陽光的土撥鼠，牠不能睜開眼睛去見天日，只是畏縮在黑暗的地層下，嗅着那潮濕而陰霉的泥土氣息，守候着那漫長的冬天……吳純靑想：「要想治療自己的精神恍惚症，只有早日打倒日本帝國主義，讓中國人民早一天見到陽光！」

晚上，吳純靑準時到達淸眞舘，她剛上樓，便發現裏頭坐了七八個僞治安軍，瞪着眼睛、咧着嘴巴，像一羣虎狼似地監視坐在樓角的黑妞兒。

「又來了一個。」有隻野狼低聲說。

「這個長得不賴，他奶奶的，俺定下啦！」另一隻老虎在咆哮。

笑聲，震得樓房搖搖欲墜。

吳純靑的心噗噗直跳。她懷着敢怒而不敢言的心情，默聲地走近黑妞的桌前。十幾隻貪婪的眼睛宛如向日葵追逐着太陽，最後他們的頭都擺向了吳純青的面孔。

「乖乖，光這幾步走，就把俺底下的玩意兒搖起來啦！」一個酒糟鼻子低聲嘀咕。

「滾你媽的，沒用的貨！」另一個罵着他。

「我說，這個娘們兒長得眞像周璇。」一個讚揚着吳純青說。

「你睜大了牛眼看清楚，她比周璇高半頭，也比周璇胖啊。」坐在他身旁的那個兵，叼着菸捲眯着眼睛說。

「別吵！俺豁上一個月的餉包，俺今天晚上不回營盤啦！」

笑聲，像一陣暴風驟雨，把這座小樓幾乎壓垮了！

吳純青皺着眉頭，坐在黑妞的對面，埋怨着說：「妳怎麼早不請客、晚不請客，偏偏挑了這麼一個黃道吉日請我吃飯？」

黑妞不作聲，只是眼睛一直在霎巴。她好像也氣得說不出話來了。

伙計慌忙走近桌前，陪着笑臉低聲說：「對不起。您二位叫點啥？」

「四十個餃子。」吳純青說着看了黑妞一眼：「够了吧？」

「餃子等一會兒下鍋。」黑妞向伙計說：「先燙一壺酒，切一小盤醬牛肉。」

「妳還喝酒？」吳純青向她擠擠眼，那意思說這兒坐着一羣虎狼，喝酒是多麼危險的事？但是，黑妞却向伙計揮揮手：「快去燙酒吧！」

伙計走後，黑妞輕聲對吳純青說：「俺本來想把王蓉約了來一塊兒吃，俺怕妳不同意，沒敢作主。吳大姐，妳儘管敞開心胸，什麼也不怕，什麼也不想，陪着俺喝酒、吃菜，妳的……病就會馬上好啦。」

「春英，」她的兩臂橫擺在桌沿上，把身子向前傾，爲的是低聲和對方說話：「這些傢伙，吵的翻天，妳怎麼能治好我的病？」

「妳裝聾子不行嘛！」黑妞瞪圓了眼睛，嘿嘿笑了起來，露出來一排潔白的貝齒。

「嘿嘿，你瞧人家笑得像娘娘似的，俺是萬歲，哈哈！」酒糟鼻子這麼一吆喝，又引起一陣排山倒海般地笑聲。

「喂，花和尚！你他娘的少出洋相。你撒一泡尿照照你那個鼻子，够當皇上的料嗎？」一個河北口音的兵，老氣橫秋地罵着，眼睛却一直斜睨着黑妞兒。

「好、好，俺不够料您够料行了吧？誰不知道您是全團的電影小生，您比白雲還漂亮十倍！」「花和尚」激昂地說着，他的酒糟鼻子更顯得閃亮泛紅了。

「什麼，你說我是電影明星白雲？」那個四十多歲的紀副班長得意洋洋地端起酒盅，走近了「花和尚」，向對方敬酒。

其他的兵有的吼叫，有的鼓掌：

「乾杯！」

「兩個人一塊兒乾！」

「誰不乾杯誰是孬種！」

「人家來敬你酒！你怎麼不站起來？」

「花和尚」賴在椅子上，根本不理他。因此紀副班長端着酒盅愣在那裏，走也不是，不走也不是。偏是旁邊的幾個虎狠一直窮吼亂叫，更使他的面子磨不開。眼看着一場天崩地裂的搏鬥即將展開了……

吳純青的心劇烈地跳躍着。

黑妞兒冷靜地凝望着她敬愛的吳大姐的面孔，但見一忽兒紅、一忽兒白。黑妞嘴裏唸唸有詞，誰也不知她嘟嚕些什麼。忽然，吳純青的臉擺過來，向黑妞兒求助似地說：「咱們走吧！」

「吳大姐，妳忍着點，一會兒酒就端來了。」

「不，這種場合怎麼能喝酒？」她的嘴唇發抖，而且沒有血色，好像剛從寒冷的河水中爬出來一樣。

黑妞兒充耳不聞地笑着。這時那兩個僞治安軍的兵扭打起來。伙計慌慌張張端着酒菜走近桌前，把一碟滷牛肉、一壺熱酒、兩隻酒盅、兩副碟筷擺在桌上。黑妞兒拿起酒壺，斟滿了兩盅酒，然後舉起酒盅：「吳大姐，咱們乾杯！」

兩個山狠把紀副班長拉回原座，「花和尚」依舊氣咻咻地駡着：「操你娘，昨兒俺準是摸了尼姑的屄啦，碰上了掃把星！」

「摸你奶奶的屄！」紀副班長吼起來，一蹦兩尺高，震得吳純青杯中的酒灑了不少。「來，咱們乾了這盅！」黑妞兒揚起酒盅，喝了個底兒朝天，她齜牙笑了

吳純青的心噗噗直跳。她望着黑妞兒的蕭洒神情，旣吃驚、又佩服。她暗自遐想：「爲什麼黑妞兒不害怕他們？難道她吃了豹子胆、老虎心？難道她不是一個女人？……」

坐在她們旁邊的「花和尚」，嘻皮笑臉的跟同事猜拳、喝酒、講着葷笑話。有時他還故意的瞟上吳純青一眼，看看對方有什麼反應。當他發現她們依然低着頭喝酒聊天時，他得意地唱起來了：

「一更寒風吹透窗櫺，
落了水的那些小妓女們，
暗自傷情。
淚珠點點濕透衣襟。
噯咳喲，烟花債何日還淸？
手扶樓門眼望空，
面對着月光爺長嘆了一聲，
小奴家前世罪孽不輕。……」

「花和尚」剛唱完，掌聲、奇腔怪調的喊好聲，幾乎把樓頂掀起來了。那「花和尚」更得意起來，酒糟鼻子更泛紅了。

「再來一個！」

「歡迎，花和尚露一鼻子！」

正當那些僞治安軍吵嚷時，紀副班長忽然站起來，他揚起兩隻胳臂，朝下揮了幾下，於是房內的虎狼頓時靜了下來。他大聲說：「我有一個建議，咱們開同樂會，不應該光男爺們唱，人家小姐也有資格參加表演哪！」

「對！對！歡迎！」大家又窮吼亂叫成一片。

「請花和尚跟小姐合唱『打麵缸』，大家贊成不贊成？」

「贊成！」

「花和尚」摸着光頭，當眞的站起來，臉紅脖子粗的走向吳純青的桌前，輕聲喚着：

「大小姐！」

屋內的人笑成一團。

吳純青低頭吃滷菜，裝作沒聽見。黑妞抬起了頭，瞪起烏溜溜的大眼睛，似笑非笑、似怒非怒地問：「你有什麼事兒？」

「啥事兒？剛才妳沒聽見啊？」他回頭向大伙兒瞅了一眼，他們都大笑起來。「有人提議咱們合唱『打麵缸』，妳們倆誰唱呢？」

「俺倆都不會唱。」黑妞冷笑着說。

「唱『紡棉花』會不會？」「花和尚」抓了一下腦袋，繼續地問。

「不會。」黑妞喝盡了杯中酒。

「『小放牛』可以了吧？」

「也不行。」

「花和尚」聳了聳肩膀，用右手指習慣地摸摸酒糟鼻梁，轉身走回自己的座位，一面嘟嚕着說：「妳這也不會，那也不會，妳總得會一樣吧？」

屋裏的男人哈哈大笑起來！

「不會不行！」有的吼着。

「不會也得會，媽的！」有的在罵。

「跑遍了津浦線，俺還沒碰上過這麼厲害的娘們！」這是紀副班長發出的聲音。

「不會，他娘的硬上！」有人挑逗着說。

「花和尚，上啊！怕個屌？」有人吼起來。

「花和尚」的臉泛紅，酒糟鼻上的每一顆毛孔，也都閃耀着紅彤彤的光彩。他站了起來，向樓頂上的那盞六十支光電燈泡瞄了一眼，眼睛霎巴了兩下。這時伙計端着熱騰騰的餃子從他身旁閃過去，走到黑妞桌前：「餃子四十，到齊啦！」

「端走！」他吼了一聲，吓得伙計向後退了兩步。一盤餃子已擱在桌上，另一盤還在他的手上。

「放下。」黑妞對伙計說：「你怕什麼？吃了又不是不給錢？」

那伙計機警地瞅了「花和尚」一眼，帶着微笑：「老總，幫幫忙，俺給您作揖啦！」伙計放下那盤餃子，悄悄下了樓。這時「花和尚」走到她們桌前，冷笑着說：「先別吃，等咱們唱完再吃！」

黑妞撂下筷子，抬頭問道：「俺不會唱。表演別的節目行不行？」

「妳——」吳純青焦急地喊着。

樓上的七、八個「治安軍」齊聲叫好。

「妳想跟俺表演啥節目？小妮！」「花和尚」抽了兩口菸，問她。

黑妞兒一拍桌子，驀然站了起來：「摔跤，你敢嗎？」

「花和尚」頓時退後了兩步。酒糟鼻子上的泛紅的毛孔，好像驟然停了電似的，由紅變白，恰似牌九中的「天牌」換成了「虎頭」，黯然無光。坐在對面的吳純青瞪大了眼，審視着怒氣冲冲的黑妞兒，她如今却毫不懼怕，面不變色心不跳，只是用眼神監視着「花和尚」的行動，如果對方一動手，她決心將桌上的那盤熱騰騰的牛肉餃子，劈頭蓋臉向「花和尚」扔過去！

樓上的這些虎狼鼓譟起來：

「花和尚，你孬種啦？你別給咱治安軍第九團丟人現眼！」

「捽呀，你一個當兵喫糧的屌男人，怕一個黃毛丫頭嘛?!」

「花和尚，你闖蕩江湖二十年，莫非陰溝裏翻了船?!」

但是，「花和尚」並不動手，他竟然像一隻鬥敗的公鷄，縮頭縮腦走回去，坐下挾起一個餃子塡在嘴裏。旁邊的兵士都笑起來。黑妞兒見對方回到原位，她也慢慢坐下去，拿起筷子，挾着餃子說：「趁熱吃吧，黏糊了就挾不起來了。吳大姐，實話告訴俺，妳沒害怕吧？」

吳純靑誠懇地搖着頭，悄聲細語地說：「眞奇怪，我現在一點兒也不害怕了。剛才，我還想端起餃子砸那個王八蛋呢！」

「眞的?!」黑妞兒咧開了嘴，眼珠裏閃耀着興奮的淚花。「妳眞是這麼想嗎？」

「誰要騙妳，誰是這個。」她用手在桌面上作了一個「烏龜爬」的動作。

「吳大姐，妳的魂兒回來啦。」黑妞兒高興地擧起酒盅，和吳純靑碰了杯，一飮而盡。

她們吃罷了餃子，黑妞兒喚伙計算帳。伙計帶着歉意向她說：「剛才那位老總替妳們付過了。」

「什麼？」黑妞兒的眼睛一瞪：「你憑什麼收下？」

那伙計連忙向她賠罪。吳純靑爽快地站起來，勸導黑妞兒說：「旣然他們付了，咱們就謝啦。」

她倆在那七、八個僞治軍的監視下，穿上外套，走向樓梯口。忽然從身後竄出一個漢子，跳到樓梯口攔住去路。吳純青定睛看時，原來是「花和尙」，她厲聲問道：「你這是什麼意思？」

「一點壞意也沒有。」對方嘻皮笑臉地說。

「你想怎麼辦，你說吧。」黑妞兒扶着欄杆，和風細雨地問着。

「小姐，俺替你們倆付了酒錢，妳們就一抹嘴想走，這未免太那個了吧！」「花和尙」一張嘴，露出兩排大黃牙，散發出一股難聞的酒氣。

「你想怎麼樣？」黑妞兒一歪頭，將吳純青拉在旁邊，怕她吃虧。

「俺想跟妳們作個朋友。嘿嘿，妳要是要錢，妳就張嘴，反正治安軍公買公賣，俺既不想當寃大頭，也不想沾光，就比照頭等窰子的價錢吧！」

這個「花和尙」的話音剛落地，屋裏掀起一片人仰馬翻的狂笑聲。正在這混亂的刹那，黑妞兒一個老鷹展翅的動作，猛然撲向了「花和尙」，兩人連滾帶滑地下了樓。吳純青跟着跑下樓梯。

「妳去對面等我！」黑妞兒悄聲囑咐她。

吳純青一面向外走，一面回頭看黑妞兒。這時「花和尙」從地上掙扎而起，舉起拳頭要打，却被黑妞兒揚起鐵沙掌，左右兩弓，劈啪兩下揍得那傢伙翻倒在地，嘴裏吐出一股鮮紅的血……

她跑了出去。剛跑到對面，聽得淸眞舘樓上傳出哨子的聲音。

「趕快！」她喊着，這時黑妞兒大搖大擺走過來，嘴裏喘着氣：「向東走，走胡同。」

她們進了胡同，走不多遠，又繞進一條小胡同去。後面的街市聲，逐漸拉遠了。吳純青這才問她：「那傢伙死了沒有？」

「差不多了。」黑妞兒帶着遺憾的口吻：「俺本來想多撂倒幾個，一來他們有人帶着盒子槍；二來俺想來想去，不值得跟他們拚命。」

「是啊，他們當漢奸，混碗飯吃，也怪可憐的。」吳純青說。

她們在胡同中東走西撞，摸索了一個多鐘頭，才到了縣東大街。兩人便分別雇了黃包車回去。

「花和尚」被毆打重傷的消息，雖然日僞機關封鎖新聞，但不久却傳遍了縣城的大街小巷，許多民衆都以幸災樂禍的心情，談論着這件新聞。

吳純青爲了躲避日僞特務的追蹤，從發生這件事之後，她一直深居簡出，整天躲在學校裏。她從王蓉那兒得知黑妞和她父親已經悄悄離開縣城，不知飄泊到那兒去了。爲了嚴守其中秘密，她並沒有將黑妞毆傷「花和尚」的內幕告訴王蓉。

這天上午，吳純青接到一個奇怪的電話，對方的聲音似乎很熟悉，但她一時却想不起是誰。

「好久不見了。有點事想痲煩您。」對方這樣說。

「有什麼指教？請說吧。」

「這個星期天下午兩點鐘，請您過來談談怎麼樣？」

「什麼地方？」

「運河街二附一號。」

「您貴姓？」

「我是老錢，見面您就認識我啦。」

「啊？！」吳純青爲之一震，她忽然想起來了：「這不是那個勒索過我的『醉漢』的聲音嗎？」

「吳校長，您別忘了是這個星期天——二十五號。」對方再度叮囑着。

「有什麼重要的事情？」她試探着問。

「您準時來好了。我特別要告訴您，注意保密，這件事任何人都不能洩漏出去，當然您也不能例外。」「醉漢」說完便掛斷了電話。

這個電話給吳純青帶來了極大的困擾與不安，她知道「醉漢」找她去談話。八成是調查老毛在火神廟暴斃的事情。若是對方盤問她，她就堅決回答不知道此事。即使對方使用任何逼供的方法，她抱定了寧死不招的決心。有了這種心理上的準備，她便不再感到憂鬱不安了。

星期天早晨，天氣非常晴朗，她站在窗前，凝望着清靜的校園中，一羣鳥雀快樂地在樹梢追逐、啁啾。想起下午要去運河沿赴約會，心裏頓時蒙上一層陰影。時間，彷彿是一泓快要乾涸的湖水，她覺得連呼吸也不甚順暢，幾乎有些窒息之感。好不容易挨到午飯時間，她走進飯廳，舀了一碗飯湯，拿了一個饅頭，便坐在飯桌前慢慢吃着。桌上是一盤炒黃豆芽、一碟鹹菜，她和四個教職員編在一桌，今天是星期日，別人都回家度假，只剩下她一個人冷清地吃飯。她看到那些住校學生吃飯的歡樂情景，不禁湧出無限地羨慕心情。那多半都是農村的孩子，他們比城市孩子純樸、健壯。

「過來幾個陪我吃。來呀。」每當她一個人吃飯時，她總是臨時找幾個學生陪她同桌吃飯。今天，她又找了四個男生、兩個女生，桌面上洋溢着一片歡騰的空氣。

吳純青吃罷午餐，回到宿舍洗過了臉，換上出門的衣服，便匆匆地走了出去。到了校門，她才想起一件要緊的事，萬一姓錢的「醉漢」勒索她，她不能身上不帶點錢哪。前兩天，她還曾想起這個問題，她準備先向總務組林組長借一萬元，以作應急之需。可是不知什麼緣故，她却一直沒向林承山提起此事。吳純青返回宿舍，打開皮箱，把她珍藏的一個金鐲找了出來，塞進皮包，她在校門攔住一輛黃包車，便去了運河口，她下了車，看看手錶才一點十分，禁不住哧地一聲笑了！

距離約會的時間還有五十分鐘，她怎麼打發這段時間呢？吳純青沿着運河堤岸的平民市場散步。自從春節以來，這兒的生意還算熱鬧，唱小戲的、套圈兒的、拉洋片的，最近還增添了一個放映無聲電影的棚子，吸引了不少年輕人。她慢慢地邊看邊走，走到過去黑妞父女賣藝的場子，空空如也，她心裏泛起了無限的惆悵心情，耳邊似乎聽到余四海的粗濁而憨厚的聲音：「各位鄉親父老，您慢點走！讓俺爺兒倆伺候您一套少林劍！……有錢幫個錢場，沒錢幫個人場；沒有君子養不活藝人……」迎面刮來一陣春風，把堤岸的塵土吹揚起來，她急忙掏出手帕搗住鼻孔。心想：「黑妞兒啊，是我害得妳爺兒倆沒法在這裏混生活，我眞是對不住妳啊！」

吳純青走到一座豆腐作坊前，看了一下門牌，一百多號，這才緊張起來。她問那位正在磨黃豆的老頭兒：「大爺，這二號在什麼地方？」老頭停下工作，霎巴着眼睛說：「啊，那可不近哩。俺記得師範學校是三十多號，二號可能在亂葬崗附近呢！」

她掉頭向囘走，看看手錶，一點二十五分，心裏有些發慌，從豆腐作坊到師範學校尚有半里多路，而且路旁擺滿了攤販，又是星期天，往來的行人車輛格外擁擠，你想半個鐘頭怎能趕得到呢？吳純青索性僱了一輛黃包車，那車夫爲了加速趕路一路猛按喇叭，那嗚哇嗚哇的聲音，挨了不少過路人的白眼，有的甚至還罵起來：「俺以爲縣長過路呢，鬧了半天車上坐的是個小娘們！」吳純青心中暗自好笑，想道：「我今年眞算出盡洋相啦。」

黃包車越過師範學校，才一點五十分，吳純青如今總算輕鬆下來。車夫抄着車把，邊跑邊注意路旁的門牌號碼，因爲隔上老遠，才有一兩戶破舊的房子。好容易拉到門牌二號的門前，那車夫喘吁吁地放下車把，從吳純青手中接過一張鈔票，拉起車子往囘走了。

吳純青走到二號的門前，發現大門虛掩，並沒有人，她向裏探頭一望，只見廳內停放着兩口棺材，她急忙縮了回來，暗自吃了一驚。「這是棺材店還是殯儀舘？」她繼續向前尋找「附一號」到底在那兒？走了約莫五分鐘，路旁有一個破落的庭院，好像是一座尼姑庵。走到門前去看門牌，果然是二附一號！她興奮地走了進去，庭院內空曠無人，兩旁的窗門緊閉，連一點聲音也聽不到。她站在一株老槐樹下，凝望樹枝上掛着一個鳥籠，籠內有兩隻金絲雀正在啼喚，她想：「這是哪一個閒情雅致的人，來這個鬼地方散步、溜鳥？」正想往回走時，忽聽得假山後面走出一個五十開外的老婦人，背着破蔴袋，慢慢從她身旁走過去。

「大嫂，請問妳，這——」

那老婦聽到吳純青召喚，慢慢轉回頭來。這時吳純青繼續地問：「請問這裏是運河街二號附一嗎？」

那老婦歪着腦袋聽話，好像耳朵有點背。她吃力地說：「妳找誰？」

「老錢。」

「妳找老錢？」老婦向前走了兩步，向她渾身上下打量了一眼：「他約妳幾點鐘見面？」

「兩點。」

「走吧！」那老婦背着蔴袋，一晃一晃地走出院門，回頭瞅了吳純青一眼，喊道：「走這邊兒！」

第二十五章

這位背破蔴袋的老婦在前面帶路，穿過一片高低不平的亂葬崗，前面有一片菜園，一個農民正在澆糞，春風迎面吹來，吳純青嗅到一股酸臭的糞便氣味。越過菜園的羊腸小徑，前邊山坡底下有一間農舍，那老婦回頭向她笑道：「吳校長，到了！」

吳純青暗自吃驚，想不到這位老婦竟然知道她是誰，可見這一定是老錢指派她來作嚮導的。她走進農舍，但見屋內早已坐滿了人，還有幾位青年婦女坐在炕頭上。老婦熱情地給吳純青搬了一把矮凳子，讓她坐在門檻旁參加開會。

一位約莫四十出頭的知識份子，留着分頭，手上拿着一個筆記本，正熱烈地講着山東的抗日時局。坐在他旁邊的老錢，不停地吸着香菸，眼角不時抬頭向門外的藍空瞟上一眼。吳純青暗想：「像他這樣的角色，作了幹部，這像話嘛?!」

這時，那個留分頭的知識份子端起桌上的一杯開水，一口氣喝了大半杯，繼續地說：

「最近『山東局』根據中共中央的指示，作了工作檢討，也各別地處置了一些犯嚴重錯誤的同志。譬如丁天鈞吧，他在敵人的監獄中表現出儒弱、失敗的本色，這是黨的最大恥辱，特別是他受了國民黨的影響，脚踏兩隻船，老是想背叛革命，我們用快刀斬亂麻的手段處決了他，這是非常正確的做法。」

這時，屋內響起了一陣掌聲。吳純青的心搖動着，她也無可奈何地隨着大伙兒鼓掌。

「同志們！近一年來，我縣的同志們，在殘酷的戰爭面前，形式主義、太平觀念、驕傲、麻木、粗枝大葉、不接近羣衆，都露出了原形。擧個事實來說，咱們的過去領導同志，一年來發展了不到五個黨員，他一天到晚跟知識份子泡在一起，組織什麼話劇社，在座的吳校長也是其中的演員，固然演了幾齣進步的話劇，但是這對團結羣衆，擁護共產黨有什麼影響？特別是有的同志麻痺大意，敵我不分，認不清當前的抗日戰爭的策略、目標。一九三九年九月，毛澤東同志說過：人不犯我，我不犯人，人若犯我，我必犯人。革命不能客氣，活埋、暗殺的鬥爭手段，咱們也得倡導，不然怎麼贏得勝利？天上不會掉下牛肉餡餅啊……」

屋裏的人們哄堂大笑起來。

這時，吳純青發現坐在她旁邊的一個青年，英俊的面孔，兩隻眼睛閃耀着信心的光芒。他的膝蓋上放着兩本書，一本是高爾基的「母親」、一本是倪霏的「風沙吟」。她知道倪霏是一個初露鋒芒的青年詩人，過去曾在上海的左翼刊物上，發表過新詩。她想：「這個喜歡文學的青年，一定是個共產黨員吧？」

忽然，那年輕人轉過頭來，向她笑了笑。她也向對方笑了笑。

那個留分頭的幹部講了一個多小時，老錢宣佈休會二十分鐘。這時有的去解手、有的吸煙聊天、有的去喝白開水，屋內洋溢着一片歡騰的氣息。那個喜歡文學的青年，轉頭向吳純青說：「最近妳很忙吧？」

「還好。」她應付着說。

「妳們好久沒演話劇了，我却覺得很可惜。」那個青年把手擱在膝蓋上，像軍人坐在操場聽講話一般。

「是啊，快半年沒演戲了。」

「老夏走了，別人不能導演？」

「這……」吳純青暗自吃驚，想不到對方竟是那麼坦率、熱情。於是，她解釋着說：「這不是小事。主要的是缺少劇本。剛才那位領導同志講的不錯，演話劇要有團結羣衆、擁護共產黨的作用才行，現在咱們不能演哪。」

那個青年偷偷笑笑，似乎有些不以爲然的樣子。

這時老錢走過來，和吳純青握手。他好像想提過去的勒索錢的事情，可是嘴巴揺動了半天，却說不出話來。最後他指着那個青年說：「吳校長，這個也是知識份子，他還是詩人哩。」

吳純青朝年輕人笑了笑。

「他叫倪霏。這個名字怪里怪氣。」老錢介紹着說。

「久仰。」吳純青高興地說：「我早就看過您的新詩，想不到在這裏和您見面。」

復會以後，老錢繼續作「當前城市工作的鬥爭」報告。他講的話方言重、前後重複，而且聲音過低，因此使吳純青聽來索然無味，只聽見一些「調查」、「跟蹤」、「窩藏」之類的名詞。

倪霏將他寫的那册詩集，送給了吳純青。吳純青十分高興，她悄悄地翻開了封面，只見扉頁上寫着：

送贈

純青小姐指正

倪霏

吳純青的心跳躍着，這是多麼值得紀念的禮物！

散會後，老錢指示大家分批結伴回去，免得引起敵人的注意。

倪霏和吳純青走出農舍，越過菜園。倪霏邊走邊勸導她趕快和韓南崗建立關係，這樣才能紮下工作上的根，然後可以慢慢茁壯成長。吳純青最不願意聽這種話，她向對方解釋說：「我對他從心眼兒裏感到討厭，你想，我怎麼願意跟他建立關係？過去，他一直死乜白賴地追求我！想讓我跟他結婚，哈哈，這是勉强的事嗎？」

後面，剛才那個留分頭作報告的知識份子，由揹麻袋的老婦陪着，從亂葬崗旁邊的岔路走過去，他們的背影漸漸遠了。吳純青好奇地問：「那位同志是誰？」

「交通員。她專門幫助黨送信、聯絡同志。她是個撿破爛的老同志啦。」

「不，我是說那個男的？」

「妳連他也不認識？」倪霏齜牙一笑：「他是咱們的縣委書記，過去他在『山東局』工作，是從延安出來的。」

太陽鑽進濃厚的雲層中去。原野上驟然顯得昏暗起來。他們走上運河的堤岸，行人稀少，偶爾有一輛人力車駛過去，車輪輾起地上的塵土，風捲塵土，使人感到茫茫煙塵，連張口說話也有些困難。

「將來勝利之後，咱們要在這裏修一條柏油馬路，讓窮人們吃不着風沙，吃的是牛肉餃子……」青年詩人倪霏激動地說着，回頭向吳純青望了一眼：「吳同志，難道妳不想讓中國人民站起來？」

「當然了，凡是中國的知識份子，都恨不得自己的國家趕快强盛起來。」

「那妳爲什麼不犧牲自己，爲黨、爲人民作出貢獻？」倪霏突然把話題扯到現實中來：「妳不喜歡韓南崗，那是妳自己的事。但是爲了黨的利益，妳應該犧牲自己的成見，跟韓南崗儘量接近，利用韓的關係，妳可以和日本顧問搭上線，這對咱們有好處啊！過去牛紀東當上新民會長，爲共產黨作了不少事，可惜他後來背叛了我們，我們才假借敵人的手，幹掉了他……」

吳純青聽得毛骨悚然，只是默聲地走着。

「妳有其他的困難嗎？」倪霏又問她。

吳純青苦笑搖頭。

走到運河口，吳純青故意說她脚痛，便想雇車先走一步。青年詩人停住脚步，低聲向她說：

「我在治安軍第九團團部當參謀，有什麼事需要我，打個電話聯絡吧。」

「倪同志！」吳純青猶豫了一下，終於說出了她心底的話：「我眞不懂，黨爲什麼幹掉丁天鈞？他確實是無辜的，他過去爲共產黨做了不少貢獻。」

「妳怎麼懷疑黨的決策？這是非常嚴重的事情。」倪霏皺着眉頭，不停地審視着她，好像一個法官在觀察犯人，因而使吳純青感到非常難受。「丁天鈞的問題，目前正在山東各地進行討論。他背叛黨已經不是一年半載了，他受了他哥哥的影響，總是想去國民黨地區，脫離我們。我是當初偵察這件事的人之一，所以我最清楚，丁天鈞的死一點也不寃枉！他一被捕，他哥哥不是就要逃走嗎？」

「什麼，他哥哥要逃走？」吳純青大吃一驚。

「妳應該知道吧？丁天銘是國民黨員。」倪霏機警地向四週的行人瞅了一眼：「丁天銘最近也被咱們處決了。」

「倪同志，我有一個問題不知道可以問麼？在抗日的大前提下，國共是合作的。但是咱們爲什麼把國民黨員看作敵人？」

「吳同志，抗日戰爭是我黨發展壯大的大好時機，凡是阻撓咱們發展的，都是我們的敵人。」倪霏冷笑着說：「國共合作，哈哈，合什麼作？笑話。過去打了十年，將來說不定還得打下去。妳應該認清楚：治安軍、新民會，甚至日本鬼子，並不是咱們眞正的敵人；咱們的眞正敵人是丁天銘、國民黨！」

她的心冷了！她故意背過臉去，跳上一輛黃包車，她向倪霏揮了一下手，隨着車子跑遠了。

「混蛋！」吳純青狠狠地罵着：「把自己同胞看作敵人，把敵人看作朋友，這算是什麼革命、抗日？！」她望着路旁的飢餓的人們，不禁熱淚滿腮。她恨不得趕快回去關上房門，痛痛快快抱頭大哭一場！

吳純青回到宿舍，接到黑妞兒從兗州寄來的信，從那笨拙幼稚的字句中，她瞭解黑妞和她父親身體好，生活也很充實愉快。那位年輕純樸的姑娘，在信中表達了她的思念之情，眞使吳純青感動。

「若不是爲了我，她怎麼會離開這裏？」吳純青想起往事，內心感到無限歉疚。她想到目前潛伏在治安軍第九團的共產黨員倪霏，如果早些認識他，可能不會發生那件鬥毆的事，而且佘家父女也不必嚇得倉卒離去。她想過兩天將這件事告訴倪霏，請他拿個主意，也許可以和平解決的。

晚上，窗外風沙漫天飛揚。吳純青坐在燈下，欣賞着倪霏的詩集「風沙吟」。這個詩集收錄的三十多首新詩，都是描寫運河兩岸山區人民的苦難生活。她一首一首的看下去，她覺得倪霏的筆觸細緻，詩意盎然，充滿了濃郁的鄉土感情。

吳純青看了「山村夜話」，不禁怦然心動，低聲朗誦起來：

月牙兒爬上屋脊，
老牛喘着氣走回家。
他餓得兩眼冒金花，
喝一口摻野菜的稀粥，
皺起眉頭說了話：
「小牛他娘啊，
為啥稀飯裏盡是沙！」
老伴睡夢裏揉開眼，
隔着窗櫺低聲罵：
「你整天替日軍砍伐樹木修碉堡，
青山變成了和尚頭。
風吹塵土滾地起，

睜不開眼睛望不到家，

你還回來幹啥！」

這首詩描寫出一幕山村農家的樸素而窮苦的景致，從老夫婦的「對話」中，傳達出中國農民的勤儉高貴的品質，以及他們對於日本侵略軍的怨恨心情。吳純青如饑似渴地看着倪霏的作品，好像嚼橄欖一樣越嚼越有味。「他是一位文學天才，了不起……」吳純青回憶他們會見時的情景，覺得既幸福而又遺憾。「爲什麼他老是鼓勵我去接近韓蘭根？奇怪。如果韓蘭根是他，我一定毫不考慮的嫁給他！」想到此處，她覺得自己的臉孔有點發燒了。

半夜時分，吳純青被一陣激烈的槍砲聲驚醒。披衣坐起來，只聽見城外的機關槍聲、迫擊砲聲響成一片。隔着窗戶，她見外面黑糊糊的一片，連一點兒燈火都沒有。近兩年來，她已聽慣了這種戰爭的聲音，因此她並不感到懼怕，唯一擔心的是學生們是否能來校上課？吳純青從暖水壺中倒出一杯水，慢慢喝着，聽窗外的槍聲一會兒緊、一會兒稀，到了最後宛如春節時的鞭炮聲，她索性倒在床上睡了。

槍砲連續地響了四、五天，戰爭對於小城的人民似乎並無影響。每天早晨尹壽亭到校，總有許多教職員圍在四週，聽他講着戰爭的見聞。他說每次出擊，僞治安軍坐上軍用卡車開出東門外，後面有一、二輛摩托車，上面插着太陽旗，那是日本憲兵，他們是監督治安軍去和國軍打仗的，誰要是在戰場上退下來，日軍就揚起指揮刀，劈呀地一聲，把治安軍的腦袋砍下來，像砍西瓜一樣。

有的人哈哈笑了！

「你見過國軍沒有？」

「沒有。」尹壽亭摘下近視眼鏡，用手帕擦拭鏡片，他的面容似乎變了不少，變得有些人幾乎不認得他了。「離東門還有二十多里，我怎麼能看見他們？我又不是千里眼！」

大家都笑了。這時有些人認爲聽不出什麼新鮮事情，便陸續地散去，只剩下幾位年輕的教職員，還戀戀不捨地圍攏在他旁邊，探聽一點有關國軍的訊息，彷彿像探聽出門的失去聯絡的親人似的，流露出眞摯與樸素的表情。

「他們說國軍的武器不行，還有漢陽造？」一個問他。

「誰說的？」老尹摘下眼鏡，那兩隻眼怪嚇人的。果然嚇得問話的那個青年音樂教員紅了臉。「漢陽造有啥關係？只要打得準就行啦。你說對不對？」

「對啊！」他們一致回答着。

「我不是說漢陽造不行。我這個人最瞧不起羊屎蛋兒外面光的人，眞的！」音樂教員繃着臉說。

年輕人都笑了。

據說攻襲縣城的是國軍一百十三師的一個營，攻打了四五天，却依然如昔，吳純靑暗自焦急，她恨不得國軍趕快攻進城來，讓小城中的這數萬男女老幼撥雲見日，重見光明！「爲什麼打不進來？」她和尹壽亭、林承山也談過這場戰爭，可是他倆也說不出道理來。

星期六的上午，槍砲聲越加緊密了。吳純青心裏非常興奮。她替高一級代了兩小時國文，在槍砲聲中講課，她覺得別有一番滋味。下了課，她拿着書回了「校長辦公室」，剛坐下喝茶，電話鈴聲響起，拿起話筒，她聽到一個青年男人的聲音：「吳校長嗎？我是倪霏。」

「倪霏？」她的心宛如波濤滾盪起來。

「還記得不？上個星期天，咱們在一塊兒……」

「記得！」她思索着適合的回答：「您的詩寫得很動人……」

倪霏在電話裏笑起來，她似乎看到他那俏皮而可愛的笑容。「哈哈，下午有事情沒有？」

「啊，您有事？」

「想約妳出來聊聊。」

「戰事這麼緊張，還有心情出去玩啊？」

「那才有詩意啊！」

吳純青也忍不住笑起來。

「下午兩點，我在公園的湖邊等妳，咱們一塊兒划船。」倪霏說。

「好吧，回頭見。」

或許由於戰爭的影響，這個週末公園內格外寧靜。雖然城外的槍聲、砲聲不停，可是公園中的鳥聲啁啾，似乎它們在歌頌這場民族的聖戰。吳純青走過一條花木扶疏的甬道，只見園內靜寂得不見人影。剛邁上一座石橋，她聽見一陣嘹亮悅耳的男高音，歌聲從柳樹的枝葉之間飄揚過來：

不禁思起我之故鄉，
兒時遊釣不能忘。
不禁思起我之故鄉，
天涯煙水勞相望。
故鄉，故鄉，我之故鄉，
往事回頭半渺茫。
窗前明月，屋角斜陽，
至今可是仍無恙？

吳純青心想：莫非這是倪霏的歌聲？她看了看手錶，兩點還差五分，她索性在橋上的石墩坐下來，繼續凝聽下去——

不禁思起我之故鄉，
家人故舊不能忘。

而今散處天各一方，

空有相思任來往。

故鄉、故鄉，我之故鄉，

何處可比故園風光。

還鄉素志，歸里願望，

夜夜惟在夢中償。

吳純青循着歌聲的方向走去。老遠，她發現湖旁的那棵老槐樹幹上拴着一匹棗紅色的馬，湖畔沒有一個人影，正在凝神中，聽見湖上飄揚起來雄壯的歌聲，她聽得如醉如癡，一面默默向前走着。

時光飛馳，

快樂青春轉眼過。

老友盡去，永離凡塵赴天國。

四顧茫茫，殘燭餘年惟寂寞。

只聽到老友殷切呼喚老黑爵。

……………

啊！吳純青終於看見了他，他正雙手划槳，從垂柳的隱蔽的湖面划出來。吳純青見他身穿軍裝，脚上是馬靴，他的軍帽甩在湖畔草地上。微風吹拂着他的頭髮，更顯得青春煥發。倪霏一面划船，又引吭高歌起來：

「啊，給我講那甜蜜的老故事，
往事難忘，往事難忘。
啊，給我唱那好聽的老歌曲，
往事難忘，不能忘。
你已歸來，我已不再悲傷，
讓我不信你背我久流浪，
我相信你愛我仍然一樣，
往事難忘，不能忘。……」

吳純青瘋狂地跑着、喊着，彷彿那歌聲是唱給她聽的。她忘記了自己是校長、少女；也忘記了對方是一名潛伏在僞軍中的共產黨員……她如今似乎更年輕了些，像初戀的姑娘去會見心愛的情郎一樣。

「倪霏，剛才你唱歌？」她跑到湖邊，見倪霏划着槳把船靠了過來，她喘着氣說。

「是啊。唱着玩的。」倪霏笑了笑，露出兩排整齊的牙齒。「上船吧？」

小船靠近湖岸，她小心翼翼地跳上小船，然後坐在船板上。倪霏用左槳把小船掉過頭去，剎那間划向了湖心。公園內靜悄悄的，如今只有他們兩個人在湖中划船。偶爾她聽到一陣陣激烈的槍聲，從遠處傳來，驚起了湖邊的兩隻鳥，牠們嘎嘎地拍着翅膀，飛向了雲天深處……

「我以爲妳不會來。」倪霏凝望着她認眞地說。

「所以你就唱歌，是不是？」

「是啊。」他幽秘地笑着，一面輕輕地划槳：「要是知道妳會來，我一定站在湖邊等妳。」

一陣涼風吹過，吳純青覺得非常舒暢，她望着岸上的垂柳說：「你爲什麼老是唱外國歌曲？」

「我也不知道。」他低下了頭，默默地回答。

「中國優美的民歌很多，你怎麼不唱？」

「妳是不是以爲我崇洋媚外？」倪霏仰起了頭，還是很認眞的樣子。

「有這麼一點想法。」

倪霏爽快地笑起來了！

那匹拴在老槐樹下的軍馬，仰起脖頸，長叱了兩聲，似乎牠在向那城外戰場上的馬羣，吐訴自己的寂寞與孤獨。

「你的歌喉很好，像你的詩一樣，很有天才。」停了一會兒，吳純青這樣讚揚着她。

「哈哈，」倪霏划着槳，苦笑着說：「我這是黃連樹下彈琵琶——苦中作樂！」

「什麼？」吳純青有些驚愕，她確實不解對方的話意。

倪霏把船划到僻靜的湖邊，向岸上瞟了一眼，便掏出手絹，擦淨了臉上的汗珠。他扶着槳，向吳純青輕聲說：「我從小喜歡唱歌，上中學的時候，我作過合唱隊隊長。如今，我看只有唱外國歌才保險。自己想唱的歌，却不敢唱，唱溜了嘴就惹麻煩。最近師範學校逮捕了十幾個學生，妳知道他們犯的什麼罪？唱『流亡三部曲』，妳說這多麼寃枉！」

「沒有什麼危險吧？」她關切地問。

「不敢說。要是韓南崗——」

「我同頭就去見他。」吳純青插嘴說：「前天我還跟他在一塊兒吃飯，要是我知道這件事，我一定托他趕快把那些學生釋放出來。」

倪霏冷冷地端望着她，嘴角流露出不自然的微笑。他故意地問：「妳前天跟韓局長在一起吃飯？」

「是啊！」吳純青撒謊說：「老韓請我在蘭心吃西餐。」

驀然遠方傳來一陣激烈的槍砲聲，打斷了他們的談話。兩隻鳥從樹叢間飛了出去。這時倪霏偏着腦袋，仔細辨聽遠方的槍聲。忽然，他笑了起來！「到了，到了，這可妙啦。」

吳純青驚愕地望着他，不知所措。於是，倪霏興奮地告訴她，昨天夜裏，八路軍一個團的兵力，連夜從石塢鎮向縣城方向行軍，準備在丁家坳攔截國軍，把他們打得人仰馬翻、措手不及；

他判斷剛才的槍砲聲，一定是八路軍和國軍打起來了！接着，倪霏幸災樂禍地說：「打得好！這樣一來，縣城不但解圍，而且八路軍還吃掉了國軍一個營，咱們眞是坐收漁翁之利啊！」

吳純青這才明白了他的話。她內心扭絞着、翻騰着，向着遠方的藍空發怔。

「妳不高興？」倪霏問着。

「啊，高興。」她應付着說。

「妳是不是覺得八路軍不應該這樣作？」對方彷彿摸透她的心思一樣，這樣逼問着她。

「沒有啊。」吳純青微笑着搖了搖頭。「不過，我是覺得……既然國共合作，就應當眞心合作，共赴國難……要不然，這場戰爭那年那月才能勝利呢！」

倪霏笑了笑，沒說什麼，他搖起了雙槳，小船開始向那寧靜的湖心駛去。在一陣激烈的槍砲聲過後，湖面的空氣宛似凝凍了一樣。倪霏停止了划槳，輕聲地說：「如果不趁着這個機會，打擊國軍，擴充我軍力量，咱們怎麼能够壯大起來？吳同志，今天我要向妳恭賀，黨已經批准妳是共產黨員了！這是妳的光榮！……」

「啊，是嘛？」她的心震動了一下。

「旣然作了共產黨員，妳首先應該爲黨犧牲自己。」倪霏認眞地說。

「難道叫我死？」她故意說這種笑話。

「不，黨叫妳活下去，快快樂樂活下去！從明天起，妳要盡量去接近韓局長，最好和他同居、或是結婚。妳知道不，他可能明年就調升縣長，如果妳把韓南崗爭取過來，那對於黨有很大的幫助啊！」

吳純青默聲地聽着，並不作聲。

「這是黨對妳的工作考驗，妳可不能當耳邊風。吳同志，我還得告訴妳：我們的同志，散佈在每個角落，蘭心西餐館也不例外。剛才妳說前天韓局長請妳在蘭心吃飯，妳是說謊！前天，韓南崗開了一整天的會，晚上他在日軍俱樂部吃飯。前天，治安軍在蘭心西餐館招待鈴木少將，停止對外營業，妳剛才的話還嚇了我一跳呢！」倪霏說着當眞笑起來了。

吳純青嘴上在笑，心裏却像湖水一般激盪著。

遠方的槍聲響成一團，他倆都不作聲了。隔了很久，吳純青才冷冷地說：「不早了，我們該囘去吧！」

第二十六章

城外的槍砲聲音漸漸停歇下來，天氣也隨着暖和了。吳純青自從划船回來，便把自己深鎖在屋裡，甚至教育局邀她開會，她也推辭有事託尹壽亭代理。對於現實的環境，她完全絕望了。她總感到自己像被關在一間鐵屋子裡，白天工作忙碌不覺什麼，但是到了夜闌人靜時，她便覺得呼吸不太順暢，恨不得立刻衝出宿舍，站在空曠的操場上，伸開兩臂，盡力呼吸那沁涼的含着露珠的空氣，然後大叫一聲：

「自由萬歲！」

每逢晴空萬里的天氣，陽光便曝晒着苦難的小城。人們像螞蟻出窩般地走動着。每一張焦黃而缺乏營養的面孔，都帶着憂鬱的恐懼的神情。偶爾一輛軍用大卡車駛過，立刻騰揚起一片茫茫的沙土，隨風飄盪；然後沙土落在滾沸的牛肉湯鍋裡、小米粥碗裡，落在窮人的破爛衣服上……

從圍城的戰爭結束以後，小城成了一座避風港，那些飢餓的農民携兒帶女，挑着籮筐、推着小草，你追我趕地擁向縣城。他們在運河沿的僻靜地方，用草蓆搭起了窩篷，住在那裏。年輕力壯的出去賣苦力，捨下婦女孩子便沿街要飯，「行行好吧，俺那善心的老爺太太！」那悠長的淒涼的喚聲，給小城更籠罩了世紀末日來臨的陰影……

運河沿的市場更擁擠了。賣吃食的、玩把戲的、唱戲曲的、說相聲的，以及難民乞丐的吆喝聲，眞像開了鍋的粥廠一般熱鬧。

吳純靑正走着，發現前面運河灘上圍了一堆人，有的還指手劃脚叫嚷。「什麼事？一定有人餓死了。」她想起最近從報紙上看到的，從同事和學生那兒聽到的，運河沿附近時常發現餓死的難民屍體。她也是基於同情心才到這兒來的。她擠進人羣走近一看，不禁吃了一驚！在一位餓死的老大娘身前，坐着一個傻頭傻腦的男孩，從他的眼睛、容貌看來，這不就是李大娘的愛哭的小孫子嘛！吳純靑走近兩步，彎下了腰，輕聲問道：「你叫什麼？」

「不知道。」孩子懷着敵意瞪着她說。

「你不認得我了？你忘了，我住在你們家對門。我是吳阿姨。」

孩子的眼睛烏溜溜直轉，可能想不起來了。

吳純靑向前移動兩步，仔細辨認那屍首的容貌，她不禁熱淚奪眶而出。是的，那確實是李大娘，她曾經替這位苦命的母親寫過信，也曾聽過她在暗夜哼的兒歌，如今她的身前放着幾個窩頭、兩個饃饃（這一定是善心的人送給她的），然而她已停止了呼吸，永遠不能吃東西了。

「怎麼辦？這位李大娘——」吳純青焦灼地向着四週的人羣嚷着。

人們面面相覷，誰也不吭聲。不久，有一個中年漢子對吳純青說：「等公安局來了人，他們會派人收屍，咱們不能過問這碼事兒，聽說日本人要消毒，怕傳染什麼病。」

「這孩子怎麼辦？」她指着坐在屍首旁的小孩問。

「孩子？」那漢子兩手插着褲袋，忍不住想笑。「孩子送去孤兒院，用不着咱們操心！」

吳純青默聲地從身上掏出一叠鈔票，塞給那個愛哭的孩子，然後她懷着沉重的心情走了。

一陣風吹過，運河沿上飛揚起一片茫茫的塵土，她幾乎不能睜眼。她想起國軍攻城以前，她曾和倪霏在這兒散步。那個詩人還激昂地說，等勝利以後，他要在運河沿修築一條柏油馬路，讓窮人吃不着風沙，吃的是牛肉餃子……

「騙子！」她心裡暗自駡着：「像你們這號的人物爲了擴充力量，不惜向敵人作揖、磕頭、溜腚鉤子！你怎麼會有杜甫那樣偉大的胸懷？」

吳純青在那熙來攘往的運河沿上走着，逢到假日，這兒格外擁擠，像趕集一樣。那一陣陣的嘈雜聲浪，在人羣中翻滾着；她彷彿聽到一個熟悉的婦女的聲音，從那喧囂的浪尖中湧泛出來。

小吧狗，帶鈴鐺

希里嘩拉到集上。

買包子，喝辣湯，

那裡吃？河沿上，

誰看見？老和尚。

想起那位餓死的李大娘，吳純青的心宛如刀割般地難受。可憐的李大娘吃糠咽菜、作牛作馬，把兒孫拉拔長大，而自己却像土撥鼠一樣僵死在運河灘上。當她回學校的途上，突然下了決心，她要請一週事假回吳村。在這兵荒馬亂的年月，她不知道父親最近過得怎麼樣？想起那凄涼而落寞的老屋，她的眼淚不禁奪眶而出了。

吳純青請事假的報告單，送到了縣教育局，拖了五、六天，還沒消息。吳純青暗自納悶，難道請幾天假回家探親還刁難我？她託尹壽亭去教育局查問這件事。老尹回來，氣咻咻地把皮包往茶几上一扔，瞪着眼睛說：「這像什麼話？報告單送上去五、六天，到現在還擺在人事科的桌上，根本置之不理。剛才，我狠狠地刮了他們兩句！」

「現在怎麼辦？」吳純青問他。

「人事科剛報上，聽說希望不太大。」

「什麼理由呢？」

「這還用問嘛，他們一口咬定吳村目前有八路軍，所以不能准妳回吳村探親。」尹壽亭氣憤地說。

這時悶坐了半晌的總務組長林承山插嘴說：「校長，您也太老實啦，您爲什麼請假要回吳村探親？您說去濟南參加親戚的婚禮，去濟寧看望二大爺，隨您編排任何一個理由，他們也不能無故刁難您呀！偏偏您請假回吳村，那是一個讓人觸目驚心的地方啊！」

吳純青聽了恍然大悟。尹壽亭的臉色也喏地變白，他囁嚅着說：「對呀！我當初就沒想到這個問題。怪不得人事科的那個科員，朝我吹鬍子瞪眼哩。」

他們商量了一下，決定請林承山向教育局托人情，催促請假單早日批覆下來。林承山到了教育局，打聽了一下情況，才知道事情並不那麼簡單。原來教育局方面對吳純青的印象不好，因爲他逢年過節，從來不向局裏送禮，而且平常局裏開會，她總是派尹壽亭去代理，所以教育局的每個員工都批評吳校長「目中無人，過分驕傲」。其次，吳純青這次請假回吳村探親，更是令人棘手的一件事，別說韓南崗這個胆小鬼不敢批准，即使是縣長也得考慮一番。你想：這些手捧烏紗帽，戰戰兢兢供日本軍閥驅使的傢伙，誰肯批准吳純青回吳村去？萬一她被共產黨擄去怎麼辦？那不是自找麻煩嗎！

林承山向吳純青說：「校長，依我的看法，您最好托一個有力量的人去關照一聲，最理想的是『新民會』的人，要不然治安軍的軍官也行。只要有人打一個電話，韓局長馬上會准假，別說一個星期，就是半年也沒問題！」

「好吧，我試試看。」她漫聲應着。

吳純青非常氣惱。眼望窗外的浮雲如絮，她湧出了插翅飛翔的慾望。她想：「如果我是一隻鳥，飛出這座囚籠似的小城，飛到祖國的大後方去，那是多麼幸福！」假若這次她不請假，她還感覺不出自己置身在鐵屋子中，現在她內心是多麼痛苦啊！

驀然間，她想起了那個年輕英俊的詩人倪霏，她知道只要給倪霏打一個電話，這件事一定可以馬上解決。「不，我決不再跟他打交道。他叫我和韓蘭根同居，爲的是替共產黨做工作，這簡直是侮辱我的人格。」

過了兩天，教育局來電話通知，因爲吳村目前情況不穩定，吳校長請假返鄉的事，「礙難照准」。這宛如青天霹靂，震撼着吳純青的心！她氣得當時從椅子上跳下來，大聲嚷着：「他們憑什麼不准我的假？我非要回吳村探親不可！」當天，她托林組長打聽有沒有去吳村的車？恰巧晚上有一輛運糧的四輪馬車去石塢鎮，吳純青聽了滿心歡喜。當夜，她拎着一只皮箱，帶了一斤上等龍井茶葉、兩盒甜食，悄悄走出學校，坐黃包車去了貨車站。等馬車駛出縣城，已是掌燈時分了。

馬車上的旅客不多，每個人都閉着眼睛打盹。吳純青靜望着夜空上的星兒。不久，雲彩遮住了星星，有人說：「快下雨了。」是啊，地裏的黃豆還沒灌漿，梨子尚待坐菓，地瓜秧還沒長起來，棒子剛冒嫩牙……農民們是多麼盼望下雨啊！若是下一場雨，風沙不會那麼大，糧食也會落價，縣裏運河沿的飢民也不會餓死那麼多了。馬車搖晃着她，她的心沉浸在那悅耳的雨聲裏：沙沙地聲音，一忽兒緊，一會兒稀，像篩綠豆一樣……

她似乎看見雨水急湍地淌着，披上蓑衣，挽起褲管，她去山路上「玩水」。半截小腿泡在鬆軟的泥窪地上，河水嘩嘩地從腿間流過，她是多麼快活呀！涼滋滋的，從脚丫兒一直涼到頭頂。她小時候就有經驗，她知道站在雨水中，眼睛不能老是盯着流水，那樣久了會使你眼花撩亂，說不定會昏倒的。

孩子們嘻嘻哈哈地你擁我擠，笑成一團。有孩子作伴，她的胆量就壯起來，她敢蹲下身去撈小魚小蝦，有時候她也像其他的小孩一樣，敢脫下褲頭撒泡尿，尿冲起一團團的泡沫，散發着一股騷味，刹那間隨着急湍的雨水淌遠了。她的小腦袋躬在褲襠之間，有趣地看着一灘黃黃的尿水流向很遠的地方………

「丢，丢，丢，不害臊！」忽然，有個男孩子吼起來。她吓得渾身發冷。雨嘩嘩地下緊了。她發現山上的樹木、石塊，隨着瀑布似地洪水冲瀉下來，她拚命地向村裏跑……只覺得天塌、地陷，她昏倒在激烈的漩渦裏………

吳純青醒來時，馬車依然沿着寬敞的公路向前奔馳，車上的人們都已睡熟，只有前面駕車的老頭兒一面吸香菸，一面凝望那月夜下的茫茫長途。天上的星兒還是那麼多，讓她看得眼花撩亂，夜風吹得路旁的樹葉沙沙作響，她凝聽了一會兒，不禁偷偷笑了：「剛才作夢下雨的聲音，原來是刮風啊。」

馬車走得很慢，當它到達吳村時，東方天上已經泛起了魚肚白。吳純青下了車，但見街上靜悄無聲，偶爾碰到一位拾糞的老頭兒，揹着糞筐走過，一副悠閒的樣子。走進村子，聽到幾聲犬吠，她有點害怕，急忙加快了脚步趕到家門。

「啊！」吳純青吃了一驚。因爲大門前砌了一道磚牆，看來好似被封閉了一樣。她把皮箱、茶葉和點心放在石階上，然後坐下，掏出手帕來擦汗。

天色逐漸破曉，村裏已有人在活動了。她坐在門前，發現一位中年農民，牽着一條老黃牛，從對面小巷走了出來。那人似乎也看見了她。她站起來，迎上前去，高興地喚了一聲：「大龍叔，起這麼早啊！」

那農民停住脚步，向吳純青打量了一眼：「啊，這不是小青嘛？妳啥時候回來的？」

「我剛到。」她低聲說：「大龍叔，我父親上那兒去了？您看這大門怎麼堵起來了？」

「小青，妳爹沒寫信給妳？」那個農民咳嗽了幾聲，向四週打量了一眼：「他們說妳爹和五爺是一夥，裏通外國，給日本鬼兒作間諜。村裏的人都說寃枉，可是有啥用？咱們誰也使不上力氣、幫不上忙，眼看着妳爹讓他們殺害了……」

她的眼淚終於奪眶而出。「什麼時候？」

「快半個月了。」那個農民牽着老黃牛要走。

「大龍叔，我家的王叔叔呢？」她追問了一句。

「他那種炮仗脾氣，怎麼能受氣？」那位樸質的農民用手背擦了擦眼：「今年春上，八路就把他害了。他自己刨的坑，埋到胸口，老王還不停地罵哩。」

吳純青站在門前，凝聽那封鎖在茫茫霧靄中的河水聲，心如刀割般地難受。她想：「也許我是在夢中吧。」她的心噗噗直跳，她已清楚地聽見那有節奏的「噗噗」聲音。她提起皮箱、茶葉和點心，走向了河邊。想起過去父親時常去五爺家打牌，她曾爲此勸阻父親，爲的是怕將來惹出災禍；如今，父親果然因此而冤死，但是那位腦滿腸肥的五爺，現在却住在垂楊泉水的濟南，過着舒適的寓公生活。思前想後，她是多麼沉重而悲哀啊！

吳純青返回縣城就被捕入獄了。她旣不驚慌，也不難過。如今，她的感情已經痲痺，似乎分不清喜怒哀樂，對於現實的一切都茫漠無情。她只覺得疲倦、疲倦……她是多麼需要長期地睡眠啊！

睡了很長的一段時間。有一天，一個女青年來監獄看望她。她向對方愣了很久，却喊不出她的名字。

「吳老師，您千萬不要灰心，咱們充滿了希望。過去，您時常愛說這麼一句話：『留得靑山在，不怕沒柴燒』，這句話眞是越想越有道理……」

隔着鐵欄，她呆望着那女孩的瘦弱的、缺乏營養的臉孔，只有兩隻眼睛水汪汪的直轉，她終於想起了女孩的名字。「王蓉，妳上高二了吧？」吳純青抓住了她的手，親熱的問。

「我畢業兩年多了。」王蓉齜牙一笑，露出那兩隻可愛的小虎牙。她談起目前縣中的情況，吳純青聽了都感到陌生，好似聽到遠方的戰事一樣。隔了很久，她問王蓉：「尹壽亭還當教務主任？」

「犧牲了。」王蓉低聲說。

「什麼時候？」

「尹主任跟林承山是一塊兒被捕的。日本人把他倆處決之後，登了報紙，說他們倆是抗日份子。」

「冤枉！」她激動地說。

「是啊，誰說不冤枉？」王蓉皺着眉頭說：「老師，您別急，也許……韓縣長會保您出獄，您知道不？韓南崗作了縣長啦。」

是啊，儘管她惱恨韓南崗，但是在暗無天日的監獄中，她還是盼望着那個尖嘴猴腮的漢奸、追求過她的韓縣長保釋她出獄，讓她再回到那個蔴石小巷去住；即使一天兩頓小米粥嚼鹹菜，也比蹲在牢獄裡舒服自由啊！

但是，春去秋來，等到了風雪嚴寒的冬天，韓南崗依然沒有營救她……

漸漸的，吳純青幾乎忘記了這件事，也忘記自己是置身在監獄裡。

一個風沙蔽日的中午，她剛吃過午飯，準備睡午覺，那個瘦弱的、營養不良的女青年，齜着小虎牙扶着鐵欄杆，激動地喊她：

「吳老師！」

「王蓉，是妳……好久不見了！」她伸出手去，握緊著王蓉的手。這時，王蓉激動得熱淚盈眶，嘴巴也搐動不止，却一直說不出話來。

「怎麼了？妳說——」吳純青有點緊張，她不知道外面發生了什麼事情。

「日本宣布投降了……聽說國軍後天就要進城……」王蓉一面擦着淚水，一面講着這件天大的喜訊：「縣裡的漢奸，這兩天都朝外跑，縣公署唱空城計啦……」

「韓南崗還當縣長？」她鬆開了王蓉的手，抓住了鐵欄杆。

「去年『天長節』，韓南崗陪着內山次郎、中村潔去日本朝拜天皇，飛機剛過青島附近的嶗山，聽說當時風沙很大，就像今天的情況差不多，飛機撞上了嶗山，機毀人亡，韓南崗陪着日本顧問沒見到天皇，倒見了閻王！」王蓉說着笑起來了。

可是，吳純青却沒有笑，她面帶憂鬱，自言自語地說：「這會是眞的？不是謠言吧？」

王蓉向她解釋着說，當時華北的報紙都刋登了這個新聞，而且還發佈了一批旅客的名單，韓南崗是其中之一。她還這樣說：「我在日文畫報上，還看到韓南崗的相片，那準是新民會提供的相片……」

這時吳純青轉過身去，她那柔美的肩膀聳動了兩下，然後低下了頭。王蓉默不作聲凝望着她的背影，她想：吳老師現在一定很難受吧？

風沙茫茫，她走出了監獄，隨着歡樂的沸騰的人羣去歡迎進城的國軍。老遠，她發現王蓉揮舞着一面美麗的青天白日滿地紅的國旗，向她喊着：「吳老師！」她揚起了手，快活地揮動着手帕，眼眶裏淌出了一串快活的熱淚。她的眼前映現出許多熟悉的臉孔；丁天鈞、丁天銘、尹壽亭、林承山、王叔叔，還有李大娘和她那個犧牲在抗日沙場上的兒子。她想：如果他們地下有靈，看到縣城光復的場面，他們一定會喜極而泣啊！

那些穿着制服的男女學生，邁着整齊的步伐，昂首前進。縣中的隊伍經過時，許多同學向她鞠躬、揮手；後面的遊行隊伍越拖越長，商人、工人、農民，還有縣公署的小職員。彷彿春天來臨，小城的所有的生物都恢復了新的活力，連樹上的鳥兒也唧唧喳喳，一片笑語……

吳純青隨着隊伍向前走。淚眼朦朧中，她默默唸叨着：

「爸爸，您老人家安息吧，中國抗戰已經勝利了！……」

公園、大街、運河沿，到處是擁擠的人潮，比往年過春節還要熱鬧。吳純青回到學校，繼續作校長——這是縣城光復後的校長，她是多麼光榮啊！

一個落雪的初冬早上，她接到一個奇怪的電話，對方通知她當晚七時去「運河街二號附一」開會。她那寧靜而愉快的心亂了！

「我不能去，最近很忙……眞的！」她推辭說。

「不行，這是黨的紀律。」對方啪地掛斷了電話。

傍晚時，雪已停了。吳純青換了一件黑色的舊棉襖、西裝褲，騎上自行車去了運河沿。她不樂意去見那些牛鬼蛇神，可是又不能不去，她想如果這次見到詩人倪霏，她一定向她打聽一下自己被捕的原因。

一盞美孚牌的煤油燈下，老錢正在作報告。屋裏的人咳嗽、吸煙，弄得烏煙瘴氣，因此她始終沒有發現倪霏坐在那兒？

「同志們！形勢變了，八年抗戰，咱們擴充了一百萬軍隊、二百萬民兵，咱們可不像一九二七年的情況了，也不是一九三七年的情況了。過去，國民黨從來不肯承認共產黨的地位，到現在可得平起平坐了！哈哈……」老錢說着笑起來，引得屋裏的人也陪着笑。老錢用衣袖擦了一下眼角，又連着抽了兩口大克雷斯牌香煙，繼續說下去：「有的同志懷疑，抗戰前，咱們不是向國民黨投誠了嘛？為什麼又要打？過去的皇曆不能用了，過去井岡山時代，咱們還跟土匪合夥呢。現在不同了，毛澤東同志說過，中國問題是複雜的，咱們的腦子也要複雜一點兒。咱們嘴上讓出八個解放區，但是說歸說，做歸做，凡是人民的武裝，一枝槍、一粒子彈，咱們也不能交出去！同志們，右派的同志胡扯什麼我黨跟國民黨要眞正合作，這是反動思想！不錯，我們喊過國共合作的口號，喊歸喊，打歸打，合作是假的，打才是眞的！不打倒他們，他們是不會自動地屈服的啊……」

直到散會，已是夜闌人靜。老錢陪吳純青走出那間小屋，告訴她倪霏早在兩年前便去了膠東，因爲他工作上犯了錯誤。

「夏明呢？」

「妳說夏明同志呀，他可能快回來啦。」老錢低聲說。

「回來？」她有些愕然。

「是啊，將來縣城解放以後，老夏一定是文化戰線上的領導人。」老錢說着發出了一片狡黠的笑聲。

吳純青的心，正如同夜空上的月牙兒，驀然被一片烏雲吞噬了去。風打着胡哨，吹起了地上的積雪。她在騎車的途中，聽見遠方傳來一陣槍砲聲，震撼着她的心，震撼着這苦難的小城……

老錢的話果然不錯，新年過去，縣裏的人民正以祝福的心情準備歡度春節，一羣從石塢鎮開來的隊伍，攻陷了縣城；刹那間天昏地暗、雞飛狗也跳、孩子哭大人叫，好像世界末日到了一樣。

那些不男不女的穿軍裝的共產黨，扭着秧歌，打着花鼓，舉着血紅的旗子，來到縣中的操場，吼唱起來：

「掃辣掃辣刀拿刀，掃刀米來米奈米……」

許多縣中的同學，鼓着既胆怯而又新奇的眼睛，圍立在四週，欣賞着那些男女的歌唱表演。

忽然，一個戴軍帽、佩手槍的幹部，提着一支留聲機跳上了司令臺，頓時播放出一陣嘹亮的歌曲：

糞車是我們的報曉雞，
多少的聲音跟着它起，
……………………

那一些搽胭脂的共產黨扭得更歡了。

看熱鬧的學生更加擁擠，夾雜着一片嘻嘻哈哈的笑聲。

「你們也參加扭秧歌呀！」站在司令臺上的幹部，大聲吼着：「同學們，你們不認得我了？我是夏校長……」

留聲機的喇叭播放的歌聲太高，誰也聽不見夏明的話。

鳥兒從此不許唱，
花兒從此不許開……

打花鼓的、扭秧歌的都以誇張的動作，隨着周璇的這支流行歌曲舞着，這不倫不類的歌舞，把那羣天眞爛漫的青少年逗得咯咯直笑！

忽然，吳純青從對面「校長室」衝出來，厲聲喊着：

「滾！給我滾！……」

她的吼聲根本壓不住那喧囂的聲浪。而且誰也沒有發現她，最後她氣得暈倒在雪地上了……

雪花從那陰暗的灰空飄下來。風越吹越緊，那羣男女像瘋子似的越舞越歡了……這時留聲機仍舊播送着歌曲，歌曲的音波籠罩着這寒冷的小城。

……………………

鳥兒從此不許唱，
花兒從此不許開，
我不要這瘋狂的世界，
這瘋狂的世界！

尾聲

一九八一年的初夏。

汽車在乾旱的公路上奔馳，顛簸得很厲害。吳純青的心被顛得忽上忽下，痲酥酥的，比過去在獄中受電刑還難受。一路上塵土飛揚，把旅客的頭髮、面孔洒上一層灰塵，像剛從石灰窰裏鑽出來似的。好容易熬到傍晚時分，那西方天上的彩霞，才逐漸被烏雲遮蓋，接着天上竟然洒下黃豆般大的雨點，她愉快地嗅着那醉人的雨澆泥土的氣息，不知不覺竟然睡着了。

汽車開進縣城，車廂裏的旅客開始騷動起來，有的收拾東西，有的在談論縣城的最近新聞。坐在吳純青身旁的一個人，輕輕拍了她一下：「下車了，醒醒吧！」

這時四週的旅客才注意到她：花白的頭髮，蒼白而發胖的面孔，看上去六十出頭，穿着一身破舊的幹部裝；從她那一對美麗的眼睛，可以尋找出她年輕時代光彩照人的影子。如今，沒有人再認得她，她像一個陌生人，初次來到這座寂寞的小城。

她懷着寂寞的心情下了車。雨停了。站在路旁，她向四週打量，她記得斜對面是「吉露茶莊」，如今招牌上的字早已模糊不清，門前堆了許多泥坯；街上行人不多，每個人都無精打采，像掉了靈魂似的，沿着淒涼而冷清的街道走着。她的心不禁向下一沉：「怎麼一點也沒進步？」她提着包袱，蹣跚地走向「第一招待所」。

天剛摸黑，那個值班的青年服務員戴着近視眼鏡，坐在櫃檯裏看小說。她站在櫃檯前，故意咳嗽了一聲，服務員的眼皮翻了一下，伸出一隻手，繼續看那本小說。她把證明文件遞上去，那小伙子看了一下，迅速地站了起來，用着既尊敬而驚異的神情說：「您平反啦？我幾乎不認識您了！文革以前，我在縣中唸書，聽過您作報告，您不是縣文化局長嗎？」

「我是吳純青。」她用毛巾擦着臉上的汗水：「還有房間麼？」

「房間多得是，隨便您挑！吳局長，最近招待所住進來一個平反的老幹部，每天晚上唱歌，把客人都唱跑啦。」

「我不在乎。」吳純青幽默地說：「我年紀大了，耳朵有點背，也許還聽不見呢。」

那個青年服務員，告訴了她住宿的房間。吳純青臨走，好奇地問道：「你看的什麼書？」

「王蓉寫的『回音壁』，這是記錄她在文革時期受政治迫害的情況。吳部長！您記得王蓉吧？她是黨培植出來的女作家，聽說她年輕時候是您的學生，是不是？」

吳純青苦笑着搖搖頭，便提着包袱走了。那個青年握着那本書，一直望着她的背影發愣……心想：「糟了，怎麼又住進來一個精神病？」

她吃了晚飯，洗過了澡，躺在床上就睡熟了。坐了半天的汽車，她確實累得要命，那輛老爺汽車顛得她骨頭十分酸痛，長年的營養不良，再說她還有低血壓毛病，有時走起路來，暈暈糊糊，像在雲彩裏走路，毫無脚踏實地之感。過去，醫生曾經告訴她，血壓低的人，晚餐時可以喝一杯酒。她不會喝酒，而且長期在「勞改場」生活，喝酒是違反紀律的行爲，何況一個老太婆飲酒，傳出去她怎麼待下去？因此吳純青懷着老牛破車的心情，拖一天、算一天，即使生病的時候，她寧肯僵臥在床上，也懶得到醫療所去看病。

半夜的時候，她被一陣風聲驚醒。擰亮電燈，她把窗戶關上。這時她覺得口渴，拿起桌上的玻璃杯，她從暖水瓶裏倒出一杯開水，嘗了一下，溫溫的，她擧起杯子，咕咚咕咚一口氣喝下去。當吳純青再倒在床上，她却難以入夢了。

窗外的風，呼呼地吹着。

忽然，吳純青聽到一個女人的歌聲，從門外飄來。她遲疑了一下，心想：這是做夢吧，深更半夜那有這麼美妙的女高音呢？

啊，給我講那甜蜜的老故事，
往事難忘，往事難忘。
啊，給我唱那好聽的老歌曲。
往事難忘，不能忘。

你已歸來，我已不再悲傷，
讓我不信你背我久流浪，
我相信你愛我仍然一樣，
往事難忘，不能忘。

……………………

這一陣撩人的歌聲，像五月的風吹綠了初夏的原野。吳純青坐起來，用枕頭墊在腰後，她索性靠在牆上聽歌聲了。想起昨晚剛到，服務員告訴她，最近住進來一位平反的老幹部，由於夜間唱歌，把客人都唱跑了。「難道這就是那位平反的老幹部的歌聲？」吳純青靜靜地想，靜靜地聽她唱下去——

不禁思起我之故鄉，
兒時遊釣不能忘。
不禁思起我之故鄉，
天涯煙水勞相望。
故鄉，故鄉，我之故鄉，
往事回頭半渺茫。
窗前明月，屋角斜陽，

至今可是仍無恙？

吳純青被門外的歌聲吸引住了。彷彿她正高站在運河堤上，眺望那水天一色的遠方，羣山窪裏就是自己的故鄉，那往日的歡樂情景，如今回憶起來恍如隔世之感。她鼓着滿眶熱淚的眼睛，打開房門，那聽得醉人的歌聲又揚起來了。——

不禁思起我之故鄉，
家人故舊不能忘。
而今散處天各一方，
空有相思任來往。
故鄉，故鄉，我之故鄉，
何處可比故園風光。
還鄉素志，歸里願望，
夜夜惟在夢中償。

吳純青追尋着歌聲，沿着走廊慢慢向前找去。夜闌人靜，門外風聲很大，誰也不會發覺她的行動。她走到一間套房的窗前，發現一位年逾六旬的婦女，正倚在牆角，雙臂交叉胸前，引吭高歌。

吳純青嚇了一跳，她想：「這不是徐婉華嗎？她怎麼流落到這兒來？」她想喊她，但轉念一想，也許看錯了人，天下長得相似的人還是不少，何況她們分別那麼多年！吳純青默默地凝聽着她的歌聲，等她唱完，忽見她雙手捂住臉孔，嗚嗚地哭起來……

「小徐！」吳純青喊了一聲。

她沒有聽見。

「小徐！」吳純青提高嗓門，敲了敲門。

徐婉華渾身抽搐了一下，好像觸電似的。她轉回頭來，燈下，她那兩隻驚惶的眼睛顯得格外可怕：「誰？」

「妳不是徐婉華？」吳純青低聲問她。

「妳是誰？」她的聲音有點顫抖。

「我是妳的老朋友吳純青，還記得嗎？」

「吳純青？」她咧開了嘴：「妳是小吳！」

「是啊，現在變成老吳了。」吳純青幽默地笑起來。

徐婉華躊躇了一會兒，打開了房門。吳純青向前走了一步，用着膽怯的眼光向對方打量：她的頭髮早已花白，由於剪得很短，顯得男女難辨，她的臉色有些浮腫，眼睛依然水汪汪的那麼美麗，只是比較遲呆了些。徐婉華也用畏懼的眼光向她對望，嘴唇還不停地搖動，似乎有滿腹的委屈向對方傾訴。

「妳還記得我麼？小徐，想一想。」吳純青輕輕地重複着這句話。

她把頭偏了一下，那神情宛如一個天眞未鑿的孩子，在老師面前，回答難懂的功課一樣。兩隻水汪汪的眼睛，不停地審視着吳純青，以致使吳純青感到十分驚慌：「天啊，假如她忘記了我，那怎麼辦？她不會大叫一聲，等招待所的服務員跑來，把我看作竊盜犯處置吧！」於是，吳純青畏縮地退到房門口，用手摸着門框，囁嚅着說：「我記得妳是徐婉華，咱們年輕時候，都在這個縣城當中學教員。也許妳還記得，我們在一起演過話劇，……後來妳去了延安……」吳純青抱着試探的口吻，繼續喚起對方的記憶，她想如果徐婉華還帶着懷疑態度，她就趕快回去睡覺了。

徐婉華的眸子忽然轉動了兩下，伸出右手，想和對方握手，她說：「我記得，妳演金子，我演秀姑，咱倆在飯館吃牛肉餃子，碰上了中村顧問，對不對？」

吳純青聽了喉管發熱，不覺流下淚來。她想：「小徐的腦筋亂了，她把往事的細節，胡亂絞在一起，像一堆亂麻，她一定受了極大的刺激……」

「妳怎麼知道我住在這裏？」徐婉華坐在床上，點上了一枝香煙，貪婪地吸着。

吳純青也在椅子上坐下，微笑着說：「老同志都平反了，我想妳也該回來了。」

「平反了，咱們都老了，我幾乎不認得妳啦。年輕的時候，我最喜歡念一句詩：『踏遍青山人未老』，這是多麼讓人嚮往的境界！一個人爲了追求理想，做工也好、當農民也好，甚至像唐玄奘爲了求佛經，走遍名山大川、茂林修竹，他却一直不老，永遠保持青春的活力，這該多麼好！」她吸了一口香煙，將煙灰彈進床邊的痰盂裏，悠長地嘆了一口氣：「唉，這是詩人的幻想。什麼花常開、月常圓、人常壽，這是辦不到的啊！」

「是啊！」吳純青凝聽着她的話，她覺得雖然長期受到折磨與打擊，但是她的思緒依然非常清楚。

「妳對於最近的文學戲劇作品，有什麼意見？」徐婉華吸了一口香煙，隨手找出枕頭邊的一冊「山東文學」：「妳看，有人批評王蓉的『同音壁』，妳認爲作者犯了什麼政治錯誤？」

吳純青苦笑搖頭。她不是沒有意見，而是懶得講那些沒有意義的話。

「小吳，咱們是老同志了，我見了妳就像見了親人一樣，妳知道不？我爲黨工作了四十年，到如今我依然是光桿一個！」

「什麼？」吳純青吃驚地問：「妳跟我一樣？」

「這沒什麼稀奇。」她淡淡地說：「反右鬥爭時，我愛人自殺了，他懦弱、自私，對不起咱們的黨！文革時期。我的獨生女兒參加了紅衞兵，去青海搞串連，六八年夏天得了傷寒病，赤脚醫生給她感冒藥吃，拖了不到半個月就死了。……」

「妳沒去看她？」

「我怎麼能去呢？當時我剛從『勞改場』出來，派到『五七幹校』學習，山東距離青海那麼遠，我怎麼去得了？我女兒病死的經過情況，過了兩年以後我才知道。」她的態度是那麼從容、鎮定，彷彿講着別人的事情一樣。

「妳有什麼打算？」吳純青非常同情地問。

「打算？哈哈！」她仰頭笑起來，笑得非常厲害。「我參加共產黨四十年，從來沒有爲自己打算過，組織叫我幹嘛，我就幹嘛。上那兒去都行，反正是爲人民服務嘛。」

吳純青不喜歡聽這種話，她想告辭，却聽得對方繼續嘮叨着說：「今年春天，『文聯』推薦五名音樂工作者去歐洲作友好訪問，上級考慮到我，可是我怎麼能去？」

「妳爲什麼不能去？」

「我一身都是病啊！小吳，我有糖尿病、高血壓、肝硬化……『山東人民醫院』的蒙古醫生最會造謠，他們說我有精神分裂症，這簡直是『四人幫』餘黨嘛，我早就給山東省委寫信，揭發他們的反革命罪行了。」

「妳應該去療養，小徐，妳不能逞强，年齡不饒人啊！妳說是不是？」吳純青也點上了一枝香煙，慢慢吸着。

窗外的風漫天遍地吹着，吹得樹葉嘩嘩作響。

「妳勸我去療養，很多老同志也都這樣勸我，可是我不願意去。」徐婉華皺起眉頭，顯得更衰老而可憐了。

「爲什麼不願意去?」

「一個人住進療養所，那還有什麼希望?再說，大家都齊心協力，擦掉眼淚，爲四個現代化作出貢獻；我怎麼好意思申請去長期療養?這讓我刮大風吃炒麵——張不開嘴呀!」她說着神經兮兮地笑起來了。

可是，吳純青却絲毫不覺得好笑，她反而覺得難受。她想起屠格涅夫的「活駭」中，有一個被地主迫害而殘廢的丫頭路開拉，住在荒僻的山坳，等待着死亡的到來；然而她却時常懷念地主兒女往日的歡笑情景。吳純青凝望着徐婉華——不，她是路開拉，她從少女時代便參加黨，流血流汗、南征北戰，到頭來却被安上一個「叛徒」罪名，在牛棚裏囚了十幾年，如今落得滿身是病，她還念念不忘「四化建設」哩!吳純青激動得熱淚盈眶，她再也說不出話來。

徐婉華吸盡了指間的菸蒂，把它丟進了痰盂。她抬頭向流淚的吳純青瞄了一眼，接着仰起頭來，唱起了低沉而瘖瘂的歌：

當我被囚禁在黑暗的牢籠，
還能忍受住苦刑之後的疼痛，
我會掙扎着爬起，咬破手指，
用鮮血在牆上寫下：相信生命。

……………………

吳純青瞪圓了眼睛，驚異地問：「妳唱的什麼歌？爲什麼歌詞那麼奇怪？」

「這是我在勞改場學來的。一個老詩人，從五十年代就接受勞動改造，他和外界隔絕了二十多年。我認識他的時候，他瘦得皮包骨頭，只剩下兩隻眼睛了。這個人是樂觀主義者，他從來不發一句牢騷，或是嘆一口氣。不僅我佩服他，凡是和他在一起的，沒有一個人不稱讚他，他確實是一個了不起的詩人！」

「他叫什麼名字？」

「倪霏。」她咳嗽了兩聲，把痰吐進痰盂裏。「聽說他是牽連胡風案被捕的，他對於綠原、阿壠、羅洛、張中曉、耿庸很熟悉。他年輕時候，還潛伏在治安軍當過間諜呢。」

「他喜歡唱歌？」吳純青的心碎了，她强作鎮靜地問。

「是啊！剛才那首歌是他寫的。」徐婉華又引吭高歌起來。吳純青靜靜地聽着。她把那首歌曲的每一個字，都努力地深記在腦海裏。徐婉華唱完了歌，熱淚盈眶，她沉痛地說：「我這一輩子只喜歡過一個男人，就是這位詩人。他從來不訴苦，也不抱屈，他的堅强的生命力，比岩石還要硬朗。我佩服他！崇拜他！……小吳，每逢我想念他的時候，我就唱歌，唱他喜歡唱的歌，……」她竟然嗚咽起來，但立刻用衣袖擦乾了臉上的淚水。「妳是我的老朋友了，妳應該瞭解我的品性，雖然我喜歡音樂藝術，但是我對人却是一板一眼的，我從來沒亂搞男女關係。我的話扯遠了，在勞改場裏，誰敢戀愛？哈哈，這叫人家聽見一定笑掉大牙！但是自從我離開他，才知道自已愛上了他，沒有他在我身邊，我活着還有什麼意思？小吳，妳不會恥笑我吧？」

「不，我同情妳。」吳純青伸出兩隻胳臂，用力抱住了她，懇摯地說：「我記得西方一個詩人說過：『人生是花，愛便是花中的蜜。』小徐！妳比我幸福，妳結過婚，生過女兒，妳享受過夫婦的愛情，也嚐過作母親的溫馨滋味。可是我什麼都沒嚐過，我這一輩子眞是交了白卷！……」她說着不禁悲從中來，眼淚奪眶而出；但刹那間她仰起了頭，勸告徐婉華說：「妳能不能設法再回到倪霏的身邊去？」

徐婉華痛苦地搖了搖頭。

「爲了妳快樂地活下去，妳應該這樣作。妳不是愛他嗎？」吳純青催促着說。

「可是，這是辦不到的！」

「怎麼辦不到？」

「妳想想看，組織上把我解放出來，我怎麼能再回去？我有什麼理由再回去？……妳說！」

徐婉華站了起來，睜着兩隻失神的眼睛，端望着吳純青。

吳純青把兩手左右一攤，苦笑起來。她想：「是啊！不能說爲了想回去，叫她去縣公安局自首，自稱是蘇聯潛伏在山東的間諜，或是越南方面雇用文化特務吧！即使這樣作，徐婉華也回不到原來那個『勞改場』去。」

徐婉華從暖水瓶倒出一杯溫開水，拉開抽屜，拿出一包藥袋，那藥袋中有三、四個小藥包。

她吃藥像吃炒黃豆，一個個塡在嘴裏，然後喝一口開水呑進去。

「我吃了十幾年的藥，治不好，也死不了。」她說着把最後一顆藥丸嚥進肚裏，又哼起「思故鄉」那首歌曲來……

「妳爲什麼老是哼這些外國歌曲？而且都是古老的歌曲？」驀然間，吳純青忽然想起這個有趣的問題。

「是啊，起初我也有這種感覺，爲什麼他老是唱這些外國歌？有一天，我鼓足勇氣問他，他紅着臉，半天憋得說不出話。妳不知道詩人的那個表情是多麼滑稽！」她這時禁不住咯咯笑起來，而且笑出了眼淚。

「他怎麼說？」

「忘掉現實的苦悶，讓自己永遠生活在往事的夢裏。」徐婉華用着充滿感情的聲音，說出了這句話。她解釋說：「這不是我說的，這是他親口告訴我的。」

「詩人說的對！一個人活在往事的夢裏，才能尋找到甜蜜、溫暖。這跟魯迅的一句詩一樣：夢裏依稀慈母淚……」吳純青深受感動了。

窗外的夜風，吹着階前的馬尾松，沙沙作響。

吳純青想回屋去，但是面對這位久別重逢的老同事，患着糖尿病、高血壓、肝硬化，還有嚴重的精神病，吳純青怎能忍心離開？也許徐婉華看出她的心思，徐婉華幫她點煙、倒開水，而且像孩子似地哄着她說：「妳多坐一會兒，讓我唱歌給妳聽。妳不知道，他的歌喉非常好，每當我們勞動的時候，大家都鼓掌請詩人唱歌，他的那首『老黑爵』唱的好極啦！……」

於是，吳純青喝了一口開水，聽她唱起歌來：

時光飛馳，
快樂青春轉眼過。
老友盡去，永離凡塵赴天國。
四顧茫茫，殘燭餘年惟寂寞。
只聽到老友殷切呼喚老黑爵。

……………………

忽然，她像喉嚨受了創傷，驟然停止了歌唱，趴在床上啜泣起來。

「小徐！」吳純青像姐姐一樣，用手拍着她的肩膀，安慰着說：「妳不要哭，妳留我坐在這裏，是讓我聽妳唱歌，並不是讓我聽妳哭啊。」

徐婉華依舊嗚咽着。

「起來，小徐！我最喜歡聽妳唱歌了，當年咱們在縣中教書，學生們都喜歡妳！妳年輕、漂亮、眼睛大、頭髮長，妳眞像一隻展翅的孔雀一樣驕傲啊！……」

她停止了哭泣，像個孩子似地坐了起來。把手搭在吳純青的膝蓋上，流着眼淚聽她講話。

「咱們年輕的時候，多麼純潔、熱情，雖然當時日本帝國主義正在侵略我們，可是我們毫不氣餒，充滿了勝利的希望。小徐，這是什麼原因？因爲咱們有信心！……」

徐婉華流着眼淚，向她點了點頭。

「現在，我跟那位詩人一樣，生活在往事的囘憶裏。我就是靠著這個活下去；要是沒有囘憶的夢，我早就自殺了……」吳純青掀起衣角，擦乾眼淚，激動地說：「今天，整個的黨，完了！誰也沒有信心了！一個黨沒有信心，就像一艘船沒有舵，早晚沉沒！妳喜歡的那個男人了不起，他是詩人，也是哲人，如今所有的中國大陸人民都在沉睡，只有他一個人醒着。小徐，妳不必難過，妳唱歌吧！妳一定會唱出春天來！」

徐婉華慢慢站了起來，走近窗前，她俯着窗欞，輕聲唱起歌來：

金波閃耀，
萬丈光芒，
奥芬托就是我的家，
那波濤起伏，
青苔叢生的河邊上，
就是我的家。
……………………

驀然從窗外傳來一陣報曉的雞啼。徐婉華停止了唱歌，轉身握緊她老友的手，難過地說：「妳回去吧。小吳，我一定記住妳的話，不苦惱，多唱歌……」

「對，這樣才活得快活。」吳純青高興地說。

「明天妳準備去那兒？」

「我想到過去住過的地方，隨便看看。」吳純青接着關懷地問：「妳呢？」

「風小了，我就走。」

「上那兒去？」

徐婉華痛苦地搖着頭，彷彿有難言的隱痛一樣。

「不管妳上那兒去，不苦惱，多唱歌。」吳純青拍着她的肩膀，再三叮囑着這句話。

她默默點着頭。

吳純青踮走，悄悄把五十元人民幣丟在床上。她沿着那狹窄而陰暗的走廊，慢慢朝自己房間走。血壓低，睡眠不足，她走路眞像踩棉花一樣，好容易回到屋裏，吃了藥片，喝了小半杯溫開水，她倒在床上就睡着了。朦朧中，她依稀地聽見一片歌聲，那彷彿從溟茫幽迷的天空飄下來的——

啊，給我講那甜蜜的老故事，
往事難忘，往事難忘。

啊，給我唱好聽的老歌曲，
往事難忘，不能忘。
你已歸來，我已不再悲傷，
讓我不信你背我久流浪，
我相信你愛我仍然一樣……

風，漫天遍野地颼着。那風聲捲挾着飛沙和塵土，掠過了山巒、河流，也掠過這座荒涼的縣城，發出一陣刷刷地聲浪……

吳純青在睡夢中，隱約地聽到風聲、歌聲；待她一覺醒來，天已大亮了。

她換了一套乾淨衣服，走出招待所。拐到街口一家飯店，喝了一碗豆汁，吃了兩個燒餅。站在街頭，默默地望着過往的人們，每個臉孔都是遲呆的、蒼白的，毫無生命的活力，臉上像黏了一層風沙似的。

「上那兒去呢？」

想起年輕時代住過的麻石小巷，心裏不由地噗噗跳起來。那時候，她多麼年輕啊。吳純青默默地走，往事猶如風沙般的茫茫一片。想起青年時代的朋友，都已作古，她掉下了傷感的熱淚……

如今，這條麻石小巷顯得侷促而寒酸了。尤其是附近蓋起了縣委大樓，那些樓窗居高臨下，彷彿戰場上的碉堡，監視着住在麻石小巷內的人們。

一個約莫五十歲的婦女，身穿幹部裝，推着自行車正從巷內出來。她那削瘦細長的面孔，鼓着兩隻亮晶晶的眼睛，看上去是多麼熟悉啊！她看她，她也看她；忽然，那位婦女把車子向牆邊一靠，迎上前來：「吳老師！……我是王蓉！」

「王蓉?!」吳純青茫漠地握住她的手，恍如隔世之感。

「走，到我家坐坐。我就住在前面不遠。」王蓉倒回自行車，引導着吳純青向前走。「去年參加省『文代會』，才聽到您的消息。文革十年，我被關押了兩年半，後來又去沂蒙山區勞改了七年半，前後剛巧十年，哈哈！」王蓉笑起來，好像談着一件別人的趣事：「粉碎『四人幫』以後，我一直打聽您的消息哪！」

王蓉停在一個古老而幽暗的門樓前，向吳純青介紹：「您過去住在斜對門，記得不?老師，那時您多年輕！」

她默默地應着，向對門凝望。「現在裏面住了些什麼人?」

「大多半是工人，還有一位傷殘軍人，大家都不來往。除非開會，碰碰頭，但是都不熟悉。」

她們走進大門，穿過窄小骯髒的院子，王蓉就住在靠街的屋裏。吳純青一進門就聞到一股酸菜氣息，令她作嘔。靠窗的一角擺着一張書桌，桌上的稿紙、鉛筆、放大鏡、雜誌擺得亂七八糟，一册精裝的「魯迅書信集」掉在床上。

「您別笑話，亂得像豬窩似的。」王蓉給她倒杯白開水，紅着臉說。

「妳的孩子呢？愛人呢？」她坐下來，欣賞着壁上掛的一幅條屏，那上面寫的是魯迅的兩句詩。

「文革第三年，我蹲監獄的時候，孩子病死了，沒人照管嘛。我愛人早跟我離婚啦，這不怪他，這是我的願望，當時他們給我按上『特務』的罪名，我不能連累他，就這樣家破人亡啦。哈哈！獨幕劇，一點高潮也沒有。」

吳純青傾聽着王蓉的語言與笑聲，覺得渾身顫慄。她想：「怎麼到處都聽到這樣的悲劇？」

王蓉遞給她一支香煙，幫她點上了火。她問王蓉：「妳現在在什麼地方工作？」

「平反以後，又回到圖書館。」王蓉也點着一支煙，貪婪地吸了幾口：「老師，最近省文化部傳達黨中央指示，今年爲了擴大紀念魯迅百年誕辰，要『山東文學』出版專輯，他們寫信約我最近寫一篇文章紀念魯迅。」王蓉的臉上浮起一片紅暈的顏色：「您看我應該怎麼寫？」

吳純青悲哀地想：「中國的知識份子眞是可憐！他們是牛，吃的是不值錢的草，擠出來的却是新鮮營養的奶汁，等統治者養得身强力壯以後，再掄起鞭子來抽打知識份子的脊背，叫他拉車勞動……」她對王蓉說：「這次我回故鄉來看望老朋友，想不到死的死、失散的失散，我的心冷得很。」她說着向窗外瞅了一眼：「我住在『第一招待所』，妳有空不妨來談談，『四人幫』垮了，這裏可能有一點民主空氣了吧？」

她們冷冷地笑起來。

「妳的父母還健在嗎？」停了一會，吳純青問她。

「早過世了。父親六〇年九月，母親六一年二月，他們都是中毒死的。」

吳純青驚愕地問：「怎麼中毒？」

「那是大災荒時期，山東各地都沒糧食吃，餓死不少人啊。當時省委號召開展大搞代食品運動，咱們縣的人民羣衆去野地裏挖草、鋤菜，製造什麼葉蛋白、人造麵粉、鏈孢霉、人造肉、小球藻濃縮液……我父母就是吃了野生植物中毒死的。」

這些血淋淋的事實，吳純青都很清楚，她聽得有些乏味，便起身告辭。「我回去了，王蓉。」她抬起了頭，指着牆上那一幅條屏說：「妳不是寫作紀念魯迅的論文嗎？妳可以從這兩句詩裏面找靈感、想材料。橫眉冷對千夫指，俯首甘爲孺子牛。知識份子應當鳴放才對啊！裝聾作啞，跟在人家屁股後頭抬轎子、吹喇叭，對四化建設有啥用處？幾十年來，咱們作了牛，作了共產黨的牛，這是違反魯迅精神的！魯迅叫咱們作人民羣衆的牛，不是叫我們作共產黨的牛、鄧小平的牛……哈哈，我的話要是被特務聽見，恐怕又要坐牢！」忽然，她的嘴角發出陰冷的笑聲：「我還怕什麼坐牢？我本來就被關在牢裏嘛。」

「吳老師！」王蓉走向前去，關心地問：「您沒什麼吧？要是您不舒服，我陪您去縣人民醫院。」

「我的病，誰也治不好。王蓉，還記得不，我在縣中教書的時候，妳還是一個黃毛小丫頭，有一天，我講李時珍的研究精神，妳受了感動，妳告訴我，妳將來一定要向他學習。李時珍爲了寫『本草綱目』，作了一千萬字以上的筆記，所以他才成爲中國偉大的醫藥學家。到了今天，即使李時珍、華佗出來給我看病，我也不行了……」

「您得的什麼病?!」王蓉瞪大了眼睛，驚異地問。

「心死症。」吳純青說：「這種病無藥可治。黨中央不久以前，也提出這種病況，他們說是『信仰危機』，不管怎麼稱呼它，反正哀莫大於心死，人患了心死症，就像賭牌九摸到『鱉十』，等着輸錢吧!」

王蓉已經笑不出來了。

「王蓉，妳是作家，妳是一個有理想的孩子——別看妳五十了，我還是把妳看成純潔無邪的孩子。我親眼看着妳淌眼淚，咬着牙，痛罵日本帝國主義；我親眼看見妳揮舞着青天白日滿地紅的國旗，滿眼熱淚，迎接國軍進城；後來，我也親眼看見妳扭秧歌、打花鼓，歡迎共產黨……過去三十多年，咱們作的是一場惡夢。妳是作家，妳應該學習魯迅的『我以我血薦軒轅』的精神，寫一部有血有肉的作品。記住我的話，王蓉，寫了文章不要寄給『山東文學』、『人民文學』；要像愛護禁書一樣把它藏起來，傳留後世……」

王蓉誠懇地點着頭，眼眶裏噙着興奮的淚花。她喃喃地說：「我記住了，老師！」

風呼呼地吹着。風吹得樹葉沙沙作響。風把小巷吹得非常乾淨。數不清走過了多少人的脚印，脚印把麻石踩得亮晃晃的，猶如烏龜的脊背一樣。王蓉送吳純青走出小巷，就跨上自行車跑遠了，她得趕去圖書舘參加一個會議。

街上靜悄悄的。風聲統治了這沉默的城市。她抬頭向那矗立在麻石小巷旁的縣委大樓瞟了一眼，感到厭惡，也感到憎恨，她想起「朱門酒肉臭，路有凍死骨」這兩句詩，心裏就絞痛起來。「難道杜甫在一千一百多年前，他就作出這種兩極分化的共產社會的預言嗎！」越想她越心亂。她決心早些趕回招待所，蒙上被子睡一覺去。只有睡覺才能暫時忘却現實的苦痛。

剛走到大街，但見行人突然壅塞起來，工人、學生、婦女，還有不少退伍軍人，擠在縣公安局門前，堆起了兩層高大的人牆。公安員三步一崗、五步一哨，都端着步槍，好像「文革」時期紅衛兵武鬥的場面。吳純青有些納悶，她弄不清到底發生了什麼事情？好容易擠到前面，她問一位青年工人：「同志，這是怎麼回事？是不是省委書記來了？」

「不是。」青年工人貼在她耳旁說：「老大娘，公安局把余春英抓住了！」

「余春英？」她的心往下一沉。

「這個老太婆組織反共武裝，在山東、河北一帶拉桿子，鬧了好幾年啦，誰也不敢惹她，她手下的嘍囉像滾雪球似的，越滾越大，越滾越多！去年發生了『石塢事件』，犧牲了兩百多同志。省委痛下決心，費了將近一年的時間，才把這個老妖婆抓住，眞是大快人心！」

「這個女人眞厲害、了不起！橫眉冷對千夫指……」她嘴中不停地唸叨。風停了，好似爲了迎接余春英走出公安局，故意讓她巡視這些人們。她向前走了幾步，一名公安員吹着哨子，不停地圍堵擁擠的人潮。吳純青年老力衰，索性一屁股坐在青石板上。公安員皺了一下眉頭，並沒有再驅逐她。

「快出來了！」

「要是今天處決，那有點太快了吧！」

「不幹掉她，她手下的人一定把縣委統統殺掉！」

後面的羣衆笑起來，她不曉得這些人到底安的什麼心？姓余的馬上被拉出去槍決示衆，難道他們沒有半點同情心？

這時，從對面開過來一輛紅旗牌小汽車，不用問，這是從「縣委大院」開出來的。後面的人們嚷起來，有人猜汽車上坐的是「縣委書記」夏明，有的說是公安局長，正當羣衆吵嚷時，小汽車突然在吳純青面前煞住，車門一開，一名約莫六十歲的身材魁偉的幹部，叼着香菸走出來。

「夏書記好！」

「夏書記！」

「……」

坐在地上的吳純青，看見夏明，好像咽下一隻綠豆蒼蠅一樣。

夏明一面鼓掌，一面向羣衆揮手答禮。

吳純青坐在地上，聽見身後有人嘀咕起來：

「你看，夏書記比趙紫陽還高呢。」

「是呀，聽說他年輕的時候演過話劇，作過導演，參加過一二・九運動。」

公安局開出兩輛汽車，羣衆頓時你推我擠，秩序大亂。公安員的吆喝聲、哨子聲，更增添了緊張的氣氛。

「看，她站在車上，毫不在乎！」有人嚷着。

「聽呀，她在罵街！」另一個說。

吳純青站在前面，擠得全身是汗，她什麼也沒看見。驀地吹起了一陣風，揚起了一片塵土，她揉了揉眼睛，待睜開眼時，那輛公安局的汽車早已駛遠了。

「黑妞兒！」她痛苦地喚着。

淚眼朦朧，她彷彿看見那個黑糊糊的、閃耀着兩隻美麗大眼睛的女孩兒，留着辮子、穿着小棉襖，正在翻觔斗、蹬罈子、打猴拳。她痛苦地想：「這麼一個出身貧苦的女孩，到今天成了反共的女戰士，多麼好的小說題材！」

她離開人羣，茫漠的向那運河沿走去。是啊，四十年前，吳純青就是在那條骯髒的、風沙撲面的長堤上認識她的。當年運河沿上的平民市場，五花八門，非常熱鬧。唱小戲兒的、賣江湖野藥的、算命的、拉洋片的、套圈兒的、打煙槍的、耍猴兒的，以及出售南北雜貨、燒餅煎包、花生蠶豆的攤販，擺滿了運河的兩岸。……當吳純青走到運河口，卻暗自吃了一驚：「怎麼運河灘上這麼清靜？」

她懷着尋夢的心情，沿着運河長堤漫步。但見河堤上蓋了一些簡陋的窩棚，偶爾從棚內爬出一兩個蓬首垢面的乞丐，瞪着仇恨的目光，向吳純青打量着，她覺得渾身起雞皮疙瘩。她正想走過去和乞丐講話，那人却像老鼠一樣縮回窩棚中去。

「到現在還有要飯的，這怎麼搞四個現代化？」

吳純青心如刀絞，驀地吹起一陣風，風捲着塵土、碎紙、草葉漫空飛舞，嗆得她幾乎不能呼吸。風還捲來了一股難聞的垃圾氣味。她的耳邊隱約響起了一位青年詩人的聲音：「將來勝利以後，咱們要在運河灘修一條柏油馬路，讓窮人們吃不着風沙，吃的是牛肉餃子……」

如今，吳純青禁不住熱淚盈眶，懷着破碎的心情，走下了運河長堤。風吹着樹葉，沙沙作響，似乎嘲笑她的身世。風揚起塵土，使她感到前途迷茫，不知何處是歸程？是啊，在這座落後的、貧窮的小城，她並沒有一個親人啊。

淚眼矇朧，她彷彿聽到一陣熟悉的男高音，從那一片深綠色的湖面升起。她揉開眼睛，才知道自己置身在公園的湖畔了。

時光飛馳，
快樂青春轉眼過。
老友盡去，永離凡塵歸天國。
四顧茫茫，殘燭餘年惟寂寞。
只聽到老友殷切呼喚老黑爵。

……………………

這往日的歌聲是多麼使她感傷啊！吳純青的眼睛裏滿噙着悲哀的熱淚，但是嘴角却掛着輕蔑的微笑。她抬起了頭，正如年輕時代參加游泳比賽一樣，向那一泓誘人的深綠色的湖面走去。……初夏的陽光，正曝晒着乾涸的大地。風捲塵沙，讓人看不見房屋和樹木，也看不清前面伸展的道路。這美麗的湖水是多麼醉人啊！湖水浸濕了她的衣服和頭髮，湖水也淹沒了她的寃屈與哀愁；直到月上柳梢頭，吳純青的屍體才悄悄地浮出了湖面。

公園內寂靜無聲，但是公園外却颳着漫天的風沙……